THE BIG RATCHET

문명과 식량

일러두기

1 본문의 주는 옮긴이라는 표시가 있는 경우를 제외하고는 지은이의 주이다.
2 책은 《 》, 저널, 신문은 〈 〉, 논문, 기사는 " "로 구분했다.
3 인명, 지명 등 외래어 고유명사는 국립국어원의 외래어 표기법에 따라 표기했다.

이 도서의 국립중앙도서관 출판예정도서목록CIP은 서지정보유통지원시스템 홈페이지(http://seoji.nl.go.kr)와 국가자료공동목록시스템(http://www.nl.go.kr/kolisnet)에서 이용하실 수 있습니다.
CIP제어번호: CIP2018002442
—

The Big Ratchet: How Humanity Thrives in the Face of Natural Crisis
Copyright©2014 by Ruth DeFries
Korean Translation Copyrigh©2018 by Nulwa

THE BIG RATCHET
문명과 식량

HOW HUMANITY THRIVES IN THE FACE OF NATURAL CRISIS
인류는 자연환경의 위기에 맞서 어떻게 번성하는가

루스 디프리스 지음 정서진 옮김

눌와

세상에 대한 호기심을 심어주신,
아버지 마이크 디프리스1923~2013를 기리며

차례

들어가며

과학자는 울면 안 된다. 하지만 어쩔 수 없었다. 미국과 브라질의 과학자들이 섞인 우리 조사팀은 탐사 임무를 맡은 지역의 한가운데에 와 있었다. 당시 우리는 브라질의 거대한 아마존 우림 남동부를 가로지르는 먼지투성이 길을 수백 마일 달려왔다. 인공위성 사진의 판독 결과가 실제로 일어난 일인지 확인하기 위해서였다. 사진에 따르면 1년 전만 해도 울창한 숲을 이루던 지대가 불에 탄 채 맨땅을 드러내고 있었다. 그것도 한두 단지의 땅이 아니라 수백 단지나 되는 방대한 땅이었다.

직접 현장에 가 보니 위성사진을 판독했던 결과와 동일했다. 진흙투성이가 된 자동차 두 대가 개울과 움푹 파인 길을 가로지르며 인공위성에 포착된 지대를 찾아나설 때마다 아니나 다를까, 경제적 이익이 되는 농장을 만들기 위해 나무들을 베고 불을 질러 개간한 토지가 발견되었다. 마침내 심하게 타는 냄새와 함께 재가 잔뜩 쌓여 있는 곳을 지나온 우리는 불에 그슬린 통나무 위에 앉아 절망에 휩싸인 채 서로를 바라봤다. 방심한 사이 눈물이 차올랐다. 이런 일이 정말로 일어날 수 있단 말인가? 그토록 아름다웠던 숲이 지구 반대편의 식탁에 올릴 고기를 위해 불에 타고 파괴된 것이다.

　2000년대 초반의 일이었다. 당시 브라질 마토 그로소주의 주지사였던 블레로 마기Blairo Maggi 또한 자신의 임무를 수행하고 있었다. 그 임무 때문에 '울창한 숲'이라는 뜻의 '마토 그로소'는 부적절한 이름이 되었다.[1] 마기는 대두 왕으로 알려졌는데, 그는 전 세계 민간 대두 업체 중에서 가장 큰 규모의 가족경영 농장을 소유했다. 마기는 마토 그로소주를 대두의 최대 생산지로 성장시키기 위해 숲을 개간하고 포장도로를 만들었다. 사실 대두는 아마존 열대우림에 처음 들어온 신종작물이었다. 트럭이 수확된 콩을 항구로 실어 나르면 콩을 실은 배가 바다를 가로질러 유럽과 아시아로 향했다. 유럽과 아시아 농민들은 브라질에서 수입한 콩을 누군가의 식탁에 오르기 위해 도살될 운명인 소와 돼지, 닭의 사료로 먹였다.

　우리는 아마존 우림에서 벌어진 일을 보며 마음이 무너지는 아픔을 느꼈지만, 숲을 개간하는 그런 방식이 아주 오래전부터 지속된 과정을 현대식으로 재현한 것임을 알았다. 사람들은 오래전부터 북미, 유럽, 아시아 전역에 걸쳐 숲을 개간해 먹거나 팔기에 유용한 작물을 심어왔다. 하지만 당시 그곳에서 펼쳐진 장면은 정착민들이 고군분투하며 땅을 개간하던 모습과는 상당히 동떨어져 있었다. 벌목용 전동 사슬톱이 윙윙대며 작동하고, 불도저가 잔해를 치우고, 트랙터가 씨를 뿌리고, 비행기가 살충제를 살포하고, 트럭들이 농장에서 생산한 농산물을 옮기고 있었다. 우리가 목격한 장면은 방대한 들판에 큰 탑 모양의 곡식 저장고들이 세워져 있고 사람들은 거의 보이지 않은 채, 화석연료를 연료로 하는 농기계들로 대규모 농사를 짓는 미국 중서부의 현대식 산업형 농업에 가까웠다.

우리가 통나무 위에 앉아 사라져가는 열대우림에 대해 탄식하던 지점에서 그리 멀지 않은 곳에서는 완전히 다른 상황이 펼쳐지고 있었다. 카야포족은 1960년대 초 브라질 정부가 아마존 원주민을 위해 지정한 보호구역에서 살고 있다. 이들은 전통적인 생활 방식을 고수하며 여전히 숲으로 뒤덮인 땅을 지키고 있다. 카야포족은 숲에서 새와 짐승을 사냥하고, 강에서 물고기를 잡고, 뿌리와 과일, 견과류를 채집하고, 고구마와 카사바 나무를 재배한다.[2] 그들이 사용하는 에너지라고는 불을 피우는 것과 스스로의 힘으로 일하는 것이다. 트랙터를 산다거나 지구 반대편 지역에 농산물을 판다는 것은 생각도 못할 일이다.

이 보호구역의 건너편 지대에서는 농민들이 화석연료로 움직이는 불도저를 운전해 땅을 갈아엎고 전 세계 가축에게 먹일 콩을 재배한다. 반면 카야포족은 인류 역사상 거의 늘 그래왔듯이 짐승을 사냥하고 씨앗과 열매를 채집한다. 우리는 참으로 특이한 종으로 진화한 것이 틀림없다. 같은 종에 속한 인간들이 배를 채우기 위해 자연을 이용하는 방식이 이렇게나 다르다니, 참으로 희한한 일이 아닌가.

이토록 대조적인 장면을 마주하고 있으면, 자연과 조화를 이루며 자급자족하는 카야포족의 방식을 낭만적인 시선으로 바라보기 쉽다. 하지만 그렇게 천진한 시각은 큰 도움이 되지 않는다. 자연과 변함없이 정적인 조화를 이룬다는 생각은 아이들에게 더 나은 삶을 물려주기 위해 애쓰는 평범한 이들보다 탁상공론하는 일부 환경 운동가에게나 잘 어울리는 망상일 뿐이다. 단기적인 이익을 위해 거대한 숲이 개간되는 것은 참으로 비극적인 광경이었지만, 인류의 대다수가 카야포족처럼 살기를 기대하는 것 또한 비현실적이다. 물론 보호구역 경계의 반대편에서도 불도저가 무조건적으로 진보를 상징하며 더 나은 삶의 전망을 보장한다는 망상에 사로잡힐 가능성이 있다.

그날 통나무 위에 앉아 있던 내 머릿속은 온갖 들끓는 질문들로 어지러웠다. 어떤 특정한 삶의 방식이 다른 방식보다 더 낫다고 말할 수 있을까? 사라져가는 숲이 결국 우리 인간 종의 종말을 의미하는 걸까? 아니면 대량으로 식량을 재배하는 방식을 알아낸 덕분에 가게에서 식품을 사고 우리의 시간을 보다 창조적인 일에 쏟아부을 수 있게 해준 선조들에게 고마워해야 할까? 그 순간, 대답을 찾기에는 더 수월하지만 앞선 질문들 못지않게 흥미로운 질문 하나가 떠올랐다. 우리 인류는 도대체 어떻게 이 지점까지 도달하게 된 것일까? 인간 또한 여느 다른 생물종과 마찬가지로 우리와 맞닿은 환경에 의존하는 평범한 포유동물에서 시작되었다. 하지만 이제 우리는 불도저로 숲을 밀어버린 땅에서 수확한 콩을 소와 돼지, 닭에게 먹이고, 배에 실은 식량을 전 세계로 보낸다. 우리는 더 이상 평범한 포유동물이 아니다.

이 책을 통해 나는 우리가 어떻게 특별한 종이 되었고, 인류 문명이 어떠한 방식으로 자연을 활용해 대다수 사람들이 도시에 살게 되었는지 그 과정을 재구성해보고자 한다. 우리의 여정은 자연에서 이용 가능한 식물을 채집하고 짐승을 사냥하는 방식에서 시작했다. 하지만 이제 우리는 멀리 떨어진 지역에서 생산된 식량을 소비하는 유일한 종이 되었다. 이러한 이야기를 전개하는 과정에서 나는 인류의 여정이 우리 종의 우월성을 드러낸다거나 자연을 훼손한 인간의 오만함을 상징한다는 식으로 접근하지는 않을 것이다. 카야포족의 방식이 블레로 마기의 산업형 농업 방식보다 더 낫다거나 문명의 종말이 임박했음을 보여 주길 기대하는 독자가 있다면, 이 책에서 그러한 주장은 찾아볼 수 없을 것이다. 그렇다고 더욱 건강하고 행복하고 풍요로운 삶의 방식으로 진보해온 과정에서 생긴, 불도저로 상징되는 기계문명이 우리 종의 최종 도착지라고 주장하는 것도 아니다. 오히려 이 책의 목적은 인류의 여정을 뒤돌아보는 데 있다. 인류가 밟아온 길들을 하나하나 파헤쳐보며 우리가 오늘날 이 지점에 당도하게 된 과정을 보여주고자 한다. 어쩌면 우리는 과거를 되짚어보면서 지구에서 시속될 우리의 미래에 대해서도 성찰해볼 수 있을 것이다.

I장

높은 곳에서 내려다본 풍경

소크라테스는 생애 마지막 몇 시간 동안 제자들과 대화를 나누다가 "새처럼 날개가 있어 하늘을 날아올라" 저 아래 지구를 내려다보면 어떤 광경일지 상상했다. "지구가 매우 광대하다고 믿네"라고 말한 그는 세상이 물과 흙으로 뒤덮여 있는 "끝없이 펼쳐진 진창"에 지나지 않을 것이라고 추측했다.[1] 오래전, 하늘에서 지구를 내려다보면, 인간은 세상의 광대함에 비해 미약하기 짝이 없는 존재였다.

그로부터 100세대가 넘게 지난 지금, 높은 곳에서 내려다본 풍경은 소크라테스가 상상조차 할 수 없었던 세상을 펼쳐 보인다. 비행기 창문에서 내려다보든, 우주에서 보내온 사진을 보든 간에 뚜렷한 광경이 눈앞에 펼쳐진다. 도시에는 도로가 거미줄처럼 이어져 있고, 시골에는 쌀과 밀, 감자를 비롯한 수많은 작물을 심은 들판이 여기저기 흩어져 있다. 고기와 우유를 얻기 위해 키우는 소들이 풀을 뜯는 풀밭은 지평선까지 펼쳐져 있다. 도시의 빌딩들이 뿜어내는 빛은 하늘을 환하게 비춘다. 소크라테스가 상상한 것은 드넓은 세상에서 인간 존재의 미약함을 더욱 자각하게 되는 전경이었다. 하지만 오늘날 높은 곳에서 내려다본 세상은 인간이 세상에 미친 지대한 역할을 고스란히 보여준다. 인간 존재의 흔적은 거의 어디에나 있다.[2]

지구에서 서식하는 수백만 생물 종 가운데 하나인 우리가 지구를 완전히 바꿔 놓았다. 인간이 지구에 남긴 흔적은 아득히 먼 우주에서도 볼 수 있을 정도다. 북미의 대초원에서 메콩강 삼각주의 곡창지대에 이르기까지 이러한 변화 중 상당수는 한 가지 이유 때문에 일어났다. 한마디로, 우리 종은 배를 채우기 위해 자연을 제멋대로 이용해왔다.

인간이 지구에 남긴 명백한 흔적에 대해 사람들은 크게 두 가지 상반된 반응을 보였다. 첫 번째 부류에 따르면 지구의 극적인 변화는, 인간이 가진 창의성으로 자연의 장벽을 넘어설 수 있다는 것을 보여주는 증거이다.[3] 이들은 어떤 문제이든 기술적으로 해결이 가능하다고 믿는다. 식량이나 에너지가 부족하다고? 걱정할 필요 없다. 누군가 독창적인 기술을 고안해 해결책을 찾을 것이다. 이러한 견해의 대표적 주창자인 줄리언 사이먼Julian Simon에 따르면, 인간의 창의성은 천연자원을 최대한도로 사용할 수 있게 하며 무한하게도 만들 수 있다. 궁극의 자원이란 석탄, 물, 구리가 아닌 인간의 창의성이다. 따라서 자연에는 한계가 없다. 미래는 안정적이다.[4]

이와 대척점에 서 있는 부류는 우리가 세상에 남긴 거대한 흔적이야말로 더할 나위 없는 인간의 우매함, 그로 인해 인류가 재앙으로 치닫고 있음을 보여주는 증거라고 생각한다. 단일 종의 독점은 재앙과 기아, 붕괴로 이어질 수밖에 없다고 추론한다. 자원은 당연히 한정되어 있다. 따라서 인류의 팽창은 불가피하게 한계에 부딪히거나 혹은 문명이 더 이상 존립할 수 없을 정도로 극심한 부작용을 초래하게 될 거라고 말한다. 이러한 논조를 지지하는 수많은 학자 중 가장 유명한 이는 기아를 예언한 토머스 로버트 맬서스Thomas Robert Malthus 목사다. 최근 사상가들은 도넬라 메도스Donella Meadows의 《성장의 한계Limits to Growth》,[5] 요한 록스트룀Johan Rockström의 《지구한계선Planetary Boundaries》[6]처럼 저서 제목에 이러한 견해를 직접적으로 밝히고 있다. 그들은 이제 자연이 칼자루를 쥐게 될 것이라고 주장한다. 인류가 자원을 후루룩 들이마시고서 쓰레기를 내뱉는 바람에 재난에 가까운 결과가 나타날 거라고 경고한다.[7] 그들의 눈에 인간은 파괴력 그 자체이다.

과연 위에서 내려다본 전경은 인간의 오만함과 우매함을 드러내는 것일까? 아니면 인간이 일궈낸 업적과 성공을 보여줄까? 어쩌면 이것은 적절한 질문이 아닐지 모른다. 미시적인 시각에서 보면 제각기 다른 관점에 따라 두 견해 모두 일견 옳다는 생각이 들 것이다. 그러나 장기적이고 거시적인 시각으로 살펴보면, 두 견해 모두 세상을 설명하는 데는 역부족이다. 기술적 해결을 내세운 사이먼의 관점은 그러한 해결책이 야기하는 문제를 예견하지 못한다. 미래에 재앙이 닥칠 것이라는 록스트롬의 견해는 인간 사회의 적응 능력을 과소평가한다. 두 견해 모두 인간이 자연과 맺은 유구하고 복잡다단한 관계의 현실을 고려하지 않는다. 또한 인류가 현재 직면하고 있는 어려움을 해결할 지침을 제시해주지도 않는다.

폭넓고 장기적인 시각에서 살펴보면, 생물 종들은 저마다 주위 환경을 이용해 영역을 넓히고 개체 수를 늘린다. 차이가 있다면 자연에서 식량을 얻어내는 우리 종의 능력이 비범하다는 것이다. 수만 년 동안 다른 동물들과 마찬가지로 짐승을 사냥하고 야생식물을 채집하던 우리 종이 어떻게 이 지구상에서 지배적인 세력이 되었는지 이해하려면, 정복이냐 파괴냐 같은 도덕적 판단에서 벗어날 필요가 있다. 더 넓은 관점에서 보면 인간의 문명은 옳지도 그르지도, 선하지도 악하지도 않으며, 다만 이 지구상에서 진화해가는 생명의 일부이다.

이 책은 평범한 포유류에서 출발해 세계를 지배하고 도시에 살아가게 된 인간의 놀라운 여정을 추적한다. 장기적인 시각에서 살펴보면 눈에 띄는 패턴들이 나타난다. 그중 하나는 우리 인간도 가장 작은 미생물에서부터 가장 큰 맹수에 이르기까지, 여타 종들과 다를 바 없이 언제나 주변 환경에서 어렵게 구한 식량으로 연명해왔다는 것이다. 또 다른 패턴은 자연에서 식량을 구하기 위한 인류 문명의 노력은 실험을 기반으로 한다는 것이다. 우리는 시행착오를 통해 적은 노동력을 투입해 더 많은 식량을 얻을 수 있는 새로운 방식을 찾아냈다. 지식을 다음 세대에 전수하는 능력, 우리 종의 이 특징 덕분에 이전의 실험 결과물을 기반으로 새로운 실험을 이어가며 끝없이 발전할 수 있었다. 하나의 실험이 실패하면 또 다른 방법을 찾아 헤매며 새로운 길을 거듭 시도하는 것이다. 오늘날 수십억의 인구를 먹이기 위해 거대한 규모로 자연을 변형하는 일 역시 오랫동안 이어져온 실험 중 하나일 뿐이다.

실험은 이런 식으로 전개된다. 우선 배가 고픈 사람이 끼니를 구하기 위해 쉽고 빠른 방법을 찾아 나선다. 그러다 어느 시점에서 식용식물을 재배하게 되거나, 작물이 잘 자라도록 부족한 양분을 땅에 퍼뜨리는 법을 고안해낸다. 이렇게 자연을 변형하는 일은 의도적일 수도 있지만 순전히 우연한 기회에 얻은 행운일 수도 있다. 식량이 많아지면 개체 수가 점차 늘어나면서 새로운 지역으로 퍼져나간다. 하지만 어떤 혁신이든 한계에 봉착하기 마련이다. 더 이상 수요를 감당하지 못하고, 심각한 오염을 비롯한 난관들이 발생한다. 다시 한 번 기아의 망령이 출몰해 미래에 대한 전망이 암울해진다. 그간의 성장세를 내리치는 도끼hatchet가 등장하는 것이다. 그러고 나서 얼마 후 성장의 톱니바퀴ratchet(이 책에서 자주 언급되는 '톱니바퀴'는 한쪽 방향으로만 회전하게 만들어진 '래칫'을 뜻한다 − 옮긴이)를 다시 돌게 하는 새 중심축pivot, 즉 자연의 산물을 활용하는 새로운 해결책이 등장한다. 그러면 톱니바퀴가 다시 회전하며 더욱 많은 사람에게 식량을 제공하게 되고, 문명은 계속해서 증가하는 인구를 부양하는 데 전념한다. 그러다 또 다시 어느 시점에 이르면 인구 증가에서 질병, 가뭄, 그 밖의 재난에 이르기까지 훨씬 큰 문제가 발생한다. 한 방향으로만 돌아가는 성장의 톱니바퀴, 그간의 성장을 깎아내는 도끼, 다시 성장의 방향으로 돌아가는 톱니바퀴의 중심축. 이렇게 성장과 위기, 전환점이 번갈아가며 나타난다. 이 주기가 반복될 때마다 이해관계가 커지며 우리 종의 수가 증가하고 인간이 세상에 미치는 영향력의 범위가 확대된다. 주기마다 새로운 장애물이 생겨난다. 하지만 주기가 반복되는 와중에도 거시적인 관점에서 보면 인류는 긴 세월에 걸쳐 난관을 타개하며 줄곧 헤쳐 나왔다.

오늘날에도 이 주기는 계속되고 있지만 예전과는 다른 양상을 띤다. 그동안의 인류 역사에서 성장을 가로막는 난관은 주로 기근과 식량 부족이었다. 그러나 오늘날 우리가 당면한 문제는 넘치는 식량과 관련이 깊다. 우리 종은 지금처럼 남아도는 식량을 해결하기 위해 씨름한 적이 없다. 전혀 상상도 못 했던 일이 새로운 위기로 등장한 것이다. 비만 인구가 폭발적으로 증가하는 한편, 여전히 식량 부족을 겪고 있는 이들이 있으며, 과도한 오염물질이 공기와 물속으로 배출되고 있다. 의도한 적 없는 뜻밖의 결과들이 계속되는 가운데, 성장을 가로막는 문제들은 새롭기만 하다.

지금 이 지면을 읽고 있는 대다수 독자들이 살아온 시대에 인류는 전에 없던 규모로 식량을 얻는 방법을 고안했다. 우리는 거대한 톱니바퀴가 돌아가는 시대, 즉 놀라움으로 가득한 20세기 후반기를 살아왔다. 이 시기에는 자연을 왜곡시키는 속도가 대단히 빨라져 인류 문명이 지나온 궤도의 방향마저 바뀌었다. 거대한 톱니바퀴 시대 이전에도 인간은 이미 대단히 예외적인 종이었다. 동물의 세계에서 식물을 기르는 종은 인간 말고도 있지만, 포유류 중에서 농사를 짓는 종은 인간이 유일하다. 하지만 성장의 정점에 오른 현재, 대다수 사람들은 도시에 살면서 도시에서 멀리 떨어진 곳에서 소수의 인구가 생산한 먹을거리를 소비하고 있다. 이러한 변화로 인해 우리는 더욱 독특한 위치에 서게 되었다.

우리 종은 2007년 5월, 역사상 중대한 이정표에 이르렀다. 운명적인 그날 이후로 전 세계 인구의 절반 이상이 도시에서 살게 되었다. 대다수가 농부였던 시대에서 대다수가 도시인이 된 시대로 발돋움하게 된 것이다. '도시에 사는 종'으로의 진화는 우리 삶의 근간을 이루는 요소, 이를테면 식단, 건강, 가족 크기, 생활하고 일하는 장소, 자연과의 관계, 지구의 미래에 이르기까지 깊이 파고들고 있다. 이는 1만 년 전 채집인에서 농부로 탈바꿈한 변화만큼이나 근본적인 변화이다.

거대한 톱니바퀴가 놀아간 20세기 후반기에 옥수수 및 쌀의 연산 생산량은 전 세계적으로 세 배 가까이 증가했고, 밀의 생산량은 두 배 이상 늘어났다. 소와 돼지, 닭의 사료에 쓰이는 옥수수가 증가하고, 그만큼 육류 생산량도 세 배 이상 증가했다.[8] 식품 가격은 이전 시대보다 내려갔다. 오늘날 가계소득 중 식품 구입비 비율은 현대 역사상 그 어느 때보다 낮다.[9] 전 세계인 모두라고 말할 수는 없지만 수많은 사람들이, 50년 전까지만 해도 감당할 수 없었던 많은 비용을 교육과 자동차, 주거, 식품에 지출한다. 이들은 밭일을 하는 대신 도시에서 살며, 동네 가게에서 혹은 선조들은 상상조차 할 수 없었을 먹을거리의 보고인 대형 슈퍼마켓에서 식품을 구매한다. 또한 수백만 가구가 위생적인 수세식 화장실, 사망률이 높은 질병에 대한 예방접종, 감염을 치료하는 항생제, 깨끗해진 식수, 말라리아 같은 질병을 억제하는 살충제, 발전된 의료기술의 혜택을 누린다. 인류 역사의 대부분 동안 인간의 평균 수명은 약 30세였다. 하지만 20세기 후반기에 수명은 대략 20년이 늘어났다. 가난한 나라의 평균 수명이 부유한 나라의 평균 수명보다 훨씬 짧다는 것을 감안해도 수명은 과거보다 길어졌다.[10]

이 같은 엄청난 변화는 아이를 몇 명 낳을지에 대한 결정에도 자연스레 영향을 미쳤다. 오래전, 유목 생활을 하는 채집인에서 정착 농부로 탈바꿈하는 과정에서 사람들은 아이를 많이 낳기 시작했다. 그러나 거대한 톱니바퀴의 시대에는 정확히 반대 현상이 나타났다. 아이들의 생존율이 높아지는 한편, 피임 방법이 보급되고 특히 여자들에게 교육과 직업의 기회가 넓어지면서 아이를 적게 낳기 시작한 것이다. 노동 집약적인 농촌생활 대신 도시생활이 보편화되면서 반드시 대가족을 이룰 필요가 없어졌다.[11] 사람들은 결혼을 한 뒤에도 출산을 미루었다. 가계도의 몇 세대만 거슬러 올라가도 대가족에서 핵가족으로의 변화를 확인할 수 있을 것이다.

사망률과 출생률의 감소로 일어나는 주된 변화를 가리켜 '인구학적 천이'라고 한다. 이미 북서부 유럽을 중심으로 1800년경에 시작되기는 했지만 20세기 후반기 동안 인구 증가로 인해 부양해야 할 입이 폭발적으로 증가했다.[12] 이 시기 인류는 역사상 가장 거대한 규모의 인구학적 변화를 겪었으며, 이러한 변화는 대다수 국가에서 여전히 진행 중이다. 1800년 세계 인구는 9억 5,000만 명이었지만 1900년 무렵에는 15억을 돌파했다. 그 이후로 인구는 폭발적으로 증가하기 시작해 1950년 25억, 2000년 60억, 2010년에는 70억에 이르렀다.

극적인 증가세는 2050년까지 지속될 전망인데, 만약 예측이 맞다면 2050년에는 전 세계 인구수가 90억에 달할 것이다.[13] 또한 20세기 중반에 10명 중 3명이 도시에 살았다면, 2050년 무렵에는 10명 중 대략 7명이 도시에 살 것으로 보인다.[14] 도시민들 모두가 농사를 짓는 대신 가게에서 식품을 구입하는 상황에서, 이토록 많은 인구를 부양하려면 인간의 창의성은 다시 한 번 시험대에 오를 것이다.

거대한 성장의 톱니바퀴가 돌아간 20세기 후반기에서 주목할 만한 특징이 있다. 이 시기에 식량 생산량은 인구 증가세와 맞물려 늘어나 거대한 톱니바퀴 시대가 시작했을 무렵의 1인당 식량 소비량을 능가했다. 현실은 그렇지 못하지만 만약 전 세계인들에게 생산된 식량을 동일하게 나누어준다고 가정하면, 1인당 하루 평균 섭취량은 1960년 약 2,200칼로리에서 2000년 2,700칼로리로 증가했을 것이다. 이는 인구의 가파른 증가세에도 불구하고 1인당 식량 소비

량이 증가했음을 뜻한다.[15]

이는 불과 1만 2,000년 전에 농사를 짓기 시작한 종에게 대단한 성취임에 틀림없다. 하지만 여기에도 문제는 있다. 경제적 여력이 있는 사람들만이 이러한 풍요를 누리고 있을 뿐, 상당수가 식량 증가의 혜택에서 배제되고 있다는 사실이다. 아프리카 빈국 국민들 대다수가 그러하고, 경제적으로 흔들리기 시작한 인도와 브라질을 비롯한 여러 국가의 국민들도 마찬가지다. 부유한 국가라 하더라도 최하층에 속한 국민들 역시 풍요의 혜택을 누리지 못한다. 그 결과 20세기 말에도 매일 밤 굶주린 채 잠이 드는 인구수는 여전히 10억 명에 달했고, 전 세계 인구 13명당 2명이 영양 결핍을 겪었다.[16] 많은 칼로리를 섭취하는 이들조차 건강한 식단을 유지하고 있는지는 논란의 여지가 있다. 인간의 자연 훼손에 맞서 지구가 얼마나 계속 견딜 수 있을지도 미지의 문제로 남아 있다.

장기적이고 폭넓은 시각을 통해서만 우리는 채집인에서 농부로, 다시 도시인으로 진화하는 인류의 여정을 이끈 원동력을 확인할 수 있다. 사회는 주변 조건이 변화하면 그에 맞게 적응하고, 배우고, 방향을 바꾼다. 사이먼과 록스트롬의 단기적 관점은 창의적인 인간과 자연 사이의 상호 작용에는 끝이 없다는 사실을 간과했다. 넓은 관점에서 본다면 인간이 태곳적 그대로의 청정한 자연을 침해하고 있다는 구시대적이고 낭만적인 발상에서 벗어날 수 있다. 인간 문명은 자연의 일부이며, 자연 또한 인간 문명의 일부이다. 문명이 존재하는 한 우리는 배를 채우기 위해 자연을 이용하는 방법을 끊임없이 고심할 것이다. 또한 현시대의 풍요도 일시적인 해결책에 기반을 두고 있다는 사실에서 결코 자유롭지 못할 것이다.

문명의 원동력

식량은 인간 활동의 모든 측면에서 궁극적인 에너지원이다. 석탄이나 가스 같은 기계를 움직이는 그 어떤 동력원보다 훨씬 중요하다. 식량이 없다면 도시, 교역, 요리, 언어, 미술품, 교향곡, 소설, 연극 등 우리가 다른 종과 뚜렷이 구분되는 다른 특징들은 존재하지 않을 것이기 때문이다. 야생 식물을 채집하고 짐승을 사냥하던 때부터 도시에서 식품을 사 먹는 지금에 이르기까지 식량은 언제나 문명의 원동력이었고 앞으로도 그럴 것이다. 사람들은 흔히 문명을 문화와 기술에만 국한해 생각하지만 그에 못지않게 자연과 인간의 창의성이 결합한 산물로서 정의해야 할 것이다. 이러한 결합 덕분에 잉여 식량이 공급되면서 전체 인구 중 일부는 식량을 생산하고 손질해 저장하는 일이 아닌 다른 활동에 종사할 수 있게 되었다.

팔레스타인 요르단강 근처에 위치한, 인류 최초의 도시로 알려진 예리코는 오늘날의 기준에서 보면 작은 마을에 지나지 않을 것이다. 기원전 8000년경 이 고대 도시에는 약 2,000명의 사람들이 살았다. 그들은 근처 오아시스에서 연중 솟아나는 샘물로 보리밭과 밀밭에 물을 대주었다. 한 해 동안의 밀과 보리 생산량은 예리코 사람들이 다 소비하고도 남을 정도였다. 잉여 식량이 생겨나자 일부는 도자기를 굽고, 보석을 세공하며, 종교적인 활동에 치중하거나 질서를 유지하는 등, 식량 생산과 상관없는 다른 일에 종사하게 되었다. 모든 사람의 일상이 농사를 짓거나 식량을 준비하는 일과 직접적으로 관련이 있지는 않았다.[7]

예리코를 비롯해 훗날 형성된 마을들은 농사를 지으며 정착해 사는 몇 안 되는 고립된 섬에 불과했다. 당시의 사람들 중 다수는 여전히 식량을 찾아 유랑하는 수렵채집 집단을 이루고 있었다. 하지만 정착민들은 경작, 저술활동, 청동, 근대과학, 기계, 의술을 비롯해 다양한 발명과 성취의 계기를 마련하며 미래 문명의 초석을 다졌다. 정착생활은 잉여 생산물을 장악해 그로 인한 혜택을 독점한 상류층이 지배하는 계급사회가 출현하는 발단이 되기도 했다. 이러한 장단점을 떠나 고대 예리코의 시대에서 오늘날 상파울루, 뭄바이, 뉴욕 같은 수많은 대도시의 시대에 이르기까지 잉여 식량을 경작하는 농업이 존재하지 않았다면, 각기 다른 전문화된 일에 종사하며 한 지역에 밀집해 살아가는 생활은 불가능할 것이다.

농사와 관련된 복잡한 문명은 우리 종만의 고유한 특징이 아니다.[18] 사실 인간은 상대적으로 최근에서야 식물을 재배하는 대열에 들어섰다. 우리 종은 불과 1만 여 년에서 1만 2,000여 년 전 사이에 식물을 경작하는 요령을 생각해냈다. 하지만 곤충들은 이미 수백만 년 전에 식물을 기르는 비법을 터득했다. 오늘날 중남미 대륙과 미국 남부에서 발견되는 절엽개미는 최초로 농사를 지었던 생물 종의 하나로, 땅속에 미로처럼 판 굴에는 진균류를 키우는 공간이 따로 있다. 개미들은 이파리를 잘게 잘라 땅속 농장으로 옮겨와서 이파리 조각들을 곤죽이 될 때까지 씹는다. 그러면 개미들의 소화기관을 거쳐 반쯤 소화된 이파리 덩어리를 거름 삼아 작은 버섯처럼 생긴 진균류가 자란다. 이 진균류는 개미에게 영양가가 풍부한 먹이가 된다. 흰개미도 언덕처럼 쌓아올린 둥지 아래 미로처럼 복잡한 땅속에 절엽개미와 동일한 방식으로 진균류 농장을 만든다. 딱정벌레류인 나무좀은 나무 둥치 깊이 복잡한 형태의 굴을 파서 진균류를 키워 유충에게 먹인다. 이처럼 고기와 젖을 얻기 위해 가축을 키우는 일은 인간 고유의 영역이 아니다.

개미든, 딱정벌레든, 인간이든 어떤 종이 농사를 짓느냐와 상관없이, 식물 재배는 분업화된 복잡한 사회에서 식량을 생산하는 전략으로 자리 잡았다. 채집에서 농사로 진화하는 과정을 통해 수백만의 생물 개체들이 하나의 땅굴, 언덕, 나무 굴, 도시에서 함께 사는 것이 가능해졌다. 농업의 발달과 복잡한 사회로의 전환은 대단히 큰 변화여서 농사를 짓는 생물 종 가운데 농사를 짓지 않는 생존 방식으로 회귀한 경우는 없는 것으로 알려져 있다.

극소수의 생물 종만이 농사를 짓기는 하지만 모든 식물과 동물들이 생태적 방식을 사용해 먹이를 마련하고 개체 수를 늘리며 가능한 한 모든 생태적 조건을 확보함으로써 서식 공간과 양분을 두고 경쟁자들과 경합한다. 심해 속 미생물은 열수가 나오는 분화구의 열에서 에너지를 얻는다. 식물은 태양에너지와 공기 중의 탄소를 결합해 만든 에너지로 성장한다. 동물은 식물과 다른 동물을 먹으며 식물을 매개로 태양에너지를 이용한다. 하지만 우리 종은 다른 생물 종이 넘보지 못하는 한 가지 다른 비책을 가지고 있다. 다른 종은 오로지 유전자에 의존해 진화를 이뤄낸다. 하지만 인간에게는 유전자만 있는 게 아니라 리처드 도킨스Richard Dawkins가 처음 제시한 개념, 문화를 형성하고 전달하는 밈meme(유전자처럼 개체의 기억에 저장되어 모방에 의해 다음 세대로 전달되는 문화의 구성요소로, 관습과 문화를 모두 아우른다 — 옮긴이)이라는 요소가 있다.[19] 성공적인 밈은 오래도록 살아남아 진화한다. 그렇지 못한 밈은 더 이상 생존 여력이 없는 생물 종이 멸종되듯 빠르게 사라진다.

우리의 배를 채우는 것과 관련된 밈, 즉 문화 유전자는 인류의 문화 역사상 계속해서 이어지고 확산되었으며, 점차 규모가 커지고 진화된 밈으로 변모해왔다. 의도적으로 먹을 수 있는 식물과 동물을 선택하고, 척박한 환경에 관개 시설을 마련해 작물을 재배하고, 공기와 암석에서 무기질 비료의 원료를 추출하는 방식은 인간들이 자연의 풍요로운 산물을 더욱 강화하기 위해 활용한 창의적이고 혁신적인 밈의 여러 사례 중 극히 소수의 예에 지나지 않는다. 오늘날 높은 곳에서 세상을 내려다보면, 수만 년 동안 자연과 사투를 벌이며 식량을 얻는 진화된 방식을 이어온 인간들이 개체 수를 늘리고 지구 곳곳으로 영역을 넓혀간 흔적이 고스란히 드러난다.

아일랜드의 중심축

톱니바퀴-도끼-중심축이 번갈아 나타나는 주기의 악명 높은 사례로 감자를 둘러싸고 일어난 아일랜드 대기근을 들 수 있다.[20] 감자가 아일랜드 사람들의 주식이 된 역사는 1492년 크리스토퍼 콜럼버스Christopher Columbus의 신대륙 발견과 함께 시작되었다. 남아메리카가 원산지인 감자가 배에 실려 드디어 신대륙에서 구대륙으로 넘어온 것이다. 유럽에 감자가 들어왔다는 첫 기록은 1573년 스페인 세비야의 병원 구매 기록에서 확인된다.[21]

감자가 들어온 초반에는 천천히 확산되었는데, 울퉁불퉁한 모양을 보고 감자를 먹으면 나병에 걸린다는 근거 없는 소문이 퍼졌기 때문이다. 하지만 감자는 주요 작물로서의 장점이 많았고, 이에 점차 확고한 입지를 다져갔다. 우선 감자는 열량이 높고 비타민이 풍부해서 같은 양의 열량을 얻기 위해 밀과 보리 같은 작물을 키우는 것보다 땅을 적게 차지했다. 약간의 고기와 우유만 보충이 되면 감자를 주식으로 삼아도 연명할 수 있었다. 게다가 저장이 수월했고 다른 삭물과 섞여서도 살 사랐나. 이러한 장점 덕분에 농작물로서 감자의 인기가 치솟았고, 18세기 초반 무렵 유럽 전역에서 보편화되었다.

감자가 주식으로 자리 잡자 평균 신장이 커졌다. 1700년대 후반에 감자를 주식으로 하는 마을에서 자란 프랑스 군인들은 1세기 전 선조보다 약 1.5센티미터 정도 더 컸다. 감자는 수명을 늘리고 아이를 더 많이 낳는 데도 일조했다. 역사학자들은 1700년부터 1900년 사이 유럽의 인구가 증가한 원인으로는 보건·위생 환경의 개선과 함께 감자를 꼽을 수 있다고 말한다.[22] 감자를 중심축으로 한 강력한 톱니바퀴가 움직이기 시작한 것이다.

감자에 가장 크게 의존한 이들은 아일랜드의 가난한 소작농이었다. 19세기 초반 산업혁명이 본격화되면서 영국에 생겨난 공장들이 가내 수공업을 몰아냈고, 점차 많은 아일랜드 사람들이 일용할 양식을 얻기 위해 직접 땅을 일궈야 했다. 동시에 부유한 지주들은 잉글랜드에 수출할 수익성 높은 가축과 곡물을 생산하기 위해 소작농들을 땅에서 쫓아냈다.[23] 지주들이 점점 더 많은 땅을 점유해나가자 감자는 소작농들이 선택할 수 있는 유일한 작물이 되었다. 그 후 수십 년이 흘렀을 무렵, 가난한 아일랜드 농민은 흔하게 구할 수 있는 '럼퍼lumper' 감자에만 의존해 근근이 연명했다.

감자의 장점 중 하나는 땅에 심은 감자에서 바로 싹이 난다는 것이었다. 따로 종자를 구입할 필요가 없었다. 하지만 이러한 장점 이면에는 대단히 불리한 단점이 숨어 있었다. 아일랜드의 모든 감자는 유전자적으로 동일했고 경작지들이 가깝게 붙어 있었기 때문에, 감자역병의 완벽한 희생양이 되었다. 남아메리카 감자와 달리 럼퍼 감자에는 아일랜드를 초토화시킨 감자역병에 대한 내성을 가진 유전자 변형 물질이 없었다.

1845년에 발생한 감자역병의 원인인 진균이 아일랜드 대기근을 촉발했다. 그 전까지만 해도 감자는 부양가족 수를 늘려놓았다. 하지만 뒤이어, 그간의 증가세를 깎아내는 도끼가 내리쳤다. 다름 아닌 역병, 기근, 사망이었다. 아일랜드 전역의 밭마다 감자들이 썩어나갔다. 새로 심을 감자도 얼마 남지 않았고 감자역병은 여러 해 동안 계속 찾아왔다. 일자리는 부족했고 경작지도 한정적이다 보니 가난한 농민들에게 선택의 여지는 많지 않았다. 인구의 8분의 1인 100만 명이 목숨을 잃었다. 또한 100만 명 정도의 사람들이 고향을 떠나 영국과 신대륙으로 향했다.

아일랜드 인구수는 지금까지도 1841년도 인구수인 800만을 회복하지 못했지만, 그 이후로 큰 기근이 일어난 적은 없다. 역병에 내성이 강한 다양한 품종이 들어오면서 대기근에서 살아남은 농민들은 한숨 돌릴 수 있게 되었다. 수많던 감자 밭에는 가축을 키우는 풀밭이 들어섰고, 공장의 일거리가 많아지면서 농가를 떠나는 이들도 늘어났다. 오늘날에도 감자 농가를 괴롭히는 진균은 존재하지만 역병에 내성이 있는 남아메리카 야생 감자와의 교배종이 도입되었고 살균제가 도입되었다. 또한 밭이 넓어지면서 감자를 더 넓은 간격으로 재배할 수 있게 되어 감자역병으로 인한 위험은 줄어들었다. 도끼로 인해 멈춰진 톱니바퀴가 또 다른 중심축을 중심으로 다시 돌아가게 된 것이다.

정치적인 시각에서 보면, 대기근이 일어나게 된 중심에는 이웃 국가를 착취하고 농가의 고통을 외면한 영국이 있다. 순전히 생태학적인 관점으로만 대기근을 본다면, 그 원인은 유전자가 동일한 단일 품종 재배와 감자역병에 있을 것이다. 근시안적인 시야로 하나의 사건에만 집중한다면, 아일랜드 대기근은 많은 이들에게 몰락에 가까운 엄청난 재앙이다. 하지만 어느 하나의 시각만으로는 끔찍한 재난에 맞서 다시 일어난 아일랜드의 이야기를 전체적으로 보여줄 수 없다. 몰락하는 대신 변화하고 적응한 사회의 상은 장기적으로 다양한 시각을 통해 볼 때 온전히 드러난다. 아일랜드의 대기근은 성장, 위기, 전환점이라는 전형적인 주기를 반복해온 인류의 여정을 보여주는 축소판이다. 우리는 다양한 시각을 통해서만 인류의 여정을 뚜렷하게 볼 수 있을 것이다.

시야의 범위

1800년대 중반 아일랜드 감자 품종의 멸종을 비롯해 이 책에서 앞으로 다룰 자연을 왜곡한 여러 사례들은 과잉 성장의 전형적인 예로 보일 것이다. 더 많은 식량을 얻기 위해 자연을 변형시키는 기술이 확산된 이후에는 필연적으로 부양 인구수가 늘어난다. 그러면 어느 특정 시기에 이르렀을 때, 자연은 반응을 보이고 충격적인 재해가 뒤따른다. 미국의 사회학자 윌리엄 캐턴William Catton Jr.은 1980년에 출간된 《웃자람: 혁명적인 변화의 생태학적 기반Overshoot: The Ecological Basis of Revolutionary Change》에서 이러한 양상을 설명했다.

근시안적인 시각에서 역사를 보면, 과잉 성장의 사례들은 무수히 많다. 이스터섬의 우뚝 솟은 석상, 마야 도시들, 미국 남서부 아나사지 부족의 절벽 거주지, 캄보디아 앙코르와트의 거대한 사원은 모두 한때 번성했던 문명의 쇠락을 고스란히 보여준다. 정치적 갈등, 갑작스러운 기후변화, 사회 격변, 혹은 양분이 고갈된 토양을 비롯한 알려지지 않은 문제들이 결합해 문명이 막을 내리게 된 것은 분명하다.[24] 이들 문명 모두 정교한 기술의 발달로 인구수를 늘리며 성장했지만 복잡하게 얽힌 격렬한 사회적·생태적 변화를 견뎌내지 못했다.

이러한 특정 사례를 근시안적인 시각으로 가까이서 들여다보면, 과거 해석에 왜곡된 편견이 끼어든다. 하지만 멀리 떨어져 거시적인 시각으로 보면, 과잉 성장이 붕괴로 이어지는 것이 아니라 또 다른 해결책이 등장해 성장의 톱니바퀴가 다시 돌아가는 전체적인 과정을 볼 수 있다. 이는 원시 사회를 연구한 덴마크 경제학자 이스터 보스럽Ester Boserup의 주장이기도 하다. 그에 따르면, 굶주린 사람들 수에 비해 식량 공급량이 현저히 떨어지면 사람들은 잡초를 제거하고 작물을 경작하며 더 많은 식량을 생산하기 위해 애쓴다.[25] 과잉 성장이 문명의 몰락으로 이어지는 대신에 인간의 창의성이 발휘된다. 위기 다음에는 새 중심축이 등장한다. 개별 사회는 흥망성쇠를 겪을 수 있지만, 인간이라는 전체 종으로 보면 계속해서 성장하고 있다.

보스럽의 견해를 추종하는 이들은 성장의 중심축을 찾기 위해 인간의 창의성에 전적으로 의존한다. 반면 과잉 성장의 폐해를 주장하는 환경 운동가들은 자연에는 더 이상 성장 가능성이 남아 있지 않다고 추정한다. 하지만 이러한 견해 중 어느 쪽도 수십억에 달하는 우리 종이 지구를 장악하게 된 배경에 대해 설명하거나 사회가 앞으로 나아갈 방향에 대한 지침을 내려주기에는 역부족이다. 온갖 생태학적 방편들이 더 이상 힘을 쓰지 못하거나 계속해서 교란된 자연의 반작용이 걷잡을 수 없이 거세져 그 어떤 중심축으로도 더 이상 톱니바퀴가 돌아가지 않는 지경에 이르면, 실제로 과잉 성장의 폐해가 뒤따를 수 있다. 하지만 전체적으로 바라보면, 역사는 그와 전혀 다른 방향으로 흘러왔다. 인류는 자연을 이용하는 과정에서 지구의 지형도를 변화시키며 거듭 개체 수를 늘려왔다. 인구수와 인간이 차지한 지역의 규모로 볼 때 우리 종은 놀랄 만한 성취를 이루었다.

하지만 또 한편으로는 20세기에 거대한 변화가 일어나기 시작하면서 우리는 진퇴양난의 궁지에 몰렸다. 뒷장에서 논의하겠지만 역사상 그 어떤 시대에도 지금처럼 식량이 풍부했던 적이 없고, 우리 종이 개체 수를 늘리는 데 이토록 성공한 적이 없다. 이토록 많은 사람들이 번영을 누린 시대도 없다. 그러나 빈부 격차가 심해지고, 자연을 변형해 이용하는 규모가 훨씬 커졌으며, 건강에 좋지 않은 설탕과 지방이 식단에서 차지하는 비중이 높아졌다. 지난 역사를 돌아보면 인간의 창의성 덕분에 과잉 성장으로 인한 폐해를 간신히 피했지만, 미래에도 그럴 것이라고 확신할 수는 없다.

소크라테스가 제안했듯이 높은 곳에서 멀리 떨어져 조망하지 않는다면, 유구하게 펼쳐진 역사 속에서 현재 우리가 어느 지점에 서 있는지 파악하기는 어려울 것이다. 19세기 철학자 아르투어 쇼펜하우어Arthur Schopenhauer는 "인간은 누구나 제각기 자기 시야의 한계가 세상의 한계라고 생각한다"라고 말했다.[26]

이 책은 우리 종이 스스로를 부양하기 위해 기울인 노력의 긴 여정을 멀리서 바라보는 가운데 현시대를 살펴보고자 한다. 성장의 방향으로만 돌아가는 톱니바퀴, 톱니바퀴의 회전을 저지하는 도끼, 그리고 새로운 톱니바퀴의 중심축이 거듭 반복된 수천 년을 폭넓은 시각으로 조망하면 두 가지 주제가 나타난다. 하나는 인간 문명이 존재하는 한 톱니바퀴, 도끼, 중심축의 주기는 계속 반복된다는 것이다. 해결책은 새로운 문제를 낳고, 문제는 또 다시 새로운 해결책을 도출해낼 것이다. 다른 하나는 우리가 성장이 절정에 이른, 대단히 놀라운 시대에 살고 있다는 것이다. 자연을 인위적으로 변형함으로써 인류의 대다수가 식량을 스스로 경작하지 않은 채 도시에서 살아간다. 농사를 짓는 종에서 도시에 사는 종으로의 변화는 오래전 채집인에서 농부로 진화한 것만큼이나 우리 삶과 지구에 중대한 영향을 미친다. 우리는 그러한 변화와 함께 살아가는 방법을 아직 터득하지 못했다.

평범한 포유류에서 세계를 지배하는 종이 되기까지의 인류의 여정은 수십억 년까지는 아니더라도 수백만 년을 거슬러 올라간다. 풍부한 생명체가 살 수 있는 놀라운 시스템을 갖춘 지구가 있었기에 우리 같은 커다란 두뇌를 가진 지능이 발달한 종이 생길 수 있었다. 문화와 지식을 전수하는 극히 이례적인 종만이 자연을 인위적으로 변형해 식량을 충분히 생산함으로써 세계를 지배할 수 있다.

넓고 긴 시야를 통해 인류가 자연과 상호 작용한 과정을 하나하나 풀어보면, 그 과정에서 일어난 문제를 해결하고 계속해서 등장한 문제들의 해결책을 도출해내는 인간의 놀라운 위업을 확인하게 된다. 이 이야기는 평범한 포유류의 진화를 가능하게 만든 두 가지 기반, 즉 풍요로운 행성에 주어진 자연의 산물과 인간의 창의성에서 시작한다. 지구 시스템의 경이로운 조건들과 식량을 얻기 위해 그 시스템을 활용하는 우리 종의 창의성이 결합한 토대 위에 역사에 존재하는 모든 문명이 세워졌다. 항시 기술적인 해결책이 있을 것이라는 낙관적인 확신이나 재앙을 예언하는 이들의 흥분 섞인 경고를 차치해두고, 우리는 인류 문명과 우리가 살고 있는 이 행성이 서로 맞물리며 걸어온 길을 넓은 관점에서 이해해야 한다. 자연과 인간의 창의성이 상호 작용해온 복잡하고 기나긴 과정을 마음 깊이 이해해야만, 놀라운 우리 종에게 준비되어 있을지 모르는, 새로운 전환점에 대한 실마리를 찾을 수 있을 것이다.

2장

지구에서 시작된 이야기

금성은 너무 뜨겁다. 화성은 너무 차갑고 암석투성이다. 우리가 아는 한, 우리 태양계와 그 너머에서, 인간같이 자연을 변형시키는 지능을 가진 종이 번성할 수 있는 기본적인 시스템을 갖춘 행성은 지구가 유일하다. 평범한 포유류에서 도시에 사는 종으로 진화한 인류의 여정은 바로 이 시스템의 이야기에서 시작한다.

엔리코 페르미Enrico Fermi. 제2차 세계대전 시대의 뛰어난 물리학자로 스쿼시 코트에서 핵연쇄 반응을 일으키는 실험을 한 것으로 유명하다는 어느 여름날 경이로운 우리 행성에 대해 사색에 잠겼던 모양이다. 전쟁이 끝나고 몇 년 후, 그가 로스앨러모스 국립연구소의 동료들과 점심식사를 하며 가볍

게 대화하던 도중, 근본적인 문제를 제기했다.[1] "우주의 다른 행성에 있는 생명체에게서 왜 아무런 신호도 오지 않는 것인가?" 페르미는 우주 어딘가에 생명체가 존재하는 게 틀림없다고 주장했다. 분명 어딘가에는 우리보다 더 진보된 기술을 가진 종이 살고 있고, 우리와 소통할 수 있는 방법을 가지고 있을 거라고 생각했다. 점심을 먹으며 툭 던진 그의 질문모두 어디에 있는가?은 그 유명한 '페르미의 역설'이 되었다.[2] 우주 어딘가에 지적 생명체가 존재할 가능성이 높다면, 어째서 우리는 그들에게서 신호를 받지 못한 것일까?

페르미의 역설에 답하는 가설은 넘쳐난다. 이러한 가설 중 하나는 지구가 생명체가 사는 유일무이한 행성은 아닐지라도 우주에서 복잡한 생명체가 살 수 있을 만한 행성은 거의 없을 것이라고 주장한다. 즉, 미생물이나 단일세포 유기체 같은 단순한 생명체는 흔할지도 모르지만 지적 생명체가 있는 행성은 드물 거라 추정한다.[3] 또 다른 가설은 우리 지구가 특별할 것 없는 항성계에 존재하는 흔한 행성 중 하나라고 주장한다. 드넓은 우주 어딘가에 복잡한 생명체는 수도 없이 많으며, 그들을 찾는 것은 오로지 시간 문제라는 것이다.

페르미의 역설은 수많은 별들 가운데 행성을 찾고 있던 천문학자와 우주 생물학자의 마음을 사로잡았다. 엄밀히 말하면 그들은 지적인 생명체가 살아가기에 적합한 행성, 즉 독창적인 종이 진화하며 번성해 살아가는 행성을 찾고 있다.[4] 그런데 그들은 우주를 관찰하면 할수록, 지구가 속한 우주 속에는 수백만, 어쩌면 수십억 개의 다른 행성이 있다는 것을 알게 되었다.[5] 발견되는 행성 수가 늘어날

수록 지적인 생명체를 찾을 가능성도 높아진다.

우주에 무엇이 존재하든 지구는 인간의 창의력과 자연이 상호 작용하기에 더할 나위 없이 완벽한 무대다. 지구의 기본적인 시스템이 없었다면 생명체도 문명도 존재하지 않을 것이고, 우리 같은 단일 종이 행성을 종횡무진하며 영역을 넓히는 일도 없었을 것이다. 이러한 기본적인 시스템 대부분은 우리가 얼마나 지적인 존재인지와 상관없이 인간이 결코 통제할 수 없는 영역에 속해 있다. 우리 인간은 행성과 태양과의 거리를 조절할 수도, 지구 표면의 대륙을 이동시키는 판구조 운동의 속도를 높일 수도, 화산을 분출시킬 수도, 오로라를 빛나게 할 수도 없다. 이러한 것들은 이 세상에서 우리가 통제할 수 없는 수많은 자연적 특징 중 소수의 사례에 불과하지만 평범한 생물 종에서 도시에 사는 종으로 인류가 걸어온 여정과 깊숙하게 얽혀 있다.

이상한 주장처럼 들릴지도 모르겠다. 물론 가장 중요한 것은 이토록 많은 사람을 먹여 살릴 수 있을 만큼 식량을 재배하게 되었다는 사실이다. 하지만 다양한 종의 식물과 동물에게 양분과 서식지를 제공하는 행성이 없다면, 가장 시적인 생명체라고 해도 자연을 변형해 이렇게 대대적인 규모로 식량을 생산할 수는 없을 것이다. 지구의 기본적인 특징들이 뒤섞여 생명체가 살아갈 터전이 마련되었다. 지구는 태양계에서 생명이 살기에 가장 적합한 위치에 있고, 자기장을 가지고 있을 뿐 아니라 온실가스를 조절하고 양분을 순환시키기에 필요한 시스템이 갖춰져 있다. 그리고 무엇보다 다양한 형태의 생명체가 진화하며 살아갈 수 있도록 안정적인 기후가 오랫동안 유지되었다. 이러한 특징들이 결합해 우리 같은 창의적인 종이 살아갈 수 있는 행성으로서 필요한 세 가지 기본 요건을 충족하게 된 것이다. 이 특징들은 인간이 나타나기 오래전부터 지구상에 존재했던 것이고 인간이 사라진 이후에도 계속될 것이다.

우주의 금싸라기 땅

우주 안에서 행성의 위치는 부동산의 가치를 결정할 때와 마찬가지로 제일 먼저 고려할 중대한 특징이다. 태양과의 거리가 가장 중요한데, 이는 물의 존재 여부를 결정짓기 때문이다. 물은 지구에 생명체를 탄생시킨 용매이자 생명을 유지하는 데 필요한 물질이다. 우주 어딘가에 다른 형태의 생명체를 부양하는 또 다른 물질이 있을지도 모른다. 그러나 그 증거가 발견되기 전까지 액체인 물은 생명, 적어도 지구의 생명과 유사한 생명에게는 반드시 필요하다. 행성이 태양에서 너무 멀리 떨어져 있다면 행성에 존재하는 물은 얼어붙을 것이다. 반대로 태양에서 너무 가까이 있다면 물은 수증기가 된다. 이 두 경계가 태양을 중심으로 한 도넛 모양의 고리, 즉 태양계의 금싸라기 땅인 '생명체 거주 가능 영역Habitable Zone'을 형성한다. 생명체 거주 가능 영역 안에서 궤도를 도는 행성에는 생명체가 살 가능성이 있다.[6]

여기에 한 가지 더 상황을 복잡하게 만드는 문제를 생각해보자. 태양에너지 양은 시간이 흐르는 동안 일정하지 않다. 지구가 생겨난 지 얼마 되지 않았을 때는 태양열이 현재의 3분의 1 정도였다. 약 10억 년 후에는 태양이 지금보다 훨씬 더 뜨거워지고 지구 표면의 물은 계속 끓어 증발될 것이다. 몇십억 년이 지나 내부의 연료를 다 사용한 태양은 적색거성red giant으로 팽창해 지구 전체를 삼키고는 결국 백색왜성white dwarf이 되어 생애를 마칠 것이다.[7] 인간의 시간 척도로 보면, 지구가 나이 든 태양에 의해 물이 없는 황무지로 변하고 천천히 소멸되는 것은 그리 실감 나는 일은 아니다. 하지만 생명체 거주 가능 영역의 관점에서 이는 태양에너지가 증가함에 따라 가치가 높던 금싸라기 땅이 태양계 중심에서 밀려난다는 뜻이다. 거주 가능 영역의 경계에서 가까운 행성은 그저 같은 자리에서 궤도를 돌았다는 이유만으로 그 영역에서 밀려날 수 있다. 그런 의미에서 생명이 진화하기에 적합한 행성이 되기 위해서는 생명체 거주 가능 영역이 아니라 '연속적 생명체 거주 가능 영역Continuously Habitable Zone'에 속해 있어야 한다. 복잡한 동물 생명체가 진화할 정도로 충분히 오랜 시간 동안 거주 가능한 상태를 유지해야 하기 때문이다. 우리 행성은 대략 50억 년 동안 연속적 생명체 거주 가능 영역에 속해 있었고, 앞으로도 10억 년 이상 그러하리라 전망된다.[8]

하지만 태양과의 거리만이 행성에 존재하는 물의 상태가 액체인지 고체인지 혹은 기체인지 결정하는 것은 아니다. 거리가 유일한 결정 요인이라면, 우리 행성은 액체 상태인 물이 존재하는 대신 광활한 얼음벌판이 되었을 것이다. 온실효과는 인간이 야기한 재앙처럼 자주 언급되는 현상이지만, 지구를 이불처럼 덮은 대기 덕분에 우리는 화성처럼 얼어붙는 운명을 피했다. 온실가스는 태양의 복사열이 대기를 통과할 수 있게 하지만 그중 일부가 다시 우주로 방출되지 못하게 한다. 온실효과는 지구의 평균 온도를 영하권에서 섭씨 15.5도까지 끌어올린다. 이러한 온실가스 중에서 가장 많은 양을 차지하는 것은 수증기이다.

태양과 너무 가까운 행성은 금성과 같은 운명을 겪게 되어 표면이 굉장히 뜨겁다. 여기에 물이 증발해 늘어난 수증기로 온실효과가 폭주하면서 펄펄 끓어오르는 지옥이 되고 만다. 생명이 살 수 있는 가능성은 전혀 없다. 이것이 바로 생명체 거주 가능 영역의 안쪽 경계보다 태양에 더 가까운 행성에서 벌어지는 현상이다. 바깥 경계를 넘어가면 온실가스가 존재하는 행성이라 해도 태양과의 거리가 너무 멀어서 지표면의 물은 얼어붙을 수밖에 없다.

대기에 온실가스가 충분하다고 해서 꽁꽁 얼어붙는 운명을 전적으로 피할 수 있는 것은 아니다. 부동산의 가치를 매길 때와 마찬가지로 크기도 두 번째로 중요한 변수이다. 지구의 이웃 행성으로 지구 지름의 절반 크기이자 질량은 10분의 1 정도인 화성은 대기를 잡아두지 못한다. 빠르게 질주하는 소행성, 혜성들과 충돌한 여파로 화성 대기의 상당 부분이 우주로 빠져나갔다. 화성의 약한 중력으로는 이를 막을 수 없었다. 잦은 충돌이 끝난 이후 남아 있던 가스들마저 서서히 빠져나가면서 화성은 얼어붙을 수밖에 없었다.[9]

태양에서 방출된 전하를 띤 입자들, 즉 태양풍 때문에 화성에 생명이 살 수 있는 가능성은 더욱 희박해졌다. 행성에 입자들이 남아 있게 하는 무언가가 없다면 태양풍은 행성의 대기 상층부의 입자들을 날려버린다. 지구에는 자기장이 형성되어 있어 태양풍으로 인한 피해로부터 보호를 받지만 화성에는 이러한 보호막이 없다.

북극 밤하늘에 펼쳐지는 초록빛 오로라와 남극의 오로라 모두 지구가 하나의 커다란 자석처럼 작용한다는 사실을 보여준다. 태양풍과의 충돌로 전하를 띤 상층 대기의 입자들이 지구 자기장에 이끌려 내려와 지구 대기와 충돌하면서 빛을 내는 것이다. 쇳가루가 막대자석의 양극 주변에 많이 모이듯 지구 속 자석이 전하를 띤 입자들을 끌어당긴다. 이러한 자석이 없다면 시간이 흐르면서 입자들은 천문학자들이 '스퍼터링sputtering'이라 부르는 과정을 통해 우주로 흩어진다. 이것이 바로 화성에서 일어난 현상이다. 화성 대기의 기체들이 튕겨나간 것이다.[10]

화성의 중력과 자기장이 약한 것도 화성 자체의 크기가 작기 때문이다. 행성 내부에 전류와 자기장이 발생하려면 금속성 유체가 계속 움직여야 한다. 즉, 난로의 열이 솥에 담긴 수프를 부글부글 끓게 하듯 지구 내부의 열에너지가 외핵의 금속성 유체를 순환하게 만들고 이때 생기는 운동에너지가 전기에너지로 전환되면 전류와 자기장이 생성된다. 화성의 외핵에도 이러한 물질이 존재했지만 수십억 년 전에 멈춰버렸다. 화성이 작아서 내부 에너지가 방출되었고, 행성 내부에 외핵의 금속성 유체를 휘젓는 열에너지도 없으니 자기장 또한 형성되지 않았기 때문이다. 따라서 태양풍이 쉽게 대기를 앗아갈 수 있었다. 수증기와 함께 대기를 덮는 온실효과를 일으킬 수 있는 가스들이 우주로 흩어져버리는 것이다. 하지만 지구의 경우, 내부의 열에너지에 의해 형성된 자기장이 태양풍의 위협으로부터 대기를 보호한다.

우리 행성에는 외부의 위험을 막아내는 또 다른 특징이 있다. 바로 기울어진 자전축이다. 자전축이 불규칙하게 변하는 화성과 달리 지구의 자전축은 23.5도 정도로 일정하게 기울어져 있다.[11] 이 기울기가 일정한 수치에서 변화를 보일 때마다 빙하기와 간빙기가 10만년을 주기로 나타난다. 자전축이 기울어져 있어서 태양에너지를 받는 영역이 위도에 따라 달라지고, 남반구와 북반구가 교대로 태양에 더 가까이 기울어짐에 따라 계절이 생겨난다. 지구의 자전축이 지금처럼 일정하게 유지되지 않는다면, 계절 간 격차는 극심해져 여름은 불타오를 듯 덥고 겨울은 얼어붙을 듯 추워서 생명의 진화가 불가능할 것이다.

달은 지구가 다른 행성들의 중력장에 이끌리지 않도록 보호해 지구의 자전축을 흔들리지 않게 고정하는 역할을 한다. 달은 우연한 사건으로 생겨났다. 지구가 형성된 직후에는 천체 간의 충돌이 빈번히 일어났다. 당시 화성 정도 크기의 천체가 원시 지구와 충돌했다. 이 거대 충돌설에 따르면, 충돌하면서 생긴 거대한 에너지로 인해 지구 표면이 녹았고, 암석이 증발해 우주로 날아갔다. 잔해들은 합쳐지며 응집해 달이 되었고, 지구 중력에 붙잡히면서 지구를 중심으로 궤도를 돌게 되었다. 이웃 행성들의 경우, 이러한 우연한 충돌이 일어나지 않았다. 따라서 이웃 행성의 자전축은 변동이 잦고 다른 천체의 중력장에 이끌려 대단히 불안정하다.[12] 수십억 년이 흐른 후, 달이 지구의 중력 궤도에서 벗어나면, 지구는 속도가 느려지는 팽이처럼 극심하게 흔들릴 것이다. 이와 더불어 태양이 점점 더 밝고 뜨거워지면 지구상에서 생명체는 더 이상 존속할 수 없을 것이다.

모든 것이 돌고 돈다

수십억 년이 지난 어느 시점에 금성과 화성에 자기장이 생겨 태양풍을 차단하고 물이 액체 상태로 존재할 수 있을 만큼 적절한 온도가 되어 생명체가 살기에 적합한 행성이 될 수 있을 거라고 추정해봄직하다. 하지만 이웃 행성에 이러한 환경이 조성된다고 해도 생명체를 유지하는 행성이 되기 위해 가장 필요한 특징을 갖출 수는 없을 것이다. 바로, 스스로를 조절하는 능력이다.

행성이 물과 탄소, 그 밖의 여러 물질을 순환하도록 하는 자기조절 시스템은 지구를 다른 행성과 분명하게 구별 짓는 특징이다. 이 시스템 덕분에 지구는 금성처럼 뜨겁게 끓어오르거나 화성처럼 얼어붙는 운명을 피할 수 있었다. 지구의 자기조절 시스템은 식물과 동물의 양분이 땅에서 바다로, 그리고 깊은 지하에서 다시 대기로 지속해서 순환하도록 한다. 이 시스템이야말로 인간의 문명이 형성되는 데 가장 중요하지만 저평가되는 기반이다. 지구의 다른 특징들과 마찬가지로 이 자기조절 시스템은 인간이 통제할 수 있는 영역이 아니다.

지금까지 알려진 바에 따르면, 탄소 원자가 짧게는 수 초, 길게는 수백만 년이라는 시간 동안 한 형태에서 다른 형태로 순환할 수 있는 곳은 우리 행성이 유일하다. 탄소는 다른 원소들과 쉽게 결합해 지금까지 알려진 모든 생명체의 근간을 형성했다. 지구에서는 똑같은 탄소 원자가 제각각 다른 시대에 걸쳐 식물의 잎이나 동물의 세포, 혹은 단단한 암석에 존재할 수 있고, 바다에 녹거나 대기 중에 기체로 존재할 수 있다.

수십 개의 판이 서서히 움직이는 판구조 운동은 대륙을 이동하게 하고 산맥을 형성할 뿐 아니라 탄소 재순환 메커니즘의 동력을 제공한다. 행성 내부의 열에 의해 지구 맨틀에서 대류 현상이 일어나면서 판이 움직이게 된다. 이러한 판구조 운동은 금성이나 화성에서는 일어나지 않는다. 판구조 운동이 있었다고 해도 아주 오래전에 끝났을 것이다. 그리하여 우리의 이웃 행성에는 판구조 운동 같은 탄소를 재순환시키는 메커니즘이 존재하지 않는다. 그 결과 금성의 탄소는 대기에 갇힌 채 빠져나가지 못한다. 화성에서는 그와 반대 현상이 일어나 탄소가 대기로 돌아가지 못한다. 순환되는 과정이 없다면 탄소는 생명체의 근간을 이룰 수 없다.

탄소의 순환은 지표면 깊은 곳에서 시작된다. 지구 내부의 방사

능 원소가 발생시킨 열과 위쪽에서 내리누르는 중압에 의해 마그마가 지표면을 향해 올라온다. 부글부글 끓어오른 마그마는 분출해 용암이 되어 흘러내린다. 수십 킬로미터 상공 위로 내뿜어진 화산 가스는 기류를 타고 대기와 섞인다. 화산 분출로 인해 온실가스인 이산화탄소가 대기 중으로 유입되는 것이다.

물론 화산활동은 지구에서만 일어나는 것은 아니다. 금성의 화산들도 이산화탄소를 대단히 많이 배출하고 있고, 화산으로 인해 형성된 온실가스가 대기를 뒤덮고 있다. 하지만 금성에서는 물이 액체 상태로 존재하지 못하고 증발된다. 화성에서도 과거에 화산활동이 있었던 특징과 함께 용암이 흐른 흔적이 발견되었다. 하지만 판이 충돌하면서 형성된 안데스나 히말라야, 로키 같이 띠 모양으로 길게 이어진 습곡 산맥이 없다. 또한 판의 움직임이 어떻게 하나로 합쳐져 있던 거대한 대륙을 갈라지게 했는지 보여주는, 퍼즐 조각처럼 해안선이 일치하는 땅도 존재하지 않는다. 대륙은 판구조 운동이 일어난 명백한 흔적이다.

지구의 재순환 시스템이 처음으로 세상에 알려진 것은 불과 20세기 후반의 일이다. 스코틀랜드 지질학자 아서 홈스Arthur Holmes가 1920년대에 처음 이러한 가설을 주장했는데, 학계의 반응은 싸늘했다. 그의 이론에 따르면 지구 내부의 지속적인 대류 현상은 뜨거운 물질이 지표면으로 올라오다가 식고, 식은 뒤에는 가라앉는 식으로 이루어진다. 홈스가 주장한 메커니즘은 어째서 지구에 지각이 형성되었는지 설명해준다. 지구 역사상 초기 수십억 년 동안, 밀도

탄소의 순환 과정

가 낮은 물질이 지표면으로 올라와 대류을 형성한 것으로 보인다. 지구 내부가 뜨거워지면서 분출된 마그마가 서서히 냉각되는 과정이 지속되면서 대류이 이동해 갈라지고 때로는 충돌할 수밖에 없었다. 이러한 열대류설은 판이 넓게 형성된 대서양 해저에 산맥이 생겨난 이유를 설명해준다. 또한 판이 충돌해 지축을 뒤흔드는 지진이 발생하고 지층이 물결 모양으로 주름지며 길게 이어지는 습곡 산맥이 형성된 것도 맨틀의 대류 현상 때문이다.

이러한 맨틀대류설은 대륙들이 원래는 하나로 합쳐진 거대한 대륙이었다고 주장한 독일의 기상학자 알프레드 베게너Allfred Wegener의 대륙이동설을 뒷받침한다. 베게너는 홈스보다 10년 앞서 이러한 가설을 발표했다. 그는 누구나 세계 지도에서 확인할 수 있듯 대륙들의 해안선이 일치할 뿐 아니라 서로 멀리 떨어진 대륙에서 똑같은 고생물 화석이 발견된다는 증거를 들어 대륙이 하나였던 게 틀림없다고 주장했다. 대다수 지질학자는 그의 생각을 일축했지만 반박할 수 없는 증거들이 나오기 시작했다. 심해의 산맥을 찍은 사진들도 그 증거 중 하나였다. 또한 대륙이 갈라지면서 생긴 해저산맥을 가운데 두고 양쪽으로 제각각 다른 자성을 가진 줄무늬가 마치 얼룩말 무늬처럼 정렬되어 있는 해양지각이 발견되었다. 이는 마그마가 지표면을 뚫고 분출해 그 힘으로 판이 갈라지며 심해 해령이 형성되었음을 증명하는 것이었다.

판구조 운동이 탄소 재순환 메커니즘의 동력이 된 것은, 화산 가스가 분출되어 대기 중에 이산화탄소가 배출되어서만은 아니었다. 판의 충돌로 산이 솟아오르면서 땅속 암석이 지표면 위로 노출된 현상 또한 생명체를 구성하는 탄소 순환의 다음 단계에서 중대한 역할을 했다. 대기 중의 이산화탄소가 수증기 속에 녹아들면 비는 약한 산성을 띠게 된다. 비가 내리면 빗속의 산성 성분이 암석을 풍화시킨다. 비석에 새겨진 이름이나 날짜가 수 세기 동안 비바람에 노출되어 흐릿해지는 것도 이 때문이다. 지질학적 시간의 차원에서 보면, 땅속에 있다가 화산활동으로 배출되어 대기 중에 머물던 이산화탄소가 풍화 과정을 통해 다시 대기에서 빠져나오는 것이다.

이러한 순환은 끊임없이 지속된다. 풍화 과정에서 탄소를 함유하게 된 광물은 빗물에 휩쓸려 개울, 강, 그리고 궁극적으로는 바다로 흘러들어 간다. 플랑크톤을 비롯한 생물들은 칼슘과 탄소를 함유한 이러한 물질로 외피를 만든다. 그리고 생물이 죽으면 외피는 해저로 가라앉고, 가라앉은 외피는 침전물의 일부가 된다. 판구조 운동에 의해 해저가 확장됨에 따라 해양지각이 이동하면서 결국 칼슘과 탄소를 함유한 침전물은 다른 대륙판 가장자리까지 이동하게 된다. 이때 생물의 사체로 이루어진 침전물이 탄소를 함유한 채 지구 내부로 쓸려 들어간다. 고온·고압 상태인 땅속에서 마그마에 녹아 있던 이산화탄소가 다시 지표면 가까이로 올라와 화산 분출과 함께 대기 중으로 배출된다. 그러면 이 과정이 처음부터 다시 시작되면서 반복된다. 탄소 원자는 수백만 년에 걸쳐 이러한 순환 주기를 따라 돌고 돈다.[13]

생명체의 구성 원소인 탄소의 경이로운 순환은 온도에 따라 속도가 달라진다. 기후가 따뜻한 시기에는 산성 물질을 생산하는 화학 반응이 빨라져 더욱 많은 암석들이 풍화된다. 6,500만 년 전 공룡들이 살던 시대가 바로 그러했다. 화학 반응이 빠르게 일어날수록 대기 중의 이산화탄소가 점점 많이 빠져나가 대기층이 얇아지고 기온이 내려간다. 기후가 추운 시기에는 화학 반응이 느리게 진행되면서 대기에 점점 더 많은 이산화탄소가 쌓이게 되고, 결국 온실가스층이 두꺼워져 기온은 올라간다. 이 같은 자체조정 주기는 지리학자들이 '온실화산활동이 활발했던 시대'라고 이름 붙인 시대와 '빙실풍화작용이 화산활동보다 더 활발했던 시대'라고 이름 붙인 시대 사이에서 반복된다. 풍화작용은 수백만 년에 걸쳐서 지구의 기후를 조절하는 온도조절장치로 기능했다. 이 온도조절장치 덕분에 지구는 금성처럼 뜨겁게 끓어오르지도, 화성처럼 얼어붙은 상태가 되지도 않았다.

인간은 지표면을 이동하는 대륙판의 속도를 비롯해 산을 형성하는 판의 충돌, 화산이 분출하는 빈도에 아무런 영향도 미칠 수 없다. 이는 행성으로서 지구가 갖는 특징을 우리가 조절할 수 없는 것과 같은 이치다. 인간은 기껏해야 숲을 불태우거나 땅속 깊이 저장된 탄소연료를 사용해 대기 중에 배출되는 이산화탄소의 양을 증가시켜 지구 온난화 같은 문제를 일으킬 수 있을 따름이다.

지질학자들이 오래전부터 자연에서 일어나는 역동적인 메커니즘과 순환을 인식했던 것은 아니었다. 1700년대만 하더라도 홍수의 영향으로 쌓인 퇴적물질이 퇴적암을 만들었다는 견해가 팽배했다. 그런 분위기 속에서 스코틀랜드의 농장 경영자이자 박물학자이면서 지질학자인 제임스 허턴James Hutton은 암석의 순환에 대한 이론을 최초로 제시했다가 학계에서 많은 배척을 받았다. 끊임없이 반복되는 주기 속에서 흙과 바위, 산이 파괴되었다가 새로 생성된다고 주장한 그는 "시작의 흔적을 전혀 찾을 수 없을 뿐 아니라 끝도 내다볼 수 없다"라고 썼다. 그의 생각은 지난 수백만 년 동안 사실이었고 앞으로 이어질 수백만 년 동안에도 그러할 것처럼 1700년대에도 틀림없는 사실이었다.[14]

탄소가 생명의 주요 구성성분이기는 하지만, 탄소만으로 식물과 동물이 살아갈 수는 없다. 동물과 마찬가지로 식물도 성장하고 번성하기 위해 다수의 양분을 필요로 한다. 단백질을 구성하는 질소와 뼈를 구성하는 인은 지구상의 생명체에 필수적인 요소이다. 식물은 토양에서 양분을 흡수하고, 동물은 식물을 먹음으로써 양분을 얻는다. 탄소의 순환에서 알 수 있듯이, 지구의 기본 시스템은 이러한 다른 원소들도 재순환을 시켜 생명에 필수적인 구성 요소들을 문명에 공급한다. 여기서 다시 한 번 우리의 역동적인 지구는 독보적인 행성으로서 그 명성을 떨친다. 우리가 아는 한, 지구만이 식물에서 동물을 거쳐 토양, 암석, 공기, 그리고 다시 식물로 양분을 재순환하는 시스템을 갖춘 행성이다.

질소와 인 모두 자체적으로 재순환을 하며 지구상의 생명을 유지시킨다. 하지만 질소와 인의 순환은 한 가지 주요 측면에서 공통점을 가지고 있다. 두 원소의 순환 속도는 인류 역사 대부분의 시간 동안 인간이 스스로를 부양하는 능력에 큰 제약을 가했다. 이 순환 시스템을 인위적으로 변형하기 위해 믿을 수 없을 만큼 오랫동안 인간이 노력을 기울인 결과 중국의 도시에서 수거한 인분을 농촌에서 거름으로 쓰고, 북미 초원에서 아메리카들소의 뼈를 수거하고, 독일 공장 노동자들을 매수해 산업 기밀을 빼내는 등 다양한 노력 인류 역사상 가장 대단한 성취를 이루고 문명의 경로까지 바꿨다. 이와 관련한 인류의 성취에 대해서는 뒷장에서 다시 다룰 예정이다.

지켜야 할 생물 다양성

오랜 지질 연대 동안 지속된 안정적인 기후와 생명체가 유지되는데 필요한 양분의 순환 시스템은 지구에서 생명체가 번성하고 더 나아가 우리 인간이 번성하게 된 두 가지 근본적인 기반이다. 하지만 호모 사피엔스 같은 종이 번성하기 위해서는 세 번째 요건이 갖춰져야 하는데, 바로 우리 종의 이익을 위해 이용할 수 있는 식물과 동물이 풍부해야 한다는 점이다.

슈퍼마켓에 진열된 과일, 채소, 곡물, 유제품, 육류를 생각해보자. 사실 우리가 먹는 동식물 종은 몇 손 안에 꼽을 수 있다. 옥수수, 밀, 쌀, 소고기, 돼지고기, 닭고기 등 우리가 주로 먹는 식품의 종류는 그리 많지 않다. 우리가 먹는 과일과 채소의 종수만 따져보더라도 지구상에 존재하는 전체 식물 가운데 극히 일부에 지나지 않는다. 이러한 과일과 채소는 빠르게 자라고 대규모로 경작이 가능하며 수확이 수월한 종이다. 그런데 우리는 소수의 동식물 종만을 소비한다는 이유로 생명의 다양성이 얼마나 중요한지 종종 잊고는 한다.

우리가 먹지 않는 다른 종들도 인간이 살아가는 데 없어서는 안 되는 중요한 역할을 한다.[15] 낙엽과 죽은 가지를 분해하는 균류가 없는 세상을 상상해보자. 우리는 온갖 잔해 속에 파묻히게 될 것이다. 농작물에 피해를 주는 진딧물과 진드기를 먹는 무당벌레 같은 생물 종이 없다면 우리는 큰 고충을 겪을 수밖에 없을 것이다. 벌, 딱정벌레, 나비는 꽃에서 꽃으로 날아다니며 꽃가루를 옮겨 아몬드, 사과, 호박이 열매를 맺도록 한다. 잉여라고 생각될 정도로 비슷한 역할을 하는 생물 종이 많은 생명의 다양성은 우리에게 일종의 보험 같은 기능을 한다. 기후변화나 뜻밖의 자연재해가 닥쳐서 일부 종이 소멸되어도 다른 종이 계속해서 자연계의 기능을 하기 때문이다. 또한 각 생물 종의 표본에 해당하는 몇몇 품종만이 아니라 수많은 품종이 필요하다. 개체들에 퍼져 있는 다양한 유전자가 있어야 질병이나 다른 문제가 일어났을 때 일부는 공격을 이겨내고 살아남을 수 있다. 그렇다고 슈퍼마켓 선반에 보이지 않는 생물 종이 단순히 보조하는 역할에만 머무는 것은 아니다. 이러한 종들이 없다면 인간은 충분한 식량을 마련할 수 없을 것이다. 그리고 우리에게 알려진 수백만 생물 종의 기능은 물론 아직 발견되지 않은 종들의 기능은 거의 알려지지 않았다. 전혀 눈에 띄지 않지만 자연계에서 제 역할을 하고 있는 종들이야말로 먹을거리로 가득 찬 접시와 빈 접시 사이의 차이를 만들어낸다.[16]

오늘날 지구는 생명체들로 넘쳐난다. 심해에서 빙하에 이르기까지 다양한 곳에서 발견된다. 누구도 지구상에 얼마나 많은 종이 존재하는지 알지 못한다. 아마도 500만에서 3,000만 종에 이르는 생물이 살아가고 있을 것이다. 압도적으로 방대한 생물 종은 소름이 돋을 만큼 다양하다. 딱정벌레만 해도 50만 종이 넘을 것이다. 이뿐만이 아니라 너무 작아 육안으로는 볼 수 없는 수백만 종의 미생물이 있다. 흙에 사는 수천 종의 미생물을 비롯해 현미경을 통해서만 식별 가능한 바다에 사는 미생물까지 그 수는 엄청나다.[17]

이토록 다양한 생명체와 각각의 종들이 지구 시스템에서 맡은 역할은 특히나 우리 행성이 지금껏 알려진 다른 행성과 차별화되는 특별한 점이다. 하지만 처음부터 그랬던 것은 아니었다. 원시 지구의 시스템에 생명체는 존재하지 않았다. 소용돌이치는 가스와 먼지가 모여 지구가 만들어지고 나서 수십억 년이 흐르는 동안, 지구에는 생명체가 존재하지 않았다. 하지만 어찌된 영문인지는 모르겠으나 그 시기에 생명체를 이루는 필수적인 요소들이 나타났다. 혜성과 운석이 지구로 쉴 새 없이 떨어지면서 탄소, 물, 질소, 어쩌면 인까지 가져왔는지 모른다. 혹은 원시 지구에 이미 이러한 구성 요소들이 존재했었을 수도 있다. 이러한 구성 요소들이 지구상에서 다양한 생명체로 발현되기까지 길고도 험한 여정이 이어졌다. 본질적으로는 지질 연대에 걸쳐 일련의 톱니바퀴, 도끼, 중심축이 주기적으로 나타나 생물이 살지 않는 행성에서 믿기 어려울 정도로 다양한 생물이 사는 행성으로 거듭나도록 이끌었다. 그리고 각 시대를 거치면서 생명의 복잡성은 한 단계씩 높아졌다.[18]

첫 번째 중요한 사건은 35억 년 전에 일어났다. 생명체를 이루는 구성 요소들이 뒤섞인 원시 수프primordial stew(지구상에 생명을 탄생시킨 유기물의 혼합 용액 - 옮긴이)에서 자기 증식이 가능한 단세포 생물이 형성되어 생명의 기원을 이루었다.[19] 이러한 가장 단순한 생명체 중 일부는 썩은 내가 진동하는 유황 늪에, 다른 일부는 지구 내부에서 새어 나온 열에너지를 이용할 수 있는 심해의 열수 분화구에 서식했다.[20] 20억 년 동안 초록색과 보라색을 한 단순한 박테리아가 생명체의 전부였다. 그 이후에 등장한 중심축을 바탕으로 한층 더 복잡해진 생물이 등장하며 다양한 생명체의 발단이 된 성장의 톱니바퀴가 돌아가기 시작했다. 물, 대기 중 탄소, 태양에너지를 사용하는 광합성 덕분에 생명체는 햇빛과 약간의 수분만 있으면 어디서든 번성하게 된 것이다. 수십억 년 전 광합성을 통해 세상을 뒤바꿔놓은 푸른 녹조류의 활동으로 스트로마톨라이트Stromatolite(녹조류가 켜켜이 쌓여 있는 형태의 석회암 - 옮긴이)가 생겨났는데, 이것은 오늘날에도 오스트레일리아의 서부 해안에서 볼 수 있다.

당시 산소 농도가 낮은 대기에서 서식했던 생명체의 관점에서 보면, 광합성이란 진화는 재앙이었다.[21] 광합성의 산물인 산소가 급격히 증가해 지질학자들이 '산소 대사건', '산소 재앙', '산소 위기', '산소 혁명' 등 다양하게 부르는 시대가 도래했다. 산소가 없는 대기에 익숙해진 유기체들에게 산소는 독가스였다. 생명체 입장에서는 성장을 가로막는 도끼가 내리쳐진 것이나 다름없었고, 결국 생명체들은 고여 있는 물처럼 산소가 없는 환경으로 서식지를 옮겨갔다. 하지만 산소 위기는 다른 생명체에게 기회였다. 대기 중의 산소로 인해 마침내 미생물이 진화해 복잡한 식물이 나타났고, 산소를 호흡하고 먹이를 에너지로 전환하는 동물이 등장했다. 또한 대기 중 산소가 오존층을 형성해 암을 유발하는 태양의 자외선을 막아주는 얇은 커튼 역할을 해 주었다.[22]

약 15억 년 전에는 진화를 이끈 중심축들이 더욱 많이 나타났다. 생물들이 유성생식을 하게 된 것이다. 이로 인해 생물 종들은 더욱 빠르게 진화하면서 생김새와 크기를 변화시키고 물려받은 특성을 바탕으로 환경에 적응했다. 식물 종은 광합성으로 에너지를 얻는 전례를 이어가며 진화했다. 그로부터 5억 년이 흐른 후, 수많은 해면동물, 해파리, 산호, 평형동물 들이 앞다투어 생겨났고 그 뒤를 이어 어류, 곤충, 조류, 포유류가 발생했다.[23] 이와 동시에 새로운 생존 전략이 등장했다. 동물은 태양으로부터 직접적으로 에너지를 얻는 게 아니라 식물과 다른 동물을 먹은 뒤 위장에서 소화시켜 에너지를 얻었다. 효모, 곰팡이, 버섯 같은 균류도 동물과 유사한 전략을 찾아냈다. 똑같이 다른 식물과 동물에게서 양분을 얻되, 소화기관 없이 세포벽을 통해 흡수하는 것이었다.

판구조 운동으로 대륙이 이동하고 산맥과 대양이 형성되는 등 지리적 장벽에 막혀 서로 유전자를 교환했던 개체들이 분리되기 시작했다. 시간이 흐르면서 같은 종이었던 생물은 뚜렷이 다른 종으로 분화되고 새로운 종들이 만들어졌다.[24] 한 종의 개체들이 근처의 다른 개체들과 짝을 지으면서 새로운 생태적 지위나 먹이를 확보하기도 했다.[25] 하지만 식물과 동물의 다양성이 확고하게 자리 잡기까지 그 여정은 순탄하지 않았다. 지질학석 기록에 따르면, 장기간에 길쳐 생물의 다양성이 증가하던 추세에 마침표를 찍은 대단히 파괴적인 멸종 시대가 존재했다. 생물을 멸종시킬 뻔한 도끼가 최소한 다섯 차례 떨어졌다. 가장 잘 알려진 것은 6,500만 년 전 공룡의 멸종이다. 그 이전에도 이미 2억 5,000만 년 전에 식물과 동물을 통틀어 100종 중 96종은 전멸했다. 멸종의 원인은 정확히 밝혀지지 않왔다. 잦은 화산활동으로 대기 중의 이산화탄소 농도가 높아져 기온이 올랐거나 유황이 함유된 산성비가 쏟아져 내렸을지도 모른다. 혹은 지구에 충돌한 운석들이 일으킨 먼지가 대기를 덮어 햇빛을 차단하는 바람에 공룡이 종말을 맞게 되었는지도 모른다. 이러한 사건들이 대단히 파괴적이기는 했지만 동시에 그 덕에 새로운 기회가 마련되었다. 진화의 경로에 리셋 버튼이 눌리면서 세력이 약했던 생물 무리가 새로운 기회를 얻었다. 일례로 공룡 시대의 종말을 알리는 대멸종사건이 없었다면, 포유류는 지구에서 지배적인 생명체가 되지 못했을 것이다.

아무리 인간의 창의성이 뛰어나도 생물 종의 다양성을 재창조할 수는 없다. 아무리 정교한 컴퓨터라고 할지라도 에너지를 교환하는 식물과 동물의 관계망 속에서 광합성이 작용하는 복잡한 방식과 과정을 흉내 낼 수 없다. 오늘날 진화의 결과로 나타난 생명의 다양성은 자연의 놀라운 산물이고, 이제 인간의 창의성을 통해 다양한 생물을 지배하기에 적합한 시대가 왔다. 인간은 인간에게 유리한 종을 선택해 번성시키고 우리의 필요와 맞지 않는 것은 변형시키며, 해로운 종은 멸종시키기까지 한다. 그럼에도 불구하고 인간은 적어도 아직까지는 생명의 구성 요소를 가지고도 새로운 종을 만들어낼 수 없다. 이 또한 우리가 생존을 의존하고 있는 행성의 근본적인 특징이면서 우리가 통제할 수 없는 영역이다.

우리가 하나의 생물 종으로서 번성할 수 있었던 가장 근본적인 토대는 우리의 힘이 미치지 않는 영역에 있다. 인간이 지구에서 번성할 수 있었던 절대적인 조건들은 인간의 힘과 상관없는, 장기적으로 이루어진 지질학적 특징들과 진화의 역사에 기반을 두고 있다. 우리는 행성의 중심핵에서 형성되는 자기장을 변경할 수도, 판구조 운동을 일으킬 수도, 행성의 위치가 생명체 거주 가능 영역에 들어가도록 밀어붙일 수도 없다. 우리는 생명의 다양성을 되살릴 수도 없다. 또한 원시 지구를 좌우하던 물리적·화학적 현상과 훗날에 나타난 생명 활동 또한 재현할 수 없다. 하지만 그럼에도 우리가 영향을 미칠 수 있는 영역이 여전히 많은 게 사실이다. 엄청난 성장의 시대로 이어진 이야기의 중심에는 우리의 놀라운 행성이 가지고 있는 단기적인 특징, 즉 우리가 통제할 수 있는 특징들을 변형해온 역사가 있다. 지구라는 무대가 기회를 제공하고, 인간의 문화가 창의성이 발현될 수 있는 토양이 되는 것이다.

3장

인간의 창의성이 발현되다

1845년 5월 19일, 영국 군함 에러버스호HMS Erebus와 테러호HMS Terror는 잉글랜드 그린히스에서 출항했다. 영국 해군 본부는 원정대를 이끄는 존 프랭클린 경Sir John Franklin에게 유럽과 아시아를 가깝게 이어줄 북서항로를 찾으라는 임무를 내렸다. 북서항로를 개척하기 위해 해빙으로 가득 찬 바다로 여러 번 원정대가 나섰지만 길은 쉽게 열리지 않았다.

1845년의 원정은 프랭클린의 네 번째 북극행이었다. 그는 불안정한 빙산의 위험은 물론 어둡고 혹독한 겨울, 굶주림의 위험에 대해서도 경험으로 알고 있었다. 그 시대에 만연했던 원주민에 대한 편견과 영국인 특유의 우월감에도 불구하고 프랭클린은 이누이트족이 북극의 냉혹한 겨울을 나는 데 노련하다는 것을 인정했다. 그는 준비해간 식량이 떨어질 때쯤이면 일반적인 영국 문화의 기준에서 벗어나 이누이트족처럼 지방이 많은 물개를 잡아먹고 바다코끼리를 사냥할 준비가 되어 있었다. 그는 에러버스호와 테러호를 이끌고 원정을 떠나기 전, 자신감에 넘쳐 다음과 같이 말했다. "에스키모인이 인생의 상당 기간을 집 밖에서 보내는 지역에서 유럽인이 여러 해 동안 견디지 못하리란 법은 없다."[1]

원정대는 132명의 선원과 장교를 태우고 출발했다. 이들이 준비한 식량만 해도 비스킷 1만 6,884파운드, 에일맥주와 흑맥주 2,490갤런, 통조림 고기 1만 5,664파운드, 설탕 6,859파운드, 버터 1,608파운드, 머스터드 500파운드, 후추 100파운드였다.[2] 이들은 대서양을 건넌 뒤 북극권 한계선에 위치한 비치섬에서 첫 겨울을 났다. 그해 폐렴으로 세 명의 선원이 목숨을 잃었다.

1846년에 꽁꽁 얼었던 날씨가 풀리자 에러버스호와 테러호는 킹윌리엄섬을 향해 출발했다. 남쪽으로 항해하던 도중에 배가 빙해에 갇히고 말았다. 식량은 줄어들었고, 선원들은 괴혈병을 앓았다. 다음 해 4월 무렵에는 24명이 목숨을 잃었다. 프랭클린마저 그해 6월에 죽었다. 남은 105명의 선원들은 배를 포기하고 본토의 그레이트피시강 어귀를 향해 걸어서 이동했으나 그 과정에서 많은 이들이 사망했다. 살아남은 선원들조차 그레이트피시강을 선택해 이동한 것이 잘못임을 깨달았다. 그곳은 사냥이 어려워 이누이트족들도 피하는 곳이었다. 많은 이들이 굶어 죽었다. 5년 전 그린히스에서 출항했던 선원들 중 마지막까지 생존했던 이들도 결핵, 괴혈병, 굶주림으로 비명횡사했다.

프랭클린의 원정대로부터 몇 년이 지나도 소식이 없자 영국에 남아 있던 존 프랭클린 경의 아내 제인 프랭클린은 실종된 남편을 구하기 위해 여러 척의 구조선을 북극으로 보냈다.[3] 여러 번의 실패 끝에 마침내 1857년, 탐험가 프랜시스 맥클린톡Francis McClintock이 베일에 싸여 있던 원정대의 실종을 밝혀냈다. 맥클린톡은 그들이 남긴 통조림과 낡은 옷가지를 비롯해 원정대가 얼음 위를 이동하다가 사망에 이르게 된 것을 목격한 이누이트족의 이야기, 그리고 킹윌리엄섬에서 찾은 프랭클린이 죽던 해 남긴 기록을 가지고 돌아왔다.

맥클린톡은 프랭클린이 원정대를 이끌고 출항한 지 14년이 흐른 후인 1859년 11월 14일, 왕립지리학회에 수색 원정에 대한 상세한 내용을 보고한다. 맥클린톤은 수집한 정보를 바탕으로 한 보고서에서, "에스키모인이 살아가는 지역에서 문명인도 살 수 있다고 추정하는 것은 명백한 착오"라고 말하며, 프랭클린의 자신감 넘치던 주장을 정면으로 반박했다.[4] 그것으로 결빙하지 않는 대서양 북쪽 항로를 찾으려던 영국의 시도는 좌절된 채 막을 내린다.

내가 프랭클린의 원정대에 닥친 재앙을 상세히 풀어놓는 의도는 잘 알려진 이야기를 다시 들려주려는 것도, 혹은 용감한 탐험대의 취약점에 대해 숙고해보려는 것도 아니다. 우리 종을 다른 생물 종과 차별화시키는 주요 특징을 짚고 넘어가는 것이 목적이다. 프랭클린 원정대와 이누이트족은 같은 인간 종에 속해 있다. 하지만 공통된 조상을 가지고 있음에도 프랭클린과 그의 선원들에게는 북극에서 필요한 생존기술사냥을 하거나 카약을 만드는 법, 겨울을 나기 위해 여럿이 협동하는 법 등에 대한 지식이 전혀 없었다. 그들이 영국에서 자라는 동안 부모와 사회에게서 그러한 기술을 배운 적도 없었다.

영국인 탐험대에게 적절한 생존 기술이 없었다는 사실은 전혀 놀라운 일이 아니다. 이누이트족의 문화와 영국의 문화는 제각각 한 세대가 다음 세대에 전하는 축적된 지식 위에서 형성되었다. 각 문화는 그 지역의 환경에 적합하게 발달했다. 경험을 통해 축척한 공유된 지식으로서의 문화는 오랜 시간을 두고 여러 세대에 걸쳐 형성된다. 프랭클린 원정대와 이누이트족은 서로의 문화를 공유할 준비도 안 되어 있었고, 불운한 영국인들이 굶어죽기까지 걸린 수 년이란 시간은 이누이트 문화가 축적한 지식을 배우기에는 너무 짧았다. 더 오랜 시간에 걸쳐 더 많은 선원들을 태운 원정대가 수없이 다녀가고 이누이트족과 잦은 접촉을 했다면, 영국인들도 냉혹한 북극의 환경에 적응하는 법을 배웠을지 모른다. 이누이트족만 하더라도 수천 년의 사투 끝에 혹독한 기후에서 적응하는 법을 터득했던 터였다.

인간의 역사에 미치는 문화의 역할은 찰스 다윈Charles Darwin을 비롯해 여러 학자들을 당혹스럽게 했다. 다윈은 인간만이 일반적인 규칙에서 예외라고 주장하면, 그가 제창한 자연선택설의 허점이 드러날 것임을 알았다. 자연선택설은 1835년 갈라파고스 군도에서 관찰한 새들을 바탕으로 잉태되었다. 그곳에서 목격한 눈에 띄게 다른 모양과 크기의 핀치들은 젊은 생물학도의 마음을 사로잡았다. 다윈의 이론은 오늘날까지도 이어지고 있는 간단하고 명쾌한 이론이다. 핀치의 조상이 남아메리카 대륙에서 갈라파고스 군도로 도착했을 당시, 일부는 씨앗을 먹고 또 다른 일부는 곤충을 먹었다. 뭉툭하고 단단한 부리를 가진 핀치는 땅속에 박힌 씨앗을 먹이로 삼고, 날카롭고 뾰족한 부리를 가진 핀치는 나무 위의 곤충을 잡아먹는 경향이 있었다. 땅속 씨앗을 먹이로 삼는 새들은 자손에게 뭉툭한 부리를 물려주고, 나무에 사는 새들은 뾰족한 부리를 물려주었다. 그렇게 시간이 흐르면서 땅핀치와 나무핀치는 제각기 다른 종으로 분화했다. 환경에 따라 변이된 유전자가 진화를 주도한 것이다.

하지만 다윈은 세대에서 세대로 전해질 뿐 아니라 한 지역에서 다른 지역으로 전파되면서 우리 종의 번영을 도운 인간의 문화를 자연선택설 안에 어떻게 끼워 맞춰 설명해야 할지 고심을 거듭했다. 그는 1874년에 발표한 논문 "인간의 유래 *The Descent of Man*"에서, 인간의 문화가 더욱 복잡해질수록 자연선택의 강력한 힘이 약화된다는 생각을 넌지시 비쳤다. "진보의 동력이 되는 것은 감수성이 풍부한 어린 시절에 받은 훌륭한 교육을 비롯해, 뛰어난 성품과 능력을 지닌 어른이 심어주고 그 나라의 법과 관습, 전통으로 체화되어 여론을 통해 더욱 강화된 높은 수준의 미덕으로 보인다."5

그로부터 75년이 지난 후 인간의 문화가 어떻게 진화하는지 의문을 제기한 러시아의 생물학자 테오도시우스 도브잔스키Theodosius

Dobzhansky와 영국계 미국인 인류학자 애슐리 몬터규Ashley Montagu는 다음과 같은 결론을 내렸다. "인간은 다른 동물 종처럼 유전적으로 고정된 반응을 보이는 것이 아니라 스스로의 반응을 만들어내는 종으로서, 자신만의 반응을 창출해 즉각적으로 처리하는 고유한 능력을 바탕으로 문화가 생겨나게 된 것이다."[6] 문화에 대한 다윈, 도브잔스키, 몬터규의 오래된 관심에도 불구하고 오늘날에는 소수의 인류학자, 생물학자, 심리학자들만이 이 흥미로우면서도 까다로운 연구에 천착하고 있다. 그중 피터 리처슨Peter Richerson과 로버트 보이드 Robert Boyd가 있다. 이들은 유전자와 문화가 어떻게 한데 어울려져 공진화하는지 퍼즐을 맞추기 위해 현대식 수학 모델과 실험실실험 laboratory experiments에 매진하고 있다. 그들의 목표는 우리와 사촌 격인 침팬지나 보노보와 달리 인간은 어떤 이유 때문에 대단한 창의성을 발휘해 세계를 지배하게 되었는지 설명하는 것이다.

이누이트족은 문화에 포함된 관습, 전통, 사회적으로 용인되는 규범을 통해 혹독한 북극 환경에서 적응하는 법을 터득할 수 있었다. 암흑기에 해당하는 긴 겨울에 프랭클린 탐험대와 이누이트족의 운명이 갈린 것도 바로 문화 때문이었다. 문화가 어떻게 진화해 우리 종의 운명을 정했는지에 대한 의문은 인류 역사상 가장 매혹적인 수수께끼이다. 리처슨과 보이드가 말하듯이 "유전자가 할 수 없는 것들을 문화가 해내지 못한다면 문화는 결코 진화하지 못했을 것이다."[7]

유전자에서 창의성까지

　의사소통, 정보 교환, 지식 전수. 이러한 도구들은 모든 문화의 근원이자 모든 생명체의 기반을 이룬다. 원시 생명체가 DNA에 저장된 유전 정보를 자손에게 물려주는 시스템을 마련하게 되면서 특정 환경에서 생존하는 법에 관한 정보를 다음 세대에 전수하는 수단은 더욱 공고해졌다. 유전자를 물려줌으로써 부모는 자식에게 생존하는 데 필요한 특징을 '말해줄' 수 있다. 부모 세대가 성취한 생존 방식을 전할 수 있는 것이다.

　인간 및 유인원을 포함한 모든 생명체는 일찍이 유전을 통해 한 세대에서 다른 세대로 정보를 전하는 위대한 시스템을 만들어 이용하고 있다. 유전자를 통해 정보를 전하는 방식은 부모 입장에서 최소의 비용이 든다. 자손 입장에서도 많은 노고를 절약할 수 있다. 환경에 대한 모든 지식을 배우기 위해 시간이나 에너지를 소모할 필요가 없는 것이다. 정보는 유전자에 고스란히 저장되어 있다. 정보가 소용이 없어질 만큼 환경이 급속도로 변하지 않는 이상, 유전자에 저장해놓은 정보를 전하는 방식은 다른 어떤 수단보다 유용하다. 환경이 변하는 시간의 척도에 비해 상대적으로 수명이 짧은 많은 종은 바이러스처럼 단순한 생명체에서 날벌레처럼 복잡한 생명체에 이르기까지 모두 유전이라는 수단에 전적으로 의존한다.

　하지만 유전이란 방식도 실패할 가능성은 있다. 1980년대 초, 갈라파고스 군도에 이례적으로 폭우가 쏟아졌다. 비가 많이 내리면서 핀치가 먹이로 삼는 씨앗들이 풍성한 결실을 맺었다. 하지만 크고 단단한 씨앗보다는 작고 부드러운 씨앗을 맺는 식물들이 더욱 번성했다. 큰 씨앗을 먹는 핀치 종은 불리할 수밖에 없었고 개체 수는 줄어들었다. 생존한 새들은 원래 같은 종의 새들보다 부리가 작은 편이었다. 부리가 큰 핀치들은 운이 다하고 말았다. 부모에게서 물려받은 부리 크기 때문에 새로운 환경에 적응하지 못한 것이다.[8]

배우는 능력은 고정 불변하는 유전의 문제점을 상쇄해줄 수 있다. 지적 능력이 중요 변수이다. 부리 크기 같은 정해진 형질이 아니라 지적인 두뇌를 물려받음으로써 자손은 갑자기 먹이로 삼는 에너지원이 사라진다고 해도 다른 적합한 먹이를 찾을 수 있다. 핀치에게 배울 수 있는 능력이 있었다면 크기가 다른 씨앗을 깨먹는 방법을 터득함으로써 물려받은 부리 크기에 의존하지 않아도 되었을 것이다. 지적 능력이 있는 종은 자연선택을 통한 적응보다 변화하는 조건에 더욱 빠르게 적응해서 특별히 운이 좋지 않은 해에 멸종되는 위험을 피할 수 있을 것이다.

먹이를 구하고 짝을 선택하고 위험을 피하는 방법을 배울 수 있는 시적인 두뇌를 가진 종이 인간만 있는 것은 아니다. 쥐는 미로를 통과하는 방법을 배운다. 밧줄을 양쪽에서 잡아당겨야 먹이를 먹을 수 있는 실험에서 코끼리들은 빠르게 협동하는 방법을 배웠다.[9] 미국 까마귀는 올가미를 놓은 사람들의 얼굴을 기억해 그들이 나타나면 적으로 간주하고는 날카롭게 울어댔다.[10] 다른 생물 종들은 주로 반복되는 과정을 통해 특정 방식을 배운다. 시행착오라는 방식은 고정불변의 행동양식이 갖는 위험을 피하게도 해주지만 단점이 내재되어 있다. 착오에는 대가가 따른다. 모험심 많은 핀치가 독이 든 씨앗을 먹거나 먹이를 찾지 못하면 큰 위험이 따를 수 있다. 게다가 학습을 하는 데 필요한 크고 복잡한 두뇌는 먹이를 통해 얻은 에너지의 많은 부분을 소모시킨다. 그로 인한 혜택은 에너지를 쏟을 만한 가치가 없을지도 모른다.[11] 유전과 시행착오를 통한 학습의 득실을 대조한 수학적 모델에 따르면, 동물의 수명에 비해 환경이 빠르게 변하는 경우에 한해서만 시행착오를 통한 학습에서 얻는 이득이 손실보다 크다.[12]

물론 모든 학습이 시행착오를 통해서만 이루어지지는 않는다. 부모와 또래 집단을 통해 배우면서 학습 과정의 속도가 빨라진다. 털이 많고 얼굴이 붉은 일본원숭이를 예로 들어보자. 1950년대에 일본 연구진은 일본원숭이의 복잡한 사회행동에 깊은 인상을 받았다.[13] 그래서 이들의 사회행동을 연구하고자 수줍음이 많은 원숭이들을 고구마와 밀, 콩으로 유인했다. 몇 년 후 연구진은 '이모'라는 이름의 원숭이 암컷이 흙 묻은 감자를 근처 개울가에서 씻는 것을 목격했다. 몇 년이 지나자 다른 원숭이들도 그러한 행동을 따라했고 급기야는 원숭이 무리 사이에서 널리 퍼져나갔다. 감자를 씻는 행동을 단순히 모방했는지 아니면 그러한 행동에 대한 개념이 생긴 후 시행착오를 통해 감자를 씻어 먹었는지는 불분명했지만 일본원숭이들은 틀림없이 서로를 통해 배우고 있었다. 수십 년 간격으로 동물의 행동을 연구한 과학자들은 이와 유사한 사회적 학습이 여러 생물 종에서 나타나고 있음을 속속 밝혀내고 있다. 구피는 동료 물고기들을 통해 헤엄 경로를 배우며, 큰돌고래 어미들은 새끼들에게 물고기 떼를 에워싸 먹이를 잡는 법을 가르친다.[14]

다른 간단한 소통 전략들유전자를 통한 대물림, 시행착오를 통한 개별적인 학습과 마찬가지로 사회적 학습에도 장단점은 있다. 사회적 학습은 먹이를 모으거나 위험을 피하는 방법을 빠르게 전파할 수 있는 훌륭한 방식이다. 개체들이 제각각 처음부터 특정 기술을 새롭게 생각해내야 한다면, 감자를 씻는 것 같은 복잡한 행동이 집단에서 널리 퍼지기란 쉽지 않을 것이다. 큰돌고래 새끼들이 제각각 시행착오를 통해 물고기 잡는 법을 완전히 처음부터 알아내야 한다고 상상해 보라. 그렇게 스스로 배울 수 있다고 쳐도 참으로 오랜 시간이 걸릴 게 뻔하다. 사회적 학습을 통해 배우는 큰돌고래보다 물고기를 잡는 확률도 훨씬 낮을 것이다. 사회적 학습은 동물들이 유전처럼 부모에게서만 배우는 게 아니라 동료 집단을 통해서도 배울 수 있다는 것을 뜻한다. 동료 집단을 통한 학습의 장점은 새로운 생각이 빠르게 퍼져나간다는 것이다. 단점은 그러한 행동이 애초부터 전혀 좋은 생각이 아닐 수도 있다는 데 있다. 시행착오로 인해 겪는 결과보다 더 뼈저린 경험이 될 수 있다. 이 점에 대해서라면 제 자식이 친구들에게서 담배나 음주 같은 위험한 행동을 배울까봐 노심초사하는 학부모에게 물어보면 이해가 잘 될 것이다.

모의실험을 바탕으로 제시된 수학적 모델을 통해 사회적 학습의 이득과 손해를 따져볼 수 있다. 환경의 가변성을 기준으로 했을 때,

유전적 대물림에 적합한 매우 서서히 변하는 환경과 개별적 학습에 적합한 빠르게 변하는 환경 사이의 중간쯤, 즉 대략 수십 또는 수백 세대에서는 사회적 학습이 가장 유리한 전략이 된다. 환경이 너무 급속도로 변하면 이전 세대에게서 배워봐야 소용이 없다. 환경의 변화가 거의 없다면 굳이 새로운 것을 배울 정도로 큰 두뇌를 유지하기 위해 에너지를 소모할 필요가 없다. 유전만으로도 충분히 정보를 물려줄 수 있다. 그러나 이러한 극단적인 상황의 중간쯤이라면 사회적 학습이야말로 최근에 유사한 환경을 경험한 부모나 이웃, 혹은 영리한 지인이나 주변 사람들에게서 유용한 지식을 유연하고 빠르게 배울 수 있는 방식이다.

인간은 사회적 학습에 아주 능숙하다. 신체에 비해 유독 큰 두뇌 크기와 함께 정보를 처리할 수 있는 복잡한 구조 덕분이다.[15] 과학자들은 진화가 어째서 이러한 경로를 밟게 되었는지 다양한 이유를 제시한다. 일부 과학자들은 선사 시대 동안 일어난 기후 변동이 골디락스Goldilocks 상태(너무 뜨겁지도 너무 차갑지도 않은 적당한 상태─옮긴이)처럼 너무 과하지 않게 적당히 일어나서 인간이 환경에 적응하며 가장 뛰어난 사회적 학습 능력을 지닌 종으로 진화하게 되었다고 주장한다. 수십만 년 동안 이어진 플라이스토세(신생대 제4기의 지질 시대─옮긴이)에 빙기와 간빙기가 반복되며 따뜻하고 습한 기후에서 춥고 건조한 기후에 이르기까지 환경의 변화가 일어났다. 그러한 변화에 따라 인류 초기 선조들이 구할 수 있는 식량의 종류와 식량을 찾을 수 있는 장소가 바뀌었다. 새로운 방식을 유연하게 배울 수 있는 지적 능력 덕분에 선사 시대 선조들은 거듭 변화하는 기후에 적응하는 데 유리했다. 기후 변동이 심했던 이 시기에는 두뇌 크기가 1.5배 이상 커졌다.[16]

그러한 배경에는 서로 다른 시기에 여러 가지 요인들이 작용했을 것이다.[17] 에너지를 많이 소모하는 커진 두뇌는 상대적으로 짧은 소화관과 더불어 진화했을 것이다. 인간이 불을 다스리는 능력을 갖게 되면서 음식을 불에 익혀 먹는 화식이 가능해졌다. 익힌 음식은 날 음식보다 영양소 흡수에 좋고 씹는 시간도 단축되며 소화도 더 수월하다. 인간의 위장은 체중이 비슷한 다른 포유류의 위장과 비교해 표면적이 3분의 1 미만인데, 이는 소화에 사용되는 에너지가 그만큼 적게 들어간다는 뜻이다.[18] 음식을 통해 얻은 에너지가 소화 기관보다 두뇌에 더 많이 공급될 수 있는 것이다. 기억하고 계획을 세우고, 큰 무리 속에서 협동하며 사냥을 하기 위해서는 의사소통을 할 필요가 있었다. 그러한 필요에 따라 인간의 소화관은 짧아지고 뇌는 커지는 방향으로 진화가 진행되었을 것이다.[19]

뇌 크기가 커진 정확한 이유와 상관없이, 인간이 사회적 학습에서 뛰어난 역량을 발휘할 정도로 두뇌 용량이 크나는 것에는 의심의 여지가 없다. 하지만 몸의 크기에 비해 작은 두뇌를 가지고 있는 수많은 다른 종들도 사회적 학습을 통해 생존 방식을 배운다. 그렇다면 어째서 우리 종만이 유인원과 다른 길을 걷게 된 것인지, 어째서 인간만이 대단히 민첩하고 뛰어난 적응능력을 발휘하며 전 세계에서 문화를 형성할 수 있었는지 의문이 든다.

1930년대에 윈스럽Winthrop과 루엘라 켈로그Luella Kellogg 부부는 어느 부모도 감히 생각하지 못한 방식으로 이 의문에 답을 찾기 위한 실험에 들어갔다.[20] 10개월 반 정도밖에 되지 않은 아들 도널드와 도널드보다 3개월 어린 구아라는 이름의 암컷 침팬지를 함께 키우기로 한 것이다. 실험 결과는 구아가 도널드에게 배우는 것보다 도널드가 구아에게 배우는 게 더 많은 것으로 밝혀졌다. 도널드는 손등으로 땅을 짚으면서 걷고, 벽에 얼굴을 문지르고, 침팬지처럼 괴성을 지르는 법을 배웠다. 구아는 머리 빗는 법을 배웠다. 도널드는 놀랄 만큼 정확하게 침팬지의 행동을 흉내 냈다. 구아는 인간의 행동을 따라하는 데 역부족이었다. 이 실험은 9개월간 지속되다 결국 중단되었다.

최근에는 한 연구진이 꼬리감는원숭이, 침팬지, 어린이를 대상으로 실험을 진행했다.[21] 모두 높은 수준의 사회적 학습이 가능한 생물 종이었다. 연구진들은 이들에게 다이얼을 돌리고 버튼을 눌러서 상자를 여는 과제를 주었다. 상자를 열면 보상으로 먹을 것을 주었다. 실험 결과, 서른세 마리의 침팬지 중 단 한 마리만이 상자를 열었고, 꼬리감는원숭이는 모두 실패했다. 반면 서른다섯 명의 아이들 중 열다섯 명의 아이들이 알맞은 버튼을 누르고 다이얼을 돌려 상자를 여는 방법을 알아냈다. 아이들은 대단히 정확하게 서로를 모방하고 협력했다. 하지만 침팬지나 꼬리감는원숭이에게서는 그런 행동을 찾아볼 수 없었다.

명사로 유인원을 뜻하는 영어 단어 'ape'에는 동사로 '흉내 내다'

라는 뜻이 있는데, 이는 따라하고 모방하는 데 능한 침팬지, 고릴라, 오랑우탄을 빗댄 것이지 인간과는 관련이 없다. 하지만 인간이야말로 흉내를 가장 잘 내며, 그중에서도 아이들은 최고의 흉내 내기 선수들이다. 모방하고 배우고 협동하는 우리의 특별한 능력들과 더불어 의사소통 수단에 중요한 전략이 되는 특징이 또 하나 있으니 바로 누적 학습cumulative learning이다.

누적 학습은 한 사람이 혼자서 새로 고안하는 것이 불가능한 기술들을 대물림할 수 있도록 한다. 일본원숭이는 감자에 묻은 흙을 개울에서 씻는 법을 알아내는 뛰어난 지능을 보여줬다. 하지만 그러한 기술은 더 이상 진전되지 못했다. 다른 원숭이들도 감자를 씻는 법을 배웠지만 그러한 기술을 개선하거나 혹은 향상된 기술을 다른 원숭이에게 알려주지 못했다. 누적 학습의 경우, 기술은 세대, 혹은 동료 집단 사이에서 전파되는 것에 그치는 것이 아니라 기술을 개선하거나 변형해서 더욱 향상된 기술을 물려준다. 누적 학습은 이미 고정된 자연선택, 혹은 매 세대마다 새로 시작해야 하는 시행착오를 통한 학습, 혹은 동료 집단 내에서만 전파가 되는 사회적 학습보다는 더욱 빠르게 혁신석인 방법을 탄생시킬 수 있다. 변화에 따라가지 못할 경우 큰 재앙이 따르거나 최악의 경우 멸종에 이를 수 있을 만큼 빠르게 변화하는 조건하에서도 문화는 적응해나갈 수 있다. 인간 종이 경험하는 성장의 톱니바퀴는 다른 종에게는 불가능한 시간 동안, 즉 여러 대에 걸쳐 축적되며 돌아간다.

유전이나 시행착오, 또는 동료와 부모와의 교류를 통한 사회적 학습보다 드물기는 하지만 누적 학습의 이점을 누리는 종이 우리 인간만은 아니다. 지저귀는 새들은 누적 학습을 통해 몇 대에 걸쳐 노랫소리를 변형해 물려주고, 콩고의 침팬지들은 두툼한 막대기로 흰개미 소굴을 파헤치는 기술을 개선해 나중에는 가느다란 막대기를 사용하기 시작했다.[22] 하지만 인간들은 다른 종에서는 전례가 없을 만큼 높은 수준으로 누적 학습을 활용해왔다. 그 결과 우리 종은 변화하는 환경에 재빠르게 적응하며 창의성을 발휘해 세계를 지배하는 토대를 마련했다.

누적 학습은 문화를 생성하는데, 각각의 문화권에는 법률, 결혼, 화폐, 우상, 마스코트 등 인간이 만들어놓은 제도들이 존재한다. 리처슨과 보이드는 문화를 "교육, 모방, 여타 형태의 사회적 전파 방식을 통해 얻게 된, 그들 종에 속한 이들의 개별적 행동에 영향을 미칠 수 있는 정보"라고 정의한다.[23] 이러한 정의는 인간 행동의 변이가 계속 축적하며 진화한다는 누적 학습에 기반을 두고 있다. 누적 학습은 이누이트족과 프랭클린 원정대가 모두 같은 종에 속한 인간임에도 불구하고 어째서 혹독한 기후 조건하에서 생존 여부가 갈렸는지 그 이유를 설명해준다.

누적 학습에 기반을 둔 문화가 인간에게 미치는 영향은 대단히 강력해 자연선택설의 방향을 바꿀 수 있을 정도이다.[24] 일례로 문화권에 따라 우유 속 당 성분인 락토오스를 소화할 수 있는지 여부가 달라진다. 일반적인 포유동물에게는 락토오스를 소화하는 데 필요한 유당 분해 효소가 분비된다. 분해 효소가 분비되지 않는 사람들

74

은 우유를 마시면 내장에 가스가 차는 등 탈을 겪게 된다. 유제품을 섭취하지 않는 문화에서는 젖을 떼면 유당 분해 효소를 더 이상 분비할 필요가 없기 때문에 자연스럽게 효소 분비량은 줄어든다. 전 세계 대다수 성인들에게는 유당을 분해하는 효소가 없지만 100명당 35명 정도가 효소를 가지고 있다.[25] 유당에 내성을 지닌 성인 대부분은 북유럽권과 아프리카, 그리고 중동의 목축 문화권에서 태어난 사람들이다.

젖을 뗀 이후에도 분비되는 효소는 염소, 양, 소를 기르며 그 젖을 이용하는 농업 문화에 기인한다. 유전적 변이를 일으킨 사람만이 우유를 소화시키는 중요한 효소를 분비할 수 있어 젖을 떼고 성인이 된 이후에도 영양상의 혜택을 입는다. 이러한 변이를 갖게 된 사람은 생존 확률이 높아져 그렇지 못한 사람보다 유전자를 후손에게 물려줄 가능성이 높다. 생존에 이로운 유전자를 보유한 사람이 많아질수록 문화는 서서히 낙농업에 치중하는 쪽으로 발달한다. 결국 유당 분해 효소를 분비하는 성인들이 증가해 그들의 유전자를 후손에게 물려준다. 그리고 이러한 흐름이 계속되면서 인구의 상당수가 유당을 분해하는 유전자를 갖게 되고, 낙농업은 문화의 일부로 확고하게 자리 잡는다. 프랑스인들의 치즈와 동아프리카 마사이족의 가공하지 않은 생우유, 스칸디나비아인들의 발효유soured milk는 그들 문화권에서 일반적인 것이다. 문화와 진화는 한데 얽혀 상호작용을 하며 하나가 다른 하나를 자극한다. 즉, 문화가 유전자를 변형시키고, 유전자가 문화를 변형시킨다. 낙농업 문화를 형성한 누적 학습이 유럽인과 중동인, 아프리카에서 목축에 종사한 이들의 진화 방향을 변화시켰다.

　누적 학습은 우리의 일상생활에 매우 깊이 침투하고 있어 알아차리기가 쉽지 않다. "바퀴를 재발명하지 말라"(이미 있는 것을 다시 만드느라 쓸데없이 시간을 낭비하지 말라는 뜻 — 옮긴이)고 나무라거나 혹은 "거인의 어깨 위에 올라서라"고 격려하는 경구는 인간 문화의 바탕이 된 누적 학습의 중요성을 되새기는 말들이다. 인류가 축적된 경험을 통해 얻은 정보를 바탕으로 형성한 문화는 대략 800만 년 전에 시작되었다. 인간과 침팬지, 보노보, 고릴라의 공동 조상이 나무를 타고 있던 시대다.[26] 하지만 그로부터 400만 년이 지난 어느 시점, 인간의 조상은 나무에서 내려와 걷기 시작했다. 평범한 포유류에서 세계를 지배하는 종으로 향하는 여정을 시작한 것이다.

도구, 불, 그리고 언어

　체중에 비해 두뇌가 크다는 공통점을 가진 인류의 계보[27]에 속하는 적어도 다섯 종의 다른 인간들은 과거 250만 년 전부터 존재했다. 아프리카에서 처음 시작된 고대 인류는 중앙아시아와 동아시아, 유럽, 오스트레일리아에 이어 아메리카 대륙까지 퍼져나갔다. '도구를 쓰는 사람'이란 뜻의 호모 하빌리스Homo habilis가 가장 오래된 인류의 직계 조상이다. 그들은 대략 100만 년 동안 살다가 약

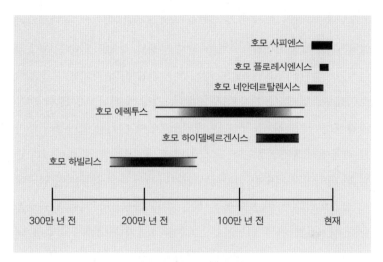

호모 사피엔스

호모 플로레시엔시스

호모 네안데르탈렌시스

호모 에렉투스

호모 하이델베르겐시스

호모 하빌리스

300만 년 전　　200만 년 전　　100만 년 전　　현재

초기 인류 종의 출현과 멸종 추정 연도

150만 년 전에 멸종했다. '선 사람'이라는 뜻의 호모 에렉투스Homo erectus는 가장 오래 생존한 종으로, 유라시아로 이주해 약 15만 년 전에 멸종했다. 현생인류와 호모 네안데르탈렌시스Homo neanderthalensis의 공통된 조상인 호모 하이델베르겐시스Homo heidelbergensis는 최초로 추운 기후인 유럽으로 이주한 종이있다. 작은 체구 때문에 '아시아의 호빗'이라는 별명이 붙은 호모 플로레시엔시스Homo floresiensis는 약 1만 7,000년 전에 일어난 어떤 사건으로 인해 가장 최근에 멸종했다. 호모 사피엔스Homo sapiens만이 유일하게 살아남아 인류의 계보를 이어오고 있다. 약 20만 년 전에 출현한 우리 종은 호모 에렉투스가 생존한 기간의 9분의 1에 불과한 시간을 살아오고 있다.[28]

초기 인류 종들은 제각각 지식과 문화를 점진적으로 축적해나가는 능력을 지녔다. 인류 출현 이전에 사용된 것으로 알려진 최초의 석기는 두뇌가 작고 두 발로 걷지만 유인원에 더 가까운 오스트랄로피테쿠스의 화석 기록과 일치한다. 가장 오래된 석기로서 더욱 명확한 증거가 되는 도구는 현 에티오피아에 위치한 고나강의 메마른 계곡에서 발견되었는데, 260만 년 전에 만들어진 것이다. 200만 년 전 만들어진 비슷한 석기들은 탄자니아 북부의 올두바이 협곡에서 발견되었다.[29] 이 도구들은 돌을 다른 돌로 내리쳐서 날카로운 날이 생기도록 만든 뗀석기로, 고기를 자르거나 뼈에서 골수를 빼는 데 사용한 것으로 추정된다. 더 오래된 도구들은 아직 발견되지 않았지만 다른 증거에 따르면 현재 발견된 것보다 역사가 더 오래된 도구가 있는 것으로 보인다. 일례로 고나강의 마른 강바닥에서 발굴 작업을 하던 고고학자들이 오늘날 염소와 소 크기 정도인 짐승 뼈를 두 개 발견했는데, 뼈에는 무언가로 긁어낸 흔적이 있었다. 살을 발라내기 위해 도구를 사용한 연대를 추정해보면 무려 340만 년 전까지 거슬러 오른다.[30]

인간이 도구를 사용하는 유일한 종은 아니다. 유명한 인류학자인 제인 구달Jane Goodall은 1960년대 탄자니아의 곰베국립공원에서 진행된 침팬지 연구에서 이를 밝혀냈다.[31] 전 세계에 발표된 연구결과에 따르면 침팬지들은 나뭇가지의 이파리를 떼어내 낚싯대를 만든다. 흰개미 굴속에 나뭇가지를 쑤셔 넣은 다음, 나뭇가지에 따라 나오는 개미들을 핥아 먹는 것이다. 그 이후로 침팬지가 사용하는 다른 기술도 여러 차례 보고되었다. 돌로 견과류의 껍질을 깨고, 꿀을 먹기 위해 땅속에 있는 벌집을 막대기로 뒤지고, 작은 짐승을 잡기 위해 나무 막대기 끝을 이빨로 날카롭게 만든다.[32] 우리와 가까운 사촌 격인 유인원만이 도구를 사용하는 것도 아니다. 까마귀는 나뭇가지를 이용해 나무 구멍 속 애벌레를 빼내고, 일부 물고기는 성게를 바위에 부딪쳐 껍질을 깬다.[33]

침팬지에 더 가까운 유인원 조상보다는 인간에 더 가까운 두뇌를 가진 호모 하빌리스는 돌뿐 아니라 나무와 같은 다른 재료로도 도구를 만들었을 것이다. 호모 사피엔스들은 돌로 주먹도끼, 자르개, 뒤지개, 긁개, 칼날을 만들었다. 대략 3만 5,000년 전 즈음, 도구 사용은 폭발적으로 증가했다.[34] 뼈, 상아, 조개껍질, 돌, 나무를 깎아 만든 창, 낚싯바늘, 활과 화살 덕분에 더욱 능숙하게 사냥했다. 추운 기후의 북반구로 이주하는 무리가 늘어나면서 몸을 따뜻하게 하기 위해 뼈로 만든 바늘로 가죽을 엮어 옷을 만들어 입었다. 동굴 벽에 그림을 그리고 조각상을 만드는 등 문화가 꽃피기도 했다. 인류의 누적된 지식은 순조롭게 후손들에게 이어져 금속을 재료로 한 도구를 비롯해 각종 기계가 발명되었고, 마침내 생활 방식을 도구에 의존하는 복잡한 사회가 등장하게 되었다.

연기가 피어오르는 나뭇가지를 보고 처음 불을 피울 생각을 한 인류의 조상은 호모 에렉투스일 것이다. 자연적으로 발생한 불을 발견하고는 어디에서 언제 불이 붙었는지 파악했을 것이다. 아마도 남아프리카의 동굴에서 발견된 100만 년 된 불에 그슬린 뼈와 재가 최초로 불을 길들이기 시작한 증거일 것이다.[35] 하지만 우리 조상이 언제, 어디에서 불을 처음으로 길들였든 간에, 불이 그들의 삶에 미치는 영향은 광범위했다. 불을 사용한 요리 덕에 영양소는 더 잘 흡수되었고, 모닥불에 둘러앉아 활발하게 상호 작용하면서 누적 학습이 가능한 토대가 만들어졌다. 또한 누구는 나무를 모으고, 누구는 음식을 준비하고, 누구는 짐승으로부터 무리를 보호하는 등 분업화가 이루어졌다. 날 음식에서 익힌 음식으로의 전환으로 협동과 의사소통이 더욱 활발해진 것이다.

또한 불의 사용과 함께 새로운 사냥 방식이 등장했다. 횃불로 숲에 불을 놓아 사냥감을 몰거나 초식동물을 유인하기 위해 나무를 불태워 목초지로 만들었다. 불을 다루게 되면서 추위와 어둠을 이겨내는 동시에 맹수의 공격으로부터 안전한 공간을 확보하게 되었고, 인간의 조상은 다른 유인원처럼 나무에 숨지 않고 탁 트인 환경에서 살게 되었다.

도구와 달리 불의 이용은 인간 고유의 영역이다. 불을 길들인 종은 인간이 유일하다. 인류가 자신의 이익을 위해 자연을 왜곡한 여러 방법 중에서 불의 사용이야말로 가장 광범위하고 지대한 영향을 미친 방식일 것이다. 그리하여 우리 종은 음식을 익혀 먹게 되었다는 것 외에도 여러 면에서 다른 종들과 다른 길을 걷게 되었다. 일례로 농사를 짓기 위해 숲에 불을 놓아 땅을 개간했다. 또한 불의 사용은 산업 시대까지 그 반향을 이어갔다. 우리는 석탄을 태워 에너지를 얻는 방식을 터득했으며, 증기력 같은 문명의 변화를 이끈 혁신적인 방법들을 계속 발명했다.

불의 사용이 인간 고유의 영역이고, 도구의 사용은 다른 동물에게서도 찾아볼 수 있다면 신호나 언어로 의사소통을 하는 것은 그 중간쯤에 해당된다. 수많은 동물이 어떤 식으로든 서로 소통한다. 혹등고래가 음파를 보내며 구애하는 것은 유명하다. 벌은 춤을 춰서 다른 벌들에게 꿀이 어디에 있는지 알린다. 아프리카 버빗원숭이는 동료 원숭이들에게 맹수가 다가왔다는 것을 경고하려고 소리를 지른다. 하지만 임박한 위험을 알리고 먹이가 있는 곳을 알려주거나 구애를 하기 위한 동물의 소통과 복잡하면서도 추상적인 생각과 감정을 교환하는 인간의 언어 소통 사이에는 커다란 차이가 존재한다.

누적 학습을 통해 문화가 발달하려면 부모에게는 아이들에게 옳은 것과 그른 것을 구분하게 하고 생각을 전달하기 위한 방법이 필요하다.[36] 이때 언어는 새로운 것을 배우기 위해 치러야 하는 대가를 줄여준다. 부모는 해로운 정보, 이를테면 시행착오나 동료에게서 배운 부정확하거나 결함이 많은 생각에 대한 반대 의사를 자식에게 언어로 알려줄 수 있다. 켈로그 부부는 침팬지였던 구아가 품행이 바른 사회 구성원이 되는 것을 기대할 수 없었지만 그들의 아들 도널드에게는 충분히 그런 기대를 했을 것이다. 아이들이 어휘나 문법규칙을 따로 배우지 않아도 수월하게 말을 배우는 것을 보면, 진화를 거치던 과거의 어느 순간에 언어로 소통한 이들이 누린 혜택이 생존에 큰 역할을 했던 것으로 보인다.[37] 초기 조상들도 처음에는 식량을 어디에서 찾는지를 전하거나 자녀에게 위험을 알리기 위해 간단한 낱말 수준의 원형 언어를 만들었을 것이다. 이후 인간의 두뇌가 점차 커져 정보를 처리하는 데 능숙해지고, 인간의 혀가 다양한 소리를 낼 수 있게 되자 한정된 수의 말을 결합해 무한한 뜻을 표현할 수 있는 소리언어가 인간의 유용한 수단이 되었다.

날짜를 세거나 사냥한 동물 수를 세기 위해 뼈에 흠집을 내거나 땅에 표시를 하는 행위 또한 초기 조상들의 소통 수단을 확장하는 역할을 했을 것이다. 이러한 상징들은 더욱 정교한 사회체계를 건설하는 토대가 되었다. 일례로 잉카문명은 색깔을 입힌 끈으로 매듭을 지어 특정 자산이 누구에게 속하는지 기록했다. 궁극적으로 이러한 혁신적인 수단들이 관료제를 탄생시키는 데 기여했다. 이러한 수단들 덕분에 사회는 기억력에 의존하는 대신, 더욱 오래 지속되는 형태로 정보를 저장할 수 있었기 때문이다.[38]

호모 사피엔스를 제외한 다른 인간 종들은 결국 모두 멸종했지만 그들이 만든 초기 도구들, 불의 발견과 언어의 사용은 그 이후로도 이어져왔다. 다른 인간 종들이 왜 사라졌는지는 복잡하고 답이 나오지 않은 의문거리이다. 기후변화, 자원경쟁, 부적응 혹은 다른 재앙들 때문일 수 있다. 그런데 그 이유와는 상관없이 그들에게서 물려받은 지식과 문화는 우리 종이 전 세계로 퍼져나가며 자연을 변형해 늘어난 인구를 부양할 수 있는 시발점을 마련해주었다. 우리 인간은 그러한 유산을 바탕으로 농사를 짓고 지구 환경의 유리한 조건들을 대대적으로 이용해 살아가는 유일한 종이 되었다.

채집인에서 농부로

초기 인류가 씨앗과 열매를 채집하고 짐승을 사냥하던 시대로부터 수많은 세대가 지난 후, 정확한 지명을 알 수 없는 어느 곳에서 누군가 기념비적인 한 걸음을 내딛는다. 지구상에서 우리 종이 거주한 지 얼마 되지 않은 짧은 기간에 일어난 일이다. 티그리스강, 유프라테스강, 요르단강 일대의 계곡과 언덕들 사이에 펼쳐진 비옥한 초승달 지대의 어딘가에서 채집을 하던 누군가가 풀 두 포기의 씨앗을 거두었다. 훗날 우리가 아는 밀이 되는 이 풀들은 외알밀 einkorn과 에머밀emmer로, 시리아 북부와 터키의 남동부에서 여전히 자라고 있다.

이들 야생 밀은 한눈에 봐도 경작하기에 적합해보이지 않는다. 먹는 부분인 씨앗이 작은 데다 바람에 쉽게 흩어지기 때문이다. 이런 특징 때문에 씨앗을 한꺼번에 많이 모을 수는 없었을 것이다. 하지만 오래전 사람들은 씨앗이 바람에 날아가지 않고 줄기에 붙어 있는 풀을 우연히 보게 된 듯하다. 인간들 입장에서 이것은 대단히 중요한 특성이었다. 손으로, 그리고 얼마 후에는 낫으로 씨앗들을 수확할 수 있었다. 바람에 날아가지 않는 씨앗을 거두고 이 씨앗을 반복해서 심다 보니 인간에게 유리한 특징을 가진 씨앗을 후손에게 물려줄 수 있었을 것이다. 나중에는 탈곡할 때 겉껍질이 잘 벗겨지고 동시에 알곡이 여무는 큰 씨앗들을 거두었다. 수천 년에 걸쳐 외알밀과 에머밀은 다른 종들과 교배를 거듭하며 진화해 오늘날의 재배종이 되었다.[39] 바람이 아니라 인간이 풀을 언제 어디에서 자라게 할지 결정하게 된 것이다. 보리, 병아리콩, 렌틸콩, 완두콩, 아마씨, 무화과, 대추야자, 그리고 그만큼 보편적이진 않지만 누에콩도 비슷한 과정을 거쳐 사람 손에 재배되었다. 나중에는 양, 염소, 돼지, 소의 야생종을 유순하게 길들였다. 길들여진 짐승은 인간이 주는 먹이를 먹고 보살핌을 받으며 맹수로부터 보호받을 수 있었다. 대신 인간에게 고기와 젖, 노동력을 제공했다. 몇몇 식물과 동물에 한해서만큼은 인간이 자연선택의 키를 잡았다. 우리 선조들은 이러한 종들을 점점 더 인간에게 유리한 쪽으로 변형시켰다. 그리고 인간에게 길들여진 재배종과 가축 또한 인간을 변화시켰다. 채집인이었던 인간은 농부이자 목축업자가 되었다. 농업이 탄생한 것이다.[40]

야생종이 인간의 필요에 맞춰 길들여진 과정은 대략 1만 2,000년 전에 다수의 장소에서 개별적으로 진행되었다. 사람들이 이주하기 시작하면서 재배종의 종자와 가축을 길들이는 기술도 각각의 중심지에서 멀리 퍼져나갔다. 유전학자와 고고학자들의 연구로 농업의 발달사에 관한 새로운 사실이 속속 밝혀지고 있는데, 지금까지 알려진 바에 따르면 최초의 작물 재배는 비옥한 초승달 지대에서 시작되었다. 대략 1만 2,000년 전에서 4,500년 전 사이에 중국, 남아시아, 지중해 지역, 에티오피아, 중앙아메리카, 안데스 지역, 북아메리카 동부에서도 농업이 시작되었다.[41] 또한 뉴기니와 아마존 지역에서도 이 시기에 농업이 발생했을 것이다. 농업이라는 중대한 진보는 수천 년에 걸쳐 일어나기는 했지만, 사실 우리 종이 지구에서 살아온 20만 년, 혹은 누적된 지식을 전수해준 인류의 다른 종들이 지구에 발을 딛고 살았던 수백만 년에 비하면 아주 짧은 기간에 이루어진 것이다.

오늘날 수십억 인구의 주식인 쌀은 중국 장강 계곡의 야생종을 기원으로 한다. 시간이 흐르면서 벼의 야생종 유전자를 개량해 알곡이 더 크고, 이삭에 달린 수염이 적으며, 수확 전까지 알곡이 줄기에서 떨어지지 않는 품종을 만들어냈다. 수수, 대두, 복숭아의 다양한 품종들은 선사 시대 중국 채집인들이 야생종을 길들여 재배하는 과정에서 생겨났다.[42]

세계 여러 지역에서 메이즈maize라고도 알려진, 옥수수의 최초 원산지는 멕시코 남서부의 건조한 숲이다. 옥수수의 근연종인 야생종 테오신트teosinte는 오늘날 우리가 먹거나 가축에게 사료로 주는 옥수수와는 전혀 다르다. 테오신트가 크기도 훨씬 작고 낟알도 적다. 낟알을 감싼 껍질은 대단히 질기고, 불편하게도 제각각 다른 시기에 떨어진다. 식물을 재배한 개척자들이 야생종인 테오신트를 경작 가능한 재배종으로 개량하기까지 수백 년에서 수천 년은 걸렸을 것이다.

신대륙, 즉 남북아메리카 사람들도 야생종을 길들였다. 북아메리카와 중앙아메리카에서는 호박, 콩, 해바라기를, 남아메리카에서는 감자와 카사바 나무를 길렀다.[43] 그리고 수천 년쯤에 아마도 멕시코 남부나 중앙아메리카의 북부에서 채집에 나섰던 선조 중 하나가 언덕에 매달리듯 자라고 있는 야생 종 중에서 유독 열매가 큰 토마토를 발견했을 것이다. 그래서 다음 해에 가장 크고 과육이 많은 토마토의 씨를 심었고, 매년 그 과정을 반복해 오늘날과 같은 재배종을 키워냈다. 우리가 현재 먹는 토마토는 코트 단추 크기에 맛도 쓴 야생종과는 전혀 다르다.[44]

인간이 창의성을 발휘해 야생종의 유전자를 개량해 경작에 성공할 때마다 인류가 먹을 수 있는 식물 종수는 늘어났다. 하지만 그 종수가 아주 많은 것은 아니다. 야생식물 수십만 종 가운데 겨우 100종, 그리고 육지에 사는 큰 포유류 150종 가운데 14종만 인간이 통제할 수 있다. 그리고 이러한 동식물은 오늘날 식단의 주를 이루는 쌀, 옥수수, 밀과 함께 인류를 먹여 살리고 있는 종과 본질적으로 정확히 일치한다.[45]

수렵채집인hunter-gathers이 무슨 동기 때문에 농부와 목축업자가 되는 쪽으로 진화의 방향을 바꿨는지는 여전히 추측으로밖에 대답할 수 없다. 야생종을 길들이겠다는 결정이 훗날 다양한 측면에서 얼마나 큰 영향을 미칠지, 또한 인간의 필요를 충족하기 위해 자연선택의 방향을 조절하는 행위가 인간 역사의 흐름과 지구의 미래를 얼마나 변화시킬 것인지는 예상하지 못했을 것이다. 농사를 짓기 시작하면서 한 장소에서 집중적으로 더 많은 식량을 생산하는 것이 가능해졌고, 더 많은 사람들을 부양하게 되었다. 저장된 식량이 있다는 것은 예측 불가능한 날씨에도 더욱 안정적인 삶을 영위할 수 있다는 뜻이었다. 그때부터 마을이나 도시에 모여 사는 정착생활이 자리 잡기 시작했고, 사회가 계층화되는 조짐이 나타났다. 한편으로는 결핵, 홍역, 천연두, 유행성 감기 같은 질병의 시대가 열렸다. 모여서 살아가는 사람들은 소, 돼지, 개를 비롯한 가축으로부터 전파되는 병원균의 표적이 되었다. 견과류, 씨앗, 열매, 고기를 주로 먹다가 새로 재배하게 된 곡물에 의존하게 되면서 영양 상태는 나빠졌다. 당시 농사를 짓던 조상들의 두개골, 뼈, 치아 잔해를 분석한 결과, 고탄수화물 식단으로 인해 충치가 많아졌고 철분 결핍 빈도가 높았으며 평균적으로 수렵채집인보다 신장도 작았다.[46]

채집인에서 농부로의 변화는 생활 방식에도 큰 변화를 가져왔다. 거의 평등한 입장에 놓인 사람들이 무리 지어 먹을거리를 찾아 이동하는 대신, 씨앗을 뿌려 밭을 일구고, 탈곡한 식량을 저장해 한 장소에 머물렀다. 어떤 방식의 삶이 더 낫다고 단언하기는 어렵지만 진화의 중심축이 옮겨감으로써 건강과 영양 면에서 손실을 입었음은 분명하다.

기후변화도 채집에서 농업으로 옮겨가는 변화를 촉진했을 수 있다. 농업으로 전환된 시기는 약 1만 3,000년 전 빙하가 물러가면서 상대적으로 따뜻하고 안정적인 기후가 나타난 충적세Holocene period 의 시작과 일치한다. 극심했던 기후변화가 안정되자 크고 복잡한 두뇌를 가진 인간이 농업을 발달시키고 복잡한 문화를 형성할 수 있는 유리한 고지를 점하게 되었다는 주장도 있다.[47] 기후가 10년마다 극심하게 변하고 건조했던 플라이스토세 빙기 동안 농업으로의 진화를 꾀할 수는 없었을 것이다. 예측할 수 없을 만큼 너무 습하거나 건조하거나 춥거나 더운 날들이 지속되었다면, 오랜 시간에 걸쳐 동식물을 길들이며 채집인에서 농부로 진화하는 과정이 순탄하지 않았을 것이다. 빙하기가 끝나고 기후가 안정되면서 농업으로의 전환이 순조롭게 진행되었을 것이다.[48] 혹은 춥고 건조한 시기 동안 은신하고 있던 식물들이 따뜻한 기후가 찾아오면서 널리 세력을 넓혀갔고, 사람들은 이러한 식물로 다양한 실험을 전개해본 것인지 모른다.

채집인에서 농부가 된 또 다른 이유를 추측해보면, 수렵과 채집을 할 수 있는 동식물이 많이 서식하는 장소에 사람들이 지나치게 집중되었기 때문일 것이다. 사냥 기술은 향상되고 부양해야 할 인구는 늘어나는데 사냥감은 줄어들면서 식량이 부족했을 수 있다. 인구 과잉 현상이 일어나면서 수렵과 채집을 하기에 가장 좋은 장소에서 일부 사람들이 주변부로 밀려났을 수 있다. 이들은 곡물처럼 당시 그다지 선호하지 않는 음식을 먹을 수밖에 없는 상황이었는지 모른다. 또는 저장한 식량을 통제함으로써 발생하는 사회적 지위에 눈을 뜬 일부가 식물을 재배하는 일에 적극적이었을 수 있다. 이런 계층화는 수렵채집 문화에서는 잘 발생하지 않는 현상이었다. 반대로 사람들이 오히려 공동체를 강화하고 식량을 확보할 수 있는 안정감을 얻고자 정착생활을 희망했을지도 모른다. 이 같은 중요한 변화가 일어나던 시기에 여러 요인들이 결합해 농업과 정착생활의 동기로 작용하면서, 동식물을 길들이던 중심지에서 제각각 다양한 양상으로 나타났을 가능성이 높다.[49]

이유가 무엇이든 간에 정착생활로의 전환은 세상을 영원히 바꾸

어놓았다. 농업이 생활 방식으로 자리 잡은 후에 인구 증가율은 다섯 배나 껑충 뛰었다. 일례로 아프리카 서부의 인구는, 농업과 관련한 고고학적 증거가 나오는 시기와 일치하는 4,600년 전에 급격하게 증가해 수 세기 동안 계속 불어났다.[50] 질병과 영양실조로 사망인구수도 늘어났지만 여자들이 아이를 낳는 빈도가 높아졌다. 유동식 덕에 모유를 일찍 떼면서 출산의 간격이 더 짧아진 것이다. 아이를 많이 낳을수록 밭이나 집에서 도움을 줄 수 있는 일손이 늘어난다는 이점도 있었을 것이다. 또한 정착생활을 하게 되면서 이동하며 어린 아이들을 데리고 다닐 필요가 없어져 더 많은 아이들을 돌보는 게 가능해졌다. 아이 수를 제한해야 할 이유도 없고, 모유수유를 길게 하지 않아도 되자 한 가족당 아이 수는 많아지고 농업 인구수도 증가했다.[51]

농업문화와 관련된 지식이 널리 퍼져 나가면서 기후와 지형이 농업에 적합한 지역에서는 자연스럽게 수렵채집인들이 밀려났다. 밀과 보리를 비롯해 비옥한 초승달 지대에서 재배된 다른 작물들이 수천 년 사이에 동쪽으로는 파키스탄, 서쪽으로는 그리스에 이어 유럽 깊숙한 곳으로 빠르게 확산되었다.[52] 14세기 유럽, 유라시아, 북아메리카를 덮쳤던 추운 여름이 몇 세기 동안 지속된 소빙하기 같은 몇 번의 이례적인 기후변화만 있었을 뿐 충적세의 안정적인 기후는 오늘날까지 계속 이어지고 있다.[53] 최초의 농부들이 뛰어난 창의성을 발휘해 다양한 방식으로 자연을 변형해 농업을 발달시킨 배경에는 상대적으로 안정적이었던 기후도 한몫했다.

오늘날에는 전 세계 인구 중 극소수만이 수렵채집 사회에서 살고 있다. 그들은 농사를 짓기에는 척박한 땅이나 추운 기후대, 오지의 숲에 사는 이들이다. 동식물의 유전자를 변형하는 조상들의 축적된 지식은 부지불식간에 인류 역사상 가장 극적인 성장의 톱니바퀴를 탄생시켰다. 그로부터 멀지 않은 시점에 도끼가 내리쳐졌지만, 정착생활의 문제를 해결하는 과정을 통해 새로운 누적 학습이 시작되었다.

4장

정착생활의 난제들

정착사회는 자연에 큰 부담을 주기 마련이고, 따라서 문명이 해결해야 할 새로운 문제들이 일어난다. 농작물을 수확할 때마다 토양은 양분을 빼앗긴다. 농작물에 흡수되어 빼앗긴 질소, 인을 비롯한 주요 양분을 토양에 보충해주는 지구 시스템을 모방하는 방법이 없는 한, 생명을 유지시키는 양분의 고갈로 큰 문제가 발생한다. 인류 문명은 농업의 시작과 함께 등장한 이 문제에 오랫동안 시달려왔다. 인간의 창의성을 바탕으로 한 여러 해결책이 계속해서 만들어졌지만 한 번도 쉽게 문제를 극복한 적은 없었다. 19세기 말 맬서스는 이와 관련해 무서운 경고를 하기도 했고, 이는 오늘날에도 농부들이 고심하는 문제이다.

가장 오래된 해결책 중 하나가 열대지역에서 여전히 효력을 발휘한다. 눈 덮인 안데스산맥 정상과 가깝게 맞닿아 있는 아마존 유역 극서지방의 습한 저지대 숲도 그중 하나이다. 얼마 전 나는 좋은 친구이자 동료가 자란, 무성한 나무와 덩굴이 우거진 숲 근처의 아마존 마을을 방문하는 행운을 누렸다. 숲은 현지인들에게 풍요로운 식량을 제공하고 있었다. 그곳의 사람들은 설치류와 작은 포유류를 사냥해 고기를 얻을 수 있었고, 나무에서 과일과 씨앗을 따고, 강에서는 물고기를 잡았다. 그러나 무성한 정글의 토양은 양분이 부족해서 재배할 수 있는 식물 선택의 폭이 아무리 넓다 해도 농사가 만만치 않다. 그곳 사람들은 옥수수와 몇몇 작물을 키우느라 상당한 애를 먹고 있었다. 한 농부가 그의 가족이 사는 아담한 통나무집 주변을 자랑스럽게 구경시켜주었다. 텃밭에는 과실나무가 아름답게 자라고 있었다. 농부는 그곳에서 재배 가능한 농작물로 자급자족하고 있었는데, 남는 농작물은 판매도 하는 듯했다.

그 페루 농부는 가지런히 심어놓은 옥수수 밭을 지나다가 사탕수수를 잘라 우리에게 씹으라고 건넸다. 그리고는 한때 농작물을 경작하던 곳으로 우리를 안내했다. 그곳에는 커다란 나무들이 자라고 있었다. 그는 나무들이 여러 해 동안 자라도록 내버려두었다고 설명했다. 조만간 나무들을 잘라서 바짝 마르도록 기다렸다가 우기가 시작되기 전에 불로 태워서 나무를 태운 재를 거름 삼아 옥수수를 심을 계획이었다. 그는 역사가 오래된 화전농법에 대해 설명한 것이었다. 화전농법은 미개한 방식으로 악명이 높지만 사실 훌륭한 전략이다. 이는 지구 시스템에 깊숙이 들어가 정착 사회의 난제를 해결하는 하나의 방식이다. 농업이 시작된 이후로 활용되어온 효과적인 해결책이었고, 오늘날에도 열대지역에서 수백만 명의 농부들이 사용하고 있다. 이 방법은 기본적으로는 작물이 토양에서 흡수한 질소와 인 등 주요 양분들의 재순환 속도를 높여서 토양에 생긴 문제를 해결하는 것이다.

거대한 아이러니

지구의 순환 시스템은 우리가 이 행성에서 생명을 유지하는 데 대단히 중요하지만 질소의 순환은 인간에게 유리한 쪽으로 작동하지 않는다. '콰시오커kwashiorkor'(단백 결핍성 소아영양실조증 - 옮긴이) 증상으로 고통받는 아이의 불룩하게 나온 배와 가늘어진 다리는 질소 순환 문제를 전형적으로 보여주는 사례다. 근육 손실과 성장 부진은 단순히 배를 재울 음식이 부족해서 일어나는 것이 아니다. 주식으로 먹는 옥수수, 카사바, 쌀, 전분이 많은 곡물로 만든 죽 등은 허기를 달래줄 수는 있어도 몸에 필요한 단백질을 충분히 공급하지는 못한다. 인류가 채집인에서 농부가 되는 과정에서 생긴 곡물의 비중이 높은 식단은 배를 채워줄 수는 있으나 단백질 부족으로 인한 문제를 일으킨다. 풍부한 영양을 함유한 모유를 떼고 나서 탄수화물 함량이 높고 단백질이 부족한 곡물 위주의 음식을 먹게 되면 영양실조에 걸리고, 더 나아가 평생에 걸쳐 건강에 문제를 일으킬 수 있다. 이 아이들의 식단에 단백질을 추가해 건강한 삶을 살 수 있도록 방안을 마련하려면, 어떠한 창의성을 발휘하면 될까? 해결책을 찾기가 결코 쉽지 않은데, 그 이유는 단백질의 주요 성분인 질소가 아이가 먹는 음식이 아닌 공기 중에 있기 때문이다.

사람과 모든 동물이 몸에 충분한 질소를 얻는 방법은 하나뿐이다. 우유, 고기, 생선, 달걀, 콩, 견과류, 씨앗처럼 단백질이 함유된 음식을 먹어야 한다. 감자, 쌀, 전분이 많은 그 외 곡물은 신체활동에 필요한 에너지를 공급하지만 단백질보다는 탄수화물 함량이 높다. 단백질 분자에 들어있는 질소는 우리 몸에 지대한 영향을 미친다. 단백질은 근육을 키우고 살아 있는 세포의 골격을 이룬다. 또한 혈류를 통해 산소를 운반한다. 음식을 소화하고 질병을 예방하는 인체의 여러 기능을 수행하는 데 필요한 수백 가지 호르몬과 효소를 구성하는 유일한 양분이기도 하다. 콰시오커병을 앓는 아이와 건강한 신체와 정신으로 잘 자라는 아이를 가르는 차이는 바로 단백질이다.

사람과 동물은 몸속에 질소를 저장할 수 없다. 따라서 계속해서 질소를 공급받아야 한다. 식물은 뿌리를 통해 토양에서 질소를 흡수해 세포와 조직을 구성한다. 우리는 식물을 먹거나 식물을 먹는 동물을 먹음으로써 질소를 얻는다. 질소는 먹이사슬을 따라 이동한다.

언뜻 생각해보면 굶주린 아이에게 충분한 단백질을 먹여서 세포

속 질소를 보충하면 건강하게 자랄 수 있으니 문제가 없을 것으로 보인다. 어쨌든 질소는 지구라는 시스템 안에서 풍부하기 때문이다. 대기 중에서 가장 풍부한 가스 중 하나가 질소이다. 공기를 국자로 한가득 퍼 올린다고 가정해보면, 질소가 대략 80퍼센트를 차지한다. 대기에서 기체 상태로 존재하는 질소는 두 개의 질소 원자가 맞물려 있는데, 자연 상태에 발견되는 결합 중 가장 단단한 형태이다. 결합된 질소 원자 두 개가 분리되지 않으면 질소는 불활성 기체일 뿐이고, 당연히 식물은 이를 흡수할 수 없다. 식물이 질소를 양분으로 흡수하려면 질소가 다른 화학적 형태로 결합되어야 하는데, 그것이 바로 질소 원자 한 개에 세 개의 산소 원자가 결합한 질산염이다. 기체 질소와 달리 질산염은 토양 입자 사이에 존재하는 수분에 잘 녹기 때문에 식물은 뿌리로 질소를 흡수할 수 있다.

공기에서 토양, 식물, 동물, 그리고 다시 공기로 돌아가는 질소의 순환 과정은 1800년대 중반에서야 밝혀졌다. 독일의 화학자 유스투스 폰 리비히Justus von Liebig는 질소의 필수적인 역할을 드러낸 이론을 정립해 비료업계의 아버지라는 호칭을 얻었다. 다른 모든 양분이 충분하더라도 어떤 하나가 부족하면 작물은 잘 자라지 못한다. 그런데 리비히는 인이 성장을 제한하는 양분이라고 주장했다. 그러나 영국의 지주인 존 로우스John Lawes와 화학자 헨리 길버트Henry Gilbert는 오늘날까지 운영되고 세계에서 역사가 가장 긴, 로담스테드 연구소Rothamsted Experimental Station에서 실험을 진행해 리비히가 틀렸음을 증명했다. 그들은 토양에 질소가 부족할 때 작물이 잘 자라지 않는다고 밝혔고, 결국 이들의 공방은 수십 년간 지속되었다.

식물이 어떻게 기체 질소의 단단한 결합구조를 분리해 어떤 형태로 흡수하는지도 또 다른 의문점이었다. 이에 대해 리비히는 또 한번 잘못된 주장을 펼쳤다. 그는 식물이 공기 중에서 직접 질소를 흡수한다고 생각했다. 그는 1840년에 이렇게 썼다. "자연은 대기를 통해 식물이 정상적으로 성장할 수 있도록 충분한 양의 질소를 공급한다."[1] 그러나 이번에도 로담스테드 연구소의 실험이 중요한 단서를 찾아냈다. 토끼풀과 콩류는 토양에 질소가 없어도 잘 자랐지만 다른 작물은 그렇지 못했다. 이 실험 결과가 암시하는 바에 따르면, 콩과 식물은 공기에서 질소를 이용한다는 것이었다. 게다가 이전에 콩과 식물이 자랐던 토양에서는 질소를 반드시 필요로 하는 작물인 보리, 밀이 더 잘 자랐다. 초기 로마와 중국의 농부들은 수백만 년 전부터 토끼풀과 다른 콩과 식물의 특별한 성질에 대해 알았던 것이다. 서양의 과학은 이러한 굉장한 효과가 일어나는 이유를 한참 뒤에야 밝혀냈다.[2]

이 과정에서 주요 역할을 하는 것은 박테리아였다. 토끼풀 등 다양한 콩과 식물에는 대다수 식물에게 없는 특징이 있다. 콩과 식물의 가는 털이 달린 뿌리에는 작은 혹들이 달려있다. 이 뿌리혹 속에는 리조퓸Rhizobium 박테리아가 살고 있는데, 기체 질소의 강력한 결합을 분리해 수소 원자 세 개와 질소 원자 한 개로 구성된 암모니아를 형성한다. 식물의 뿌리에 붙어 살지 않고 토양에서 자유롭게 살아가는 아조토박터Azotobacter 박테리아도 같은 방식으로 질소를 이용한다. 논이나 습기가 많은 땅에서 사는 남조류도 마찬가지이다. 박테리아가 죽어 땅속에서 분해되면, 박테리아 체내에 있던 암모니아가 땅속으로 흡수된다. 그러면 다른 종류의 박테리아가 암모니아를 분해해 식물의 양분이 되는 질소로 바꾼다. 먼저 니트로소모나스 Nitrosomonas 박테리아가 암모니아를 질소 원자 하나에 산소 원자 두 개로 구성된 아질산염으로 바꾸면, 니트로박터Nitrobacter 박테리아가 아질산염을 질산염으로 바꾼다.

질소가 기체 상태에서 식물과 동물이 이용할 수 있는 다른 형태로 바뀌는 과정은 기체를 고체로 변화시키는 연금술사들의 용어를 따서 '고정fixation'이라 불린다. 번개의 전하가 질소 원자들의 강한 결합을 깨뜨려 분리된 질소 원자가 빗물에 녹아내리는 일도 있기는 하지만, 자연의 질소 순환에서 번개보다는 박테리아가 더 큰 역할을 한다. 이로써 농업 문명이 일어날 수 있는 비옥한 토양이 마련되었는데, 당연히 박테리아가 이를 의도한 것은 아니다. 질소고정이 박테리아에게 아무런 이익이 되지 않는다면 결코 일어나지 않을 것이다. 니트로소모나스와 니트로박터 박테리아 모두 이 과정에서 에너지를 얻어 성장한다. 다른 생명체의 성장에 도움을 주게 된 것은 박테리아 입장에서 보면 순전히 우연에 불과한 것이다.

콩과 식물의 뿌리에 사는 박테리아에 대해 본격적으로 설명하자면 꽤 복잡하다. 리조븀 박테리아는 식물로부터 이익을 얻고, 식물도 박테리아로부터 이익을 얻는다. 식물은 광합성 과정에서 생성된 당의 형태로 박테리아에게 에너지를 제공한다. 그 대가로 박테리아는 식물에게 질소를 준다. 이 질소는 암모니아 형태로 고정되어 있다. 식물과 박테리아 사이의 공생관계는 당연히 합의에 의한 것이 아니라 각자 필요로 하는 것을 얻기 위한 전략으로 진화한 것이다. 이런 공생 전략이 지구라는 시스템 속에서 언제 처음 발생했는지, 또한 박테리아가 어떤 과정을 통해 기체 질소를 분리시키는지는 수수께끼로 남아 있다. 놀랍게도 박테리아는 일상적인 온도와 압력 속에서도 이러한 과정을 해낸다. 뒷장에서 살펴보겠지만 인간이 창의성을 발휘해 이러한 과정을 따라 하기 위해서는 고온, 고압 환경에서 엄청난 에너지를 쏟아부어야 한다. 인간의 창의성이 아무리 뛰어나다 해도 박테리아를 따라갈 수는 없다! 박테리아는 해낸 것을 뛰어난 과학자들은 할 수 없다니, 이 무슨 굴욕이란 말인가.

질소 순환에서 기체를 다른 형태로 고정하는 과정은 토양을 비옥하게 하고 작물에 양분을 공급하려는 인류의 노력이 맞닥뜨리는 가장 심각한 난관이다. 하지만 지구 시스템의 질소 순환이 여기서 끝나는 것은 아니다. 질소는 반드시 대기로 돌아가야 한다. 그렇지 않으면 고정 과정에서 대기 중의 질소가 모두 빠져나가 결국 생명체를 이루는 구성요소의 공급이 중단되고 말 것이다. 그렇지만 다른 종류의 미생물도 질소의 순환을 완성하기 위해 활약하고 있다. 박테리아와 균류는 퇴비와 동식물의 죽은 잔해를 분해해 질산염이 다시 땅속으로 들어가 순환하도록 한다. 슈도모나스Pseudomonas 같은 박테리아가 바통을 이어받아 마지막 구간을 달린다. 이 박테리아는 호흡 과정에서 질산염을 이용해 두 개의 질소 원자를 다시 결합시켜 기체 질소가 대기로 돌아가게 한다. 이로써 질소 순환은 다시 처음 단계로 돌아가 새로운 주기를 준비한다.

인간의 창의성만으로는 질소를 순환하는 지구 전체의 시스템을 재현할 수 없다. 물론 인간이 순환 과정에 개입해 약간의 변형을 가할 수 있는 여지는 있다. 화전농법이 최초의 해결책이었고, 훗날 다른 방식들도 등장했다.[3] 하지만 단백질을 구성하는 질소가 토양에서 고갈되는 것만이 유일한 문제는 아니었다. 리비히가 뛰어난 통찰력으로 주창한 최소량의 법칙law of the minimum을 상기해보자. 그에 따르면, 다른 양분이 충분하다고 해도 한 가지가 부족하면 식물은 정상적으로 생장할 수 없다. 그리고 이 지점에서 리비히는 무언가를 발견하게 된다. 즉, 질소가 충분하다면 식물의 생장에 필요한 또 다른 부족한 원소가 인일 수 있다는 것이다. 두 양분은 함께 충족되어야 한다. 이는 구멍이 난 물통을 채우는 원리와 비슷하다. 가장 아래쪽 구멍을 막는다 해도 물은 다음번 가장 아래의 구멍까지밖에 차오르지 못한다. 물통 높이까지 물을 채우려면 계속해서 낮은 구멍부터 막아야 한다. 한 가지 문제를 해결하면 또 다시 창의성을 발휘해 해결해야 하는 난제가 생겨나는 것이나.

정체가 시작되다

'생명의 병목life's bottleneck'은 생화학자이자 SF 작가인 아이작 아시모프Isaac Asimov가 1970년대에 인의 역할에 대해 설명하며 사용한 용어이다. "생명은 모든 인이 사라질 때까지만 증식할 수 있다. 인이 사라지면 생명체의 증식은 가차 없이 중단된다."[4]

질소와 마찬가지로 인은 모든 형태의 생명체를 이루는 기본적인 구성 요소이다. 식물이 광합성을 통해 얻은 에너지를 전달하는 세포막을 구성하기 위해서는 인이 필요하다. 동물에게도 인은 뼈와 치아를 이루는 매우 중요한 구성요소이다. 인은 에너지 대사에 관여해 우리가 먹은 음식을 성장과 활동에 필요한 에너지로 전환한다. 인간과 동물이 인을 섭취하기 위해서는 질소와 마찬가지로 인이 함유된 식물이나 그 식물을 먹은 동물을 먹어야 한다.

생명체를 구성하는 인의 역할이 널리 알려지기 수 세기 전에 인 원소의 흥미로운 특징이 세상에 드러난 적이 있다. 1669년 독일의 연금술사 헤니히 브란트Hennig Brandt는 철, 구리 같은 금속을 금으로 바꾸는 전설에 나오는 현자의 돌을 찾기 위한 실험을 하다가 우연히 빛을 발하는 인을 발견했다. 그의 제조법은 다음과 같다.[5]

- 소변을 걸쭉하게 될 때까지 끓인다.
- 계속 가열해서 위에 붉은 기름이 떠오르면 이것을 떠낸다.
- 남은 것을 식힌다. 윗부분은 검은 스펀지 같은 물질이 되고, 아래에는 소금이 남는다.
- 소금은 버리고 검은 물질에 붉은 기름을 섞는다.
- 위와 같이 섞은 물질을 16시간 동안 센 불에 가열한다.

- 먼저 하얀 연기가 배출된 뒤 기름이 나오고 그다음에 인이 나온다.
- 이 인을 차가운 물을 이용해 냉각시키면 고체가 된다.

　브란트는 이 제조법을 사용해 50통의 소변을 흰색의 왁스 같은 물질로 만들었는데, 그것이 바로 순수한 형태의 인이었다. 인은 금속을 금으로 변화시키는 마법의 돌은 아니었지만 어둠 속에서 연녹색으로 빛을 발하는 특성을 지녔다. 이 신비한 특징 덕분에 그리스어로 '빛'을 뜻하는 'phos'와 '가져오는 것'을 뜻하는 'phorus'가 합쳐져 인의 이름 'phosphorus'가 만들어졌다. 가연성을 가진 인은 쓰임새가 많아 성냥개비에서부터 폭탄에 이르기까지 수 세기 동안 여러모로 사용되었다. 18세기 중반 무렵에는 소변이 아닌 뼈를 태운 것을 원료로 사용해 이 특별한 원소를 상용화했다.[6]

　생명체의 구성성분인 인의 역할은 중요했지만, 인간의 창의성만으로는 지구의 순환 시스템 안에서 토양에 이 양분을 채워 넣는 것이 쉽지 않았다. 질소는 대기 중의 기체 질소를 토양에서 사용 가능한 형태로 바꿔주는 박테리아가 존재하지만, 인의 경우는 사정이 다르다. 바람에 실려 먼지 입자에 날라붙은 극소량의 인까지 소사하지 않는 이상, 대기 중에는 인이 존재하지 않는다.

　하지만 자연계에 인의 순환 시스템이 없는 것은 아니다. 식물에 함유된 인 원소를 생각해보자. 인은 식물이 생장하는 에너지인 당을 생성하는 데 중요한 역할을 한다. 언젠가 식물은 본래 성장한 곳에서 죽거나 다른 짐승에게 먹힐 것이다. 그리고 그 짐승도 언젠가는 죽을 것이다. 어느 쪽이든 간에 토양의 미생물은 동식물의 사체를 분해한다. 그렇게 해서 인 원소는 토양으로 돌아가 물에 용해되어 다른 식물의 뿌리를 통해 흡수되고, 이러한 과정이 반복된다. 인의 순환은 몇 년 혹은 수십 년에 걸쳐 빠르게 일어난다. 하지만 인원소 중 일부는 닫힌 순환고리에서 서서히 빠져나간다. 빗물에 씻겨 강으로 흘러가 결국 바다에서 유실되기도 하고, 인을 함유한 토양입자가 바람에 실려 먼 지역으로 옮겨가기도 한다. 따라서 이렇게 서서히 유실되는 인을 보충해주지 않으면, 결국 토양에 존재하던 중요한 양분이 고갈되고 만다.

유실되는 인이 토양에 돌아오는 유일한 방법이 있기는 하나 이는 지질학적 시간 차원에서는 대단히 느리게 진행된다. 매우 긴 시간에 걸쳐 일어나는 순환에서 열쇠를 쥐고 있는 물질은 빛나는 성질의, 인을 함유한 암석인 인회석이다. 인은 토양에서 침출되어 결국 바다까지 흘러들어 가지만 일부는 해저에 가라앉아 위에서 누르는 압력으로 인해 암석 안으로 침투된다. 해저의 인회석에 갇힌 인은 전혀 순환될 기미가 없어 보인다. 그러나 판구조 운동이 땅속 탄소를 순환하도록 해 기후가 급변하는 것을 제지하듯, 인 또한 지각변동과 함께 다시 순환 시스템 속에 들어간다. 바다의 밑바닥까지 흘러들어 간 인은 판이 확장됨에 따라 서서히 이동한다. 판들이 충돌해 해수면 위로 올라와 산맥이 형성되면 이에 편승해 해저에 있던 인회석도 솟아오른다. 지표면 위에 노출된 인회석은 풍화되고 이과정에서 배출된 인 원소가 다시 토양으로 들어가 식물의 양분이 된다. 이러한 주기는 대략 백만 년에 걸쳐 일어난다. 작물을 재배하는 인간들 입장에서 토양의 양분이 회복되는 데 이토록 긴 시간이 걸린다면 인의 자연적인 순환은 큰 도움이 되지 못한다.

인이 순환되기까지 걸리는 지질학적인 시간과 토양에 양분을 공급해야 하는 문명의 시간 사이의 불일치는 농업이 시작된 이후로 인간의 창의성이 풀어내야 할 난제가 되었다. 즉, 인간은 인의 순환 과정에 개입해 속도를 높이는 방법을 찾아야 했다. 실제로 인류는 두 가지 방식을 찾아냈다. 하나는 퇴비와 죽은 동식물의 잔해 속에 함유된 인이 짧은 시간 내에 순환되도록 하는 것이고, 다른 하나는 땅을 파서 인이 함유된 암석을 캐내는 것이다. 두 번째 방법은 뒤에서 몇 장에 걸쳐 논의하겠지만 사람들이 가치 있는 암석을 채굴하고 수송하는 방법을 찾기 전까지는 불가능했다. 첫 번째 방법은 앞서 언급했던, 페루 농부가 그의 옥수수 밭에서 사용하는 화전농법이다.

질소는 토양, 식물, 공기를 통해, 인은 토양, 식물, 암석을 통해 순환하는 지구 시스템을 활용하는 것이 화전농법이다. 이러한 양분들은 나무의 몸통, 가시, 잎에 함유되어 있다. 나무들은 보기에는 좋지만 농부들에게 크게 쓸모 있는 것은 아니다. 농부에게 필요한 것은 옥수수를 잘 자라게 할 양분이다. 농부가 숲에 불을 놓아 땅을 개간하면 재, 반쯤 탄 잎, 나뭇가지에 남아 있던 양분이 땅을 기름지게 한다. 덕분에 작물은 잘 자라지만 식물에 흡수된 양분은 옥수수나 사탕수수에 옮겨가 토양으로 돌아오지 못한다. 몇 번의 수확을 거치고 나면 농작물의 수확량은 급격히 감소하고 농부가 애를 써도 지력은 회복되지 않는다. 이 시기가 바로 다시 나무가 자라도록 기다려야 할 때이다. 나무가 어느 정도 자라면 새로운 순환주기가 다시 시작될 수 있다. 양분이 토양으로 침출되도록 나무를 태워 땅을 개간한 뒤, 다시 양분이 고갈될 때까지 농작물을 키우고 수확하는 것이다.

지구 시스템이 정상적으로 돌아간다면 나무는 결국 죽을 것이고, 박테리아와 균류가 죽은 나무와 이파리를 분해해 양분은 다시 땅으로 흡수되어 더 많은 나무들이 자라게 될 것이다. 이 과정은 수 세기까지는 아니더라도 수십 년은 족히 걸릴 것이고, 농부의 입장에서는 양분이 나무가 아닌 농작물로 가게 할 수도 없다. 화전농법은 본질적으로 그 과정을 빠르게 하고, 양분이 농작물로 가게 하는 방법이다. 이 농법은 숲이 우거진 지역에서 양분의 순환을 인위적으로 조작하기 위해 널리 사용된 아주 오래된 방식이다. 게다가 필요한 것이라고는 나무를 자를 도구와 불, 지식이 전부이다. 지구의 순환 시스템에 인위적인 조작을 가하는 이 방식이 널리 확산되었다는 것은 다양한 문화권에서 여러 이름으로 불린다는 사실에서 확인된다. 화전농법, 또는 화전 이동 경작으로 알려진 이 방식은 다양한 문화권에서 많은 이름을 가지고 있다. 중앙아메리카에서 '밀파milpa', 인도에서 '줌jhum', 마다가스카르에서 '타비tavy', 인도네시아에서 '라 딩ladang', 영어권에서는 자르고 불을 지른다는 뜻의 '슬래시앤드번 slash and burn'이라고 칭한다.

기록된 자료가 없기 때문에 화전농법이 어떻게 처음 등장했는지 알 길이 없다. 하지만 이 방식은 처음 농업이 시작된 중심지에서부터 숲으로 삶의 영역을 넓히는 데 가장 큰 역할을 했다. 오늘날에는 열대우림에서 주로 사용된다. 하지만 이 농법은 수천 년 동안 유럽과 근동 지역에서 숲을 개간하는 데 쓰인 방식이기도 하다. 대략 9,000년 전 시작된 숲의 개간은 서서히 근동 지역까지 파고들었다. 그 이후 수천 년 동안 지중해 지역의 숲도 도끼날에 쓰러졌으며 뒤이어 중부와 남부 유럽의 숲도 같은 운명을 겪었다.7 인구수가 증가함에 따라 마침내 숲은 대부분 사라졌다. 숲이 있던 자리에 정착 농업이 자리 잡았다.

강의 능력

일부 지역에서는 토양의 양분이 고갈되는 문제를 해결하는 데 강이 큰 역할을 했다. 물이야 당연히 작물을 재배할 때 그 무엇과도 대체할 수 없는 요소이나. 그 때문에 물이 풍부한 곳에서 문명이 발생한 사실은 전혀 놀랄 일이 아니다. 잉여 식량은 사회가 복잡하게 발전하게 된 토대였다. 식량이 풍부했기 때문에 분업이 이루어지고, 소수의 세력가 손에 권력이 집중되었으며, 행정체계가 자리 잡았다. 인더스강, 나일강, 티그리스강과 유프라테스강, 황하강 유역에 살던 사람들은 5,000년이 넘는 세월 이전에 강의 흐름을 조절하는 기술을 고안했다. 마을이 성장하고 관료제가 꽃 피우고 계급사회가 등장한 문명들이 모두 이러한 강에서 비롯되었다.[8]

하지만 강은 단지 물의 공급원만이 아니었다. 강은 고지대에서 강 하류로 쓸려 내려오는 모래나 흙을 통해 생명의 근원이 되는 양분을 실어 날랐다. 물길을 만들어 강의 양분을 밭으로 보내는 진보된 기술이 가장 일찍이 나타난 곳은 오늘날 이라크와 이란 사이에 자리 잡은 고대 메소포타미아였다. 그 이름은 '강 사이의 땅'을 뜻한다. 거의 평행으로 흐르는 티그리스강과 유프라테스강에는 터키, 시리아, 이라크의 고지대에서 내린 비와 녹은 눈이 흘러들어 와 남쪽으로 물길을 이룬다. 두 강이 만나는 곳은 페르시아만에 닿는 지점에서 그리 멀지 않은 상류다. 두 강은 적어도 1년에 한 번씩 기슭 너머 삼각주로 범람해 메소포타미아인들에게 비옥한 토양을 선물했다. 하지만 홍수로 인한 어려움도 있었다. 홍수가 잘 빠지지 않아 농경지가 침수되기도 했다. 게다가 홍수는 4월이나 5월에 찾아왔는데 이때는 작물을 심기에 너무 더웠다.

고대 메소포타미아인들은 강의 물길을 돌리기 위해서 흙으로 수로와 제방을 만들었다. 이리저리 얽힌 수로로 흘러들어 온 강물이 밀과 보리밭에 물을 댔다. 수로는 필요한 때 농작물에 물과 양분을 공급했지만 이 해결책은 또 다른 문제를 야기했다. 강물에 쓸려와 수로를 메우는 토사를 계속해서 퍼내야 했던 것이다. 배수가 불량한 토양에서 수분이 증발하자 땅 표면에 염류가 집적되는 문제가 발생했는데, 이는 오늘날까지도 관개지에서 나타나는 심각한 현상이다.

수 세기에 걸쳐 침입자와 정복자들은 더 많은 도랑과 수로, 제방을 만들어 관개 체계를 정교하게 구축했다. 하지만 수로를 준설하고 토양의 배수를 용이하게 하는 비용은 행정적으로 큰 부담이었다. 13세기 중반에는 몽골군의 무자비한 침략으로 수로와 제방이 파괴되면서 관개시설에 큰 타격을 입었다. 위대한 문명의 요람 중 하나였던 강 사이의 땅은 침적토에 꽉 막힌 수로, 염류가 집적된 토양, 정치적 붕괴로 인한 문제들에 시름하며 전성기 때의 명성을 회복하지 못했다.[9] 산에서 쓸려 내려온, 양분이 풍부한 토사가 토양을 비옥하게 만들어주긴 했지만 대신 다른 문제들을 안겨준 것이다.

고대 이집트인들은 장대한 나일강의 물길을 이용해 더 수월하게 경작지에 물과 양분을 공급했다. 고대 이집트에서의 삶은 나일강의 범람 주기에 맞춰졌다. 나일강은 매년 여름이면 장마로 물이 불어났고, 에티오피아의 고지대에서 시작해 수천 마일 떨어진 지중해를 따라 흘러 넘치며 비옥한 삼각주를 만들었다. 메소포타미아와 마찬가지로 홍수가 빠지면 토양은 비옥한 흑토가 되었고 물도 충분했다. 게다가 배수가 잘 되었고, 재난에 가까운 홍수나 가뭄이 발생하는 경우도 드물었다.

이집트인들은 신비에 싸인 강의 수원을 알지 못했고, 나일강이 천상의 거대한 바다에서 시작되었다고 생각했다. 하지만 강이야말로 그들의 중요한 자산임을 잘 알았다. 삼각주 상류에 둑을 쌓아 나일강의 물길을 다스리려는 발상이 처음 생겨난 것은 11세기로 거슬러 올라간다. 이라크의 수학자 이븐 알-하이삼Ibn al-Haytham이 나일

강의 범람을 조절하는 계획을 제안했으나 칼리프가 거절했다.[10] 수세기 후에 영국의 식민지 지배자들이 이 같은 발상을 실행에 옮겨 돌로 아스완 로우 댐을 쌓았다. 수십 년 후 영국에서 독립한 이집트는 상류에서 몇 마일 떨어진 곳에 콘크리트로 만든 아스완 하이 댐을 완성했다. 댐은 상류의 풍부한 영양원을 가두는 동시에 에티오피아의 고원과 저 먼 하류의 작물을 연결하던 연 단위의 리듬을 끊어버렸다. 역설적이게도 오늘날에는 비싼 화학비료가 과거 정착생활의 난제를 풀어주었던 사실상의 공짜 해결책을 대신하고 있다.

티그리스강과 유프라테스강, 나일강, 인더스강, 중국의 황하강 유역에서 고대 문명이 발생한 초기에 인류가 인구수를 늘리며 도시에서 살 수 있게 된 배경에는 강에 쓸려 내려온 양분이 풍부한 침적토가 한몫했다. 고대 이집트의 수도인 테베는 3,000년 전 세계에서 가장 큰 도시로 10만 명이 넘는 사람들이 살았다.[11] 강물에 쓸려온 토사를 기반으로 정착생활의 첫 번째 난제를 피할 수 없었다면 이토록 많은 인구를 한 도시에서 부양할 수는 없었을 것이다.

동물의 힘을 빌리다

강에서 시작한 고대 문명과 숲에 불을 놓아 땅을 개간한 농부들은 매번 수확할 때마다 지력이 떨어지는 문제를 미연에 방지하는 방법을 찾아냈다. 하지만 정착생활로의 핵심적인 전환은 또 다른 난제를 낳았고, 해결책을 찾아야만 했다. 정착생활이 자리 잡기 전에 수렵채집인들은 과일과 씨앗, 뿌리를 채집하거나 짐승을 추적하고 잡은 사냥감을 주거지로 가져오고 음식을 준비하기 위해서 인간에너지, 즉 음식에서 얻은 열량을 사용했다. 이러한 일에 소비되는에너지는 그들이 구한 음식에서 얻은 열량보다 틀림없이 적었을 것이다.[12] 또 그래야만 했다. 인력만으로 모든 노동을 충당해야 하는 상황에서 그들이 섭취한 열량보다 더 많은 에너지를 사용했다면 생존할 수 없었을 것이다. 인류 역사에서 대부분, 인간은 음식을 통해얻은 열량보다 식량을 채집하고 사냥하는 데 필요한 열량을 더 적게 소모하며 존속했다.

농경사회에서는 땅을 개간하는 일 외에도 괭이질, 씨뿌리기, 김매기, 해충 방제, 수확, 저장, 요리, 운반 등 해야 할 일이 많다. 이러한 일들은 반드시 어떤 식으로든 에너지를 소모시킨다. 사람들이마을에 정착해 분업화가 이루어지면서 농업이 아닌 다른 일에 종사하는 이들도 그 일을 하는 데 필요한 에너지를 얻기 위해 열량을 필요로 한다. 농가가 자신들이 소모한 열량을 보충할 정도의 농산물만 생산해서는 안 되있다. 마을 사람들 전부를 부양할 여분의 식량을 생산해야 한다. 따라서 여분의 에너지를 얻기 위해 부족한 인간의 노동을 보충할 힘을 가축에게 빌렸다. 동물은 인간이 소화할 수없는 식물을 먹고 에너지를 낼 수 있었다.[13] 훗날에는 화석연료에서생산된 먼 옛날 태양의 에너지가 같은 역할을 맡았다.

인간은 약 6,000년에서 7,000년 전, 강 유역에서 발생한 초기 문명시대에 가축을 이용해 밭을 갈기 시작했다.[14] 나무 쟁기를 끄는 황소가 새로운 중심축의 등장을 알렸다. 성장의 새로운 중심축으로 등장한 가축의 힘은 인간의 유용한 수단으로 자리 잡았다. 힘이 센 황소 한 마리는 괭이로 일하는 사람보다 더 빠르게 밭을 갈 뿐만 아니라 예닐곱 명의 장정들 만큼의 힘을 냈다.[15] 황소에게 먹이를 주고 기르는 대가로 황소들은 인력을 보충했다. 소를 먹일 초목이 충분히 있기만 하면, 소는 키울 가치가 있었다. 가축은 빠르게 밭을 갈았고 수확한 농작물을 싣고 이동했으며 나중에는 곡물을 빻는 물레방아를 돌렸다.

물론 인간이 인력을 보충하기 위해 소나 노새, 혹은 석탄이나 석유에 의존하는 것과 상관없이 어떤 형태의 에너지든 그 기원을 거슬러 올라가면 태양이 있다. 태양이 식량과 모든 문명의 시작점이다. 태양은 모든 식물, 식물을 먹는 동물, 동물을 먹는 동물을 비롯해 먹이사슬에 속한 모든 생물에게 에너지를 공급한다. 이 모든 과정은 광합성에서 시작된다. 식물은 수십억 년 동안 계속된 이 놀라운 절차를 통해 물과 대기 중의 이산화탄소를 분해해 태양에너지를 당으로 전환한다. 식물은 당을 이용해 잎과 줄기, 뿌리를 키운다. 동물은 식물을 먹어서 에너지를 얻는다. 하지만 그 과정에서 상당한 에너지가 상실된다. 어림 계산에 따르면, 이러한 동물이 먹은 10칼로리 중 9칼로리가 자라고 체온을 유지하고 움직이고 번식하고 그 밖에 다른 잡다한 일을 하는 데 필요하다. 그 말인즉슨 10칼로리 중 겨우 1칼로리만이 몸에 저장되어 먹이사슬을 따라 이동한다. 육식동물이 초식동물을 잡아먹을 때도 같은 과정이 반복되어 10칼로리당 9칼로리가 상실된다. 이것이 궁극적으로 의미하는 바는 100칼로리 중 겨우 1칼로리만이 식물에서 육식동물로 이동한다는 것이다. 먹이사슬의 피라미드가 일반적으로 4~5단계, 즉 식물, 식물을 먹는 초식동물, 초식동물을 먹는 육식동물, 육식동물을 먹는 육식동물로 이루어진 이유도 바로 이러한 이유에서다. 각 단계에서 매우 많은 에너지가 소실되기 때문에 몇 번의 이동을 거치고 나면 에너지는 얼마 남지 않는다.[16] 게다가 질소, 인, 물과 달리 사용 가능한 에너지는 재순환되지 않는다. 한 방향으로 이동하고 나면 끝이다. 육식동물이 초식동물을 먹을 때 손실된 에너지는 영원히 사라지고 만다.

인간이 해결해야 할 문제는 태양에너지의 부족이 아니다. 태양에너지를 사람들이 먹을 수 있는 형태로 전환하는 것이 문제다. 식물은 풍부하기는 하지만 대부분이 그냥 소화하기에는 너무 질기거나 거칠다. 인간이 먹을 수 있는 식물과 동물에 태양에너지가 전달되기까지 수많은 과정을 거쳐야 하고, 이때 많은 에너지가 소요된다. 동물이 쟁기를 끌고 농작물을 운반하는 등 농부가 하던 고된 노동을 대신한다면, 농부는 사용하는 열량보다 더 많은 열량을 생산할 수 있다. 동물은 농부의 노동 부담을 덜어서, 각 농부가 같은 면적의 땅에서 혼자 일했을 때보다 더 많은 열량을 생산할 수 있게 해준다. 동물이 충분한 에너지를 공급받고 인간의 노동을 대신할 만큼 길들여진다면, 이는 에너지 난제를 해결할 수 있는 하나의 방법이 된다. 잉여 열량 덕분에 고대 도시들이 번성할 수 있었다. 태양에너지를 먹을 수 있는 형태로 전환하는 일에 어려움을 겪는 정착사회의 문제를 해소하는 데는 동물의 노동력이 큰 역할을 했다.

난제를 피해 간 고대 중국

고대 중국사회는 정착사회의 두 가지 난제를 우회하는 창의적인 방법을 찾아냈다. 토양의 양분을 유지하면서 인간의 노동력을 더 많은 에너지로 보충하는 방식을 고안한 것이다. 기원후 초기 무렵에 농업은 문명이 자리 잡았던 범람원 너머로 영역을 넓혀갔다. 땅이 부족할 정도였다. 더 이상 개간할 땅이 없자 중국의 정착민은 화전농법을 포기하는 수밖에 없었다. 사람들이 도시에 몰리자 정착생활의 어려움은 더욱 커졌다. 늘어난 인구의 수요를 충족하기 위해 성장을 촉진하는 혁신적인 방법이 생겨나면 또 다시 인구가 늘어나 해결책을 마련해야 하는, 끝없는 순환 구조가 형성되었다. 최종적으로 중국인들이 고안한 체계를 두고 리비히는 훗날 다음과 같이 주장한다. "중국인들은 식물을 키우고 길들이는 데 가장 뛰어나다. 그들은 각각의 식물에 가장 잘 맞는 퇴비를 만드는 법을 알고 있다. 중국의 농업은 세계에서 가장 완벽하다."[17]

리비히가 중국의 농업에 대해 이토록 칭찬한 이유는 중국인들이 토양의 지력을 유지하기 위해 자연적인 질소와 인의 순환을 정교한 방식으로 모방했기 때문이다. 대략 3,000년 전 무렵, 중국인들은 토끼풀, 콩, 팥이 토양을 비옥하게 하고 쌀의 수확량을 늘린다는 것을 발견했다. 그들은 콩과 식물의 뿌리에 살면서 기체 질소의 결합을 분리하는 리조븀 박테리아를 이용했다. 콩과 식물을 키운 경작지의 땅을 갈아엎거나 나중에 토양에 섞어주기 위해 갈아엎은 땅을 저장해두었다. 이 방식 덕분에 토양의 질소 성분이 적정량으로 유지되어 점점 커지는 제국의 수백만 인구를 먹여 살릴 수 있었다. 그로부터 약 1,000년 후, 중국 농민들은 윤작을 시작했다. 첫 해에 수수 같은 곡물을 심었다면, 다음 해는 콩과 식물, 그다음 해에는 참깨 같은 유지작물oil crop을 심었다. 이러한 돌려짓기 방식은 토양에 질소를 계속 공급해 작물 생산량을 높게 유지하도록 했다.

고대 중국인들은 대단히 많은 인구수를 부양하기 위한 다른 수단도 가지고 있었다. 그들은 양분이 토양에서 식물, 동물로 흡수되었다가 다시 토양으로 돌아가는 지구 순환 시스템의 기본원칙을 따랐다. 물소, 황소, 염소, 돼지를 비롯한 가축들을 재순환 시스템으로 활용한 것이다. 가축은 질소, 인을 비롯한 양분이 풍부한 거름을 배출했고, 미생물은 거름 속 양분을 땅으로 돌려보내 작물을 잘 자라게 했다. 가축은 들판의 남은 작물을 먹었다. 이러한 과정은 계속되었다. 가축의 배설물로 거름을 만들어 밭에 뿌려주면 양분의 재순환이 이루어졌다.

고대 중국인들은 사람의 똥오줌에 남아 있는 양분조차 쉽게 버리지 않았다. 도시에 사는 사람들의 분뇨완곡하게 '밤거름(night-soil)'이라고도 하는를 수거하는 조직적인 체계뿐만 아니라 음식 찌꺼기를 비롯한 오물을 재활용하는 방식에서 타의 추종을 불허했다. 중국인들이 얼마나 열성적으로 분뇨를 재활용했던지 빅토르 위고Victor Hugo는《레 미제라블Les Misérables》에서 다음과 같이 쓰기도 했다. "마을로 돌아가는 중국인 소작농은 너나 할 것 없이 우리가 오물이라고 생각하는 것을 가득 넣은 양동이 두 개를 대나무 막대에 매달아 어깨에 이고 있었다."[18] 그들은 모든 종류의 자원을 동원해 양분을 재활용했다. 이를테면 수로에 쌓이는 진흙을 퍼내 밭에 뿌렸다. 강에 쓸려온 양분이 풍부한 퇴적토가 범람원에 쌓이는 것과 같은 효과를 노린 것이었다.[19] 중국인들은, 수 세기에 걸쳐 완벽하게 다듬어진 체계에 따라, 작물마다 각기 다른 거름을 주기에 이르렀다. 콩과 식물에는 재를, 채소에는 양분이 풍부한 돼지와 인간의 분뇨를 쓰는 식이었다.[20] 밭에 물을 대는 관개시설이 초기 문명의 발달을 촉진했듯이 정교하게 다듬어진 농업 방식과 더불어 고도로 조직화된 사회적 · 정치적 체계가 발달했다. 평야는 물을 대는 수로 덕분에 풍족했다.[21] 쇠로 된 송곳 끄트머리가 달린 대나무 굴착 장비는 수천 피트 지하에서 물을 끌어올렸다.[22] 중국의 농사는 손쉽게 물을 얻을 수 있는 강 유역에 국한되지 않았다.

하지만 고도로 농업이 발달했다고 해서 질병, 가뭄, 기아 같은 재해에서 자유로울 수는 없었다. 해마다 한두 지방은 기아에 시달렸다. 수백만의 무수한 사람들이 굶어 죽었다.[23] 밭을 비옥하게 한 인분은 '달팽이 열병'으로도 알려진 주혈흡충증Schistosomiasis 같은 질병의 원인이 되었다. 이는 달팽이 몸속에서 부화한 기생충이 맨발로 다니는 농부의 피부에 침투해 알을 낳아 감염시키는 병이다. 그 외에도 인간과 가축의 분뇨로 오염된 물 때문에 콜레라가 창궐했다.[24]

인구는 밀집되는데, 가축을 키울 땅과 양분이 부족한 탓에 중국인들의 밥상에 고기가 올라가는 일은 드물었다. 그 결과, 중국 사회는 인간이 가축에서 고기를 얻을 때 중첩되는 에너지 난제를 우회할 수 있었다. 먹이사슬을 이동하는 동안 상당히 많은 양의 열량이 소실되기 때문에 고기가 단백질 공급에 중요한 역할을 한다고 해도 고기를 상에 올리는 데 들어가는 에너지 비용은 엄청나다. 가축에게 사료를 먹이고 도살하고 이동하는 데 필요한 열량이 고기를 먹어서 얻는 열량보다 크다면, 이는 에너지 측면에서 손해라 하겠다. 고대 중국인은 섭취를 통해 얻는 열량보다 더 많은 에너지를 쏟아야 얻을 수 있는 식물이나 동물을 먹지 않음으로써 칼로리 적자 상태에 이르지 않았다.

수천 년 동안 존재한 질병과 굶주림에도 불구하고 관개시설, 퇴비 재활용, 고기를 배제한 식단으로 이루어진 중국의 농업체계는 농민 자신들은 물론이고 수백만의 도시인들을 부양하기에 충분했다. 유럽인이 중세 시대를 살아내는 동안, 세계에서 가장 큰 도시들은 중국에 몰려 있었다. 800년의 장안, 1200년의 항저우, 1400년의 난징, 1500년의 베이징이 바로 그 예이다.[25] 이러한 도시들은 하루면 갈 거리에 있는 비옥한 밭에 둘러싸여 있었고, 농부들은 매일 밤 도시의 인분을 수거해 밭에 뿌렸다.[26]

초기 중국 문명이 토양의 비옥도를 유지하기 위해 인위적으로 양분의 순환을 촉진한 유일한 문화권은 아니었다. 또한 땅의 양분을 회복하기 위해 동물의 배설물로 만든 거름을 쓰고, 인간의 노동력을 줄이기 위해 동물의 힘을 빌리는 유일한 문화권도 아니었다. 고대 이집트인들도 한 해는 보리나 밀 같은 곡물을 재배하고, 그다음 해는 질소고정 식물이자 가축에게 줄 사료로 쓰이는 토끼풀을 재배하는 돌려짓기를 했다. 일본의 목판화에는 들판으로 인분을 실어 나르는 농부들이 묘사되어 있다. 또한 중세 잉글랜드에서도 양의 배설물은 대단히 귀해서 귀족들은 영지에서 양분이 풍부한 거름이 되는 배설물을 치우지 못하게 했다. 하지만 수 세기 동안 정착사회의 어려운 문제를 푸는 데에 중국과 경쟁할 만한 사회는 없었다.

유럽의 성장

가축의 힘을 빌리는 방식이 고대 강 문명에서 유럽으로 진출하기까지 수 세기가 걸렸다. 기원후 5세기에 가축을 부리기 위해 '쇄골걸이 마구collar harness'가 발명되었다. 중앙아시아의 침입자들이 가져온 것으로 보이는 새로운 유형의 마구는 1000년경에 유럽에 널리 보급되었다.[27] 로마시대에 사용했던 마구가 무거운 짐을 끌 때 말의 목을 조이던 것과 달리, 이 마구는 무게를 양 어깨에 분산하는 효과가 있었다. 마구는 소뿐만 아니라 말에게도 씌워서 말도 무거운 쟁기를 끌게 했다. 말이 소보다 빠르고 먹이도 적게 먹기 때문에 가축에게 먹이는 열량 대비 농작물 수확을 통해 얻는 열량이 증가할 수 있었다. 9세기경 유럽에서는 말굽에 쇠로 된 편자를 박기 시작했는데, 편자를 박으면 말이 습한 땅에서도 1년 내내 일할 수 있어 큰 도움이 되었다. 보습 위에 비스듬하게 볏을 단 쟁기는 중국의 또 다른 발명품인데, 차진 흙의 땅도 깊게 갈 수 있어 예전 쟁기를 대체했다. 또한 말과 황소 외에도 당나귀와 노새의 노동력을 활용했다.

볏 달린 쟁기가 도입되면서 인간이 쟁기질을 할 때보다 수확량이 대폭 증가했다. 중세 시대에는 가축을 노동력으로 삼은 기술 덕분에 북유럽의 숲과 습지의 진흙이 많은 토양에서도 농사를 짓게 되었다. 기아 발생 빈도가 줄고, 콩류와 우유, 달걀, 고기를 더 많이 먹게 되었다. 무거운 짐을 끌고 옮길 수 있는 가축의 노동력을 활용한 덕분에 곡물 생산량이 두 배 가까이 증가했다.[28] 유럽의 인구수는 늘어나 마을과 도시에 집중되었다.[29] 하지만 톱니바퀴는 오래 지속되지 못했다.

14세기에 인구수가 식량 공급량을 초과하면서 도끼가 내리쳐졌다. 중세 유럽의 시골 소작농에게 삶은 언제나 힘들었다. 묘지에 묻힌 그들의 유골이 이를 잘 입증한다. 무거운 짐을 이고 쟁기를 밀고 낫으로 농작물을 수확하느라 고되게 몸을 혹사한 탓에 척추가 휘어지고, 관절염, 관절이 붓는 문제로 고통받았다. 소작농들은 짧은 생애 동안 중노동에 시달려야 했다. 설상가상으로 1320년대 중반, 한 세기 동안 온화했던 날씨가 급변했다. 겨울은 혹독하게 추웠고 봄에는 폭우가 쏟아져 대홍수가 났다. 밭과 목초지가 물에 잠겨 농작물이 썩었다. 1337년부터 1453년까지 이어진 백년전쟁은 상황을 악화시킨 수많은 원인 중 하나였다. 군대는 시골의 식량을 약탈했고 지배층은 소작농들에게 무거운 세금을 매겼다.[30] 북유럽 전역에 기아가 빈번하게 발생해 수백만 명의 목숨을 앗아갔다. 일례로 프랑스의 어느 지방에서는 1321, 1322, 1332, 1334, 1341, 1342년에 기근이 엄습했다.[31] 1347년에는 페스트균에 감염된 벼룩이 아시아에서 유럽으로 유입되어 이미 쇠약해진 유럽인들에게 흑사병pest을 퍼뜨렸다. 흑사병으로 유럽 인구의 3분의 1이 사망했으며 경제는 파탄 났다.

이토록 끔찍했던 시대 이후에 성장의 중심축이 된 것은 가축을 이용한 노동력과 거름, 질소를 고정하는 토끼풀이었다. 당시 사용하던 방법은 농지를 세 부분으로 나누어 3년을 주기로 다른 작물을 번갈아 심는 것이었다. 한 해는 농지에 밀, 보리, 호밀 같은 겨울 작물을 심고, 다음 해에는 귀리, 완두콩 같은 콩과 식물을 심는다. 세 번째 해에는 밭을 쉬게 하면서 가축에게 사료가 되는 풀들이 자라도록 내버려둔다. 풀을 뜯어먹는 가축들의 배설물은 곡물 작물 때문에 빼앗긴 질소를 땅에 되돌려준다. 이러한 체계에서 농지의 3분의 1은 언제나 쉬는 땅이 된다.

삼포식 농업three-field system이라 불리는 이 방식 덕분에 이전의 이포식 농업two-field system보다 더 많은 농작물이 생산되었다. 농지를 반으로 나눠 하나는 작물을 심고, 다른 하나는 땅을 쉬게 해 2년을 주기로 순환하는 이포식 농업 방식에서는 항상 농지의 절반이 놀게 된다. 삼포식 농업은 몇 세기 전부터 북유럽에서 실행되었다. 가축 수의 증가로 거름이 늘어나 땅의 양분을 회복하는 속도가 빨라졌기 때문이다. 하지만 농지의 3분의 1을 쉬게 하는 것은 여전히 큰 손해였다. 농부 한 명이 생산할 수 있는 농작물의 양을 증가시킬 수 있는 기회가 여전히 있다는 뜻이었다.

이러한 단점을 타개한 새로운 방식이 18세기 중반에 등장한 그 유명한 노퍽 사포식 농업Norfolk four-course system이다. 이 방식의 핵심은 네덜란드에서 잉글랜드로 유입된 토끼풀이다. 풀들이 자라게 내버려두는 휴경지에 질소고정 식물인 토끼풀을 심은 것이다. 이 방식을 처음 고안한 잉글랜드 동부의 주 이름을 딴 노퍽농법은 4년을 주기로 밀, 순무, 보리, 토끼풀을 순서대로 돌려짓기하는 것이다. 토끼풀은 가축의 사료로 쓰일 뿐 아니라 토양에 질소를 공급해주었다. 순무는 가축의 먹이로 쓸 수 있어서 겨울에도 가축을 사육하게 해주었고, 그 결과 더 많은 고기와 거름을 얻을 수 있었다. 제2대 타운센드 자작viscount으로 알려진 찰스 타운센드Charles Townshend는 18세기 초반 영국의 하원의원이자 재무장관을 역임한 인물로, 정계 은퇴 후에는 이 농법을 널리 알리는 데 힘썼다. 그는 그의 영지에서 행해지는 농업에 관심을 기울였다. 새로운 노퍽농법에 열성적이었던 까닭에 '순무turnip 타운센드'라는 별명도 얻었다. 잉글랜드에서는 농작물 수확량이 치솟았다. 토양에 질소를 풍부하게 공급하는 토끼풀과 퇴비, 땅을 깊게 갈 수 있는 도구, 거름과 노동력을 제공하는 가축의 증가, 먹을 수 있는 부분이 더 많은 새로운 종자의 등장 등과 다른 농업적 요인이 결합한 결과였다. 이로 인한 영향은 엄청나서 이 시기에 일어난 일을 농업혁명이라 부른다.

농업혁명의 결과로 잉여 식량이 생겼다. 이것이 18세기 영국 산업혁명에 박차를 가하는 계기가 되었는지 아닌지 단언할 수는 없다. 급작스럽게 혁명적 변화에 접어들었는지 서서히 변화한 것인지도 논란의 여지가 있다.[32] 하지만 잉여 식량 덕분에 늘어난 도시 인구와 여러 공장에서 일하는 노동자를 부양할 수 있었다는 데는 의심의 여지가 없다. 산업의 성장은 잉여 식량에 대한 수요 증가로 이어졌고, 이는 농부들이 더 많은 농작물을 생산하는 동기가 되었다. 그럼에도 여러 요인들이 충돌해 사람들은 시골에서 밀려나 도시로 유입되었다. 모직 산업이 번창함에 따라 부유한 지주들이 자신의 영지에 울타리를 치고 양을 키웠다. 그 결과, 거름을 만들던 가축들이 더 이상 자유롭게 목초지를 다니며 풀을 뜯을 수 없었다. 수많은 소작농들은 도시로 떠날 수밖에 없었다. 사람들은 배를 만들고 가마와 난로에 땔감으로 쓸 목재를 얻기 위해 숲을 벌목했다. 목재 공급이 달리자 석탄을 찾아나섰고, 석탄은 산업혁명의 동력자원이 되었다.

석탄을 동력으로 하는 증기기관의 발명과 함께 도시는 더욱 성장했다. 이제 방직 공장은 더 이상 수력을 이용할 수 있는 강가에 자리할 필요가 없어졌다. 증기 기관차가 농산물과 물건을 나르며 도시와 시골을 연결했다. 수억 년 동안 태양에너지를 저장한 채 땅속에 갇혀 있던 나무와 풀 같은 식물의 잔해인 석탄을 태워 얻는 에너지가 공장의 기계를 돌리고, 시골에서 생산된 농산물이 공장 노동자들의 에너지원이 되었다. 이러한 모든 요인들이 동시에 작용해 도시와 공장이 확대되며 영국은 농업경제에서 산업경제로 구조적인 변화를 겪었다. 혁명은 계속되었다. 톱니바퀴는 이미 전부터 돌아가고 있었다. 밭에서 질소고정 식물인 토끼풀과 거름, 가축의 노동력을 활용하기 시작하면서 대대적인 사회적 변화로 이어진 것이다. 되돌아갈 수 없는 강을 건넌 것이었다.

톱니바퀴는 계속 돌아갔지만 기근과 기아 문제는 14세기 북유럽을 휩쓸었던 대기근 때처럼 언제든 일어날 가능성이 있었다. 18세기 후반에는 가뭄이 잉글랜드를 휩쓸었다. 1794년 밀 생산량은 평균 수확량을 밑돌았고 1795년에도 흉작이었다. 일례로 영국 정부의 농산물 수확량 기록에 따르면, 데번주의 밀 수확량은 1에이커당 18부셸이었던 평년 수확량 대비 1794년에는 14부셸, 1795년에 10.5부셸이었다.[33] 흉작으로 식량이 부족해지자 주요 작물의 가격이 터무니없이 올랐다. 프랑스 혁명전쟁과 극심한 인플레이션이 가격 인상을 더욱 부추겼다. 밀, 보리, 귀리의 가격이 과거 30년보다 두세 배가량 뛰면서 가뭄이 찾아온 해에는 농부, 곡물상, 주지사를 대상으로 한 식량 폭동이 빈번하게 일어났다. 1796년에는 평년 수확량을 회복했지만 1799년에 수확량이 다시 줄어들어 폭력사태가 급물살을 탔다.

18세기 후반에 만연했던 문제는 정착사회의 난제를 풀기 위해 고군분투하는 문명의 노력을 잘 보여준다. 고대 중국과 유럽에서 축적된 상세한 농업 관련 지식들은 전 세계 각지에서 다양한 방식으로 활용되었지만 땅의 양분을 유지하고 인간의 에너지를 보충하는 생태학적 도전과제들은 여전히 남아 있었다. 빈번하게 찾아온 기근과 양분을 재활용하기 위해 온갖 배설물과 오물을 재활용하려는 노력은 이러한 난제들이 쉽게 해결되지 않았음을 보여준다. 잉여 농산물 덕분에 인구수가 증가하고 도시가 확장됨에 따라 문명은 농업에 종사하지 않은 인구를 부양하기 위해 충분한 농산물을 생산해야 하는 처지에 놓였다. 이상기후로 인해 14세기 북유럽에서 기근이 발생하고 18세기 후반 영국에서 식량 폭동이 야기된 것일 수도 있으나 날씨가 유일한 원인은 아니었다. 시장 문제와 정치 문제 때문에 힘든 시기에도 부적절한 잉여 식량이 남게 되거나, 굶주린 자들이 저장된 식량을 이용할 수 없게 되어 위기를 심화시켰다.

대기근 이후 등장해 산업혁명을 이끈 중세의 중심축은 느리게 작동했지만, 그 시대가 기존의 역사적 견해처럼 정적인 것만은 아니었다. 누가 가장 먼저 인분을 재활용하거나 말에 마구를 씌울 생각을 했는지는 알 수 없다. 분명 역사 속으로 사라진 누군가일 것이다. 소작농들이 지구의 시스템을 인위적으로 변형하는 여러 새로운 방법을 시도해봤을 것이다. 그러한 발상이 누구에게서 시작되었든 간에 새로운 방식은 널리 전파되어 자리 잡았다. 우리 종의 전형적인 특징인 시행착오를 통해 지식을 축적하고 새로운 지식을 공유하는 능력이 작동한 것이다. 사람들은 가능한 모든 수단을 써서 난제를 해결하기 위해 노력했을 뿐, 달리 다른 방법이 없었다.

맬서스의 널리 알려진 암울한 미래 전망은 18세기 후반에 일어난 대혼란을 배경으로 탄생한 것이었다. 맬서스는 1798년 발표한 논문에서 "인구 증가세가 인간이 지구에서 얻을 수 있는 식량 생산력보다 무한정 크다"고 주장했다.[34] 맬서스는 당시의 상황을 그가 살고 있던 시대의 관점에서 바라봤다. 그는 세계가 수 세기 동안 이어진 수확량 증가에서 비롯된 성장의 정점에 도달했다고 생각했다. 농산물 생산 증가로 인구수가 늘고, 사람들이 더 많은 이익을 얻고자 도시에 몰려들어 안정적인 식량 공급원에 대한 수요는 더욱 커진 상태였다. 그러나 그는 1803년에 앞선 논문보다는 널리 읽히지 않은 개정판을 내면서 암울한 미래에 대해 전보다는 수위가 누그러진 어조로 다음과 같은 사실을 인정한다. "인구론에서 제기한 폐해들을 경감하는 방식에 관한 미래 전망들이 우리가 바라는 만큼 밝지는 않더라도 완전히 낙담할 정도는 아니다."[35] 하지만 그는 여전히 모든 성장 뒤에는 파국이 기다리고 있다고 봤다.

맬서스가 명확하게 보지 못한 것은 새로운 중심축이었다. 어쩌면 1798년 초판을 출산한 이후 1803년에 개정판을 내는 사이에 인간의 창의성을 기반으로 다시 한 번 정착사회의 난제를 해결한 방법을 찾을 수 있을 것이라고 어렴풋이 짐작을 했는지도 모르겠다.

5장

멀리서 찾아온 성장의 동력

19세기 초반만 해도 영국은 여전히 인구 대부분이 농업에 종사했다. 하지만 경제 구조가 빠르게 변하면서 사람들은 농촌에서 도시로 쏟아져 들어왔다. 신대륙에서 들여온 높은 열량의 감자와 그 외 작물, 가축의 증가로 늘어난 거름과 노동력, 순무 타운센드가 적극적으로 도입한 질소를 고정하는 콩과 식물까지, 이 모든 것이 더해져 같은 면적의 땅에서 더 많은 사람을 부양할 수 있는 식량을 생산하게 되었다. 농촌의 잉여 식량은 도시 노동자들의 에너지가 되어 산업혁명의 톱니바퀴를 돌렸다. 19세기 중반 무렵, 영국 인구의 절반 이상이 읍과 도시에 살았다. 도시가 성장하자 땅의 생산력 약화

라는 오래된 난제에 또 다른 문제가 더해졌다.[1]

산업혁명이 일어나기 전 영국에서는 분뇨 수거인night-men이 도시에 있는 가정의 인분과 정육점에서 나오는 잔해를 모으는 불쾌한 일을 맡았다. 중국에서 그랬듯이 그들은 땅을 비옥하게 하는 양분이 포함된 오물을 농촌으로 가져가 농부에게 팔았다. 도시와 농촌을 양방향으로 오가는 양분의 순환은 계속되어 다음 작물을 위한 땅의 비옥함이 유지되었다. 도시 인구수가 증가함에 따라 인분의 양도 증가했다. 분뇨 수거인들이 더 이상 감당할 수 없을 정도였다. 모든 인분을 시골로 가져갈 수는 없는 노릇이었다. 결국 질소와 인은 밀, 보리, 고기, 우유, 채소의 형태로 농촌에서 도시로 가는 한 방향으로만 이동하게 되었다. 인의 순환 과정에서 인이 서서히 새어나가는 구멍이 점점 커지며 토양의 비옥도가 낮아졌다.

요강의 인분을 치워가는 분뇨 수거인이 사라지자 수세식 화장실이 유행했다. 하지만 이로 인해 오물 처리 문제가 악화되었다. 오물을 배출하는 하수관 시설이 없던 당시에는 물에 쓸려간 배설물이 거리의 배수관이나 구덩이, 뒷마당으로 흘러갔다. 찰스 디킨스 Charles Dickens 소설에서 런던은 오물과 악취, 불결한 환경으로 그려진다. 《올리버 트위스트Oliver Twist》에서 그가 묘사한 거리는 "매우 좁고 진흙투성이며, 공기는 … 악취로 진동했다."[2] 도시의 악취 가득한 끔찍한 상태에도 불구하고 정치인들은 런던의 오물 구덩이에 우선적인 관심을 보이지 않았다. 1854년에는 19세기에만 세 번째로 콜레라가 도시를 강타했다. 콜레라의 유행으로 매주 약 1,000명이 사망했다. 전체 사망자 수는 약 1만 4,000명이었다.[3] 처음에 사람들은 콜레라의 발병 원인으로 오염된 공기를 지목했다. 하지만 통찰력 있는 런던의 의사 존 스노우John Snow 박사는 브로드 거리에 있는 공용 양수기를 조사하여 콜레라의 진짜 발병 원인을 찾아냈다. 그러나 인간의 오물에 오염된 물 때문에 질병이 발생했다는 사실이 밝혀진 이후에도 런던시는 여전히 오물 정화 작업을 미루었다. 오물 처리 문제가 정치인들의 코나 일상생활에까지 깊숙이 스며들지 못했던 모양이다.

1858년의 유난히 더웠던 여름, 마침내 변화가 찾아왔다. 배설물이 가득한 템스강에서 풍겨오는 '엄청난 악취'가 하원 의사당까지 침투했다. 〈런던 타임스The Times of London〉의 한 사설은 고소한 듯 이러한 상황을 야기한 원인을 지적했다. "우리의 의원들이 공공복지를 경시한 결과를 자연스럽게 느끼게 되어 진심으로 기쁘게 생각한다." 논설위원은 또한 이렇게 덧붙였다. "몇몇 의원은 … 이 문제에 대해 심층적으로 조사하기 위해 대담하게 도서관에 들어갔다가 그 즉시 손수건으로 코를 막고 돌아 나와야 했다."[4] 정치인들은 더 이상 공중위생 문제를 두고 볼 수 없었다. 1865년 런던 지하 하수관 공사가 마무리되었을 때, 마침내 런던은 위대한 인더스강 유역의 문명과 그리스·로마 문명의 전례를 따르게 되었다. 이들 문명은 이미 수 세기 전에 상하수도 처리 시스템을 고안했던 것이다.[5] 런던의 하수관 시설은 오물을 템스강으로 흘려보내 강의 흐름에 따라 바다로 방류했다.[6]

이와 같은 하수관 시설은 수십억까지는 아니더라도 수백만 명의 목숨을 콜레라, 장티푸스, 이질을 비롯한 인간과 짐승의 분뇨로 오염된 물 때문에 발생하는 여러 질병으로부터 구했다. 오늘날에도 여전히 위생시설의 부족은 너무 많은 개발도상국에서 건강한 삶을 누리지 못하게 하는 비극적인 원인이다. 인류가 오물통에 분뇨를 수거하던 시대로 돌아가야 한다고 주장하는 이는 없겠지만, 수세식 변기와 하수 처리 시설로 인해 잃은 것도 있었다. 질소와 인을 재순환하는 기존의 과정에서 인분이 누락되었다는 사실이다. 땅에서 작물, 인분, 다시 땅으로 이어지던 순환이 땅에서 강이나 바다로만 흘러감으로써 한쪽 방향으로만 흐르게 되었다. 또다시 한 문제를 해결한 결과가 새로운 문제를 낳은 것이다. 도시는 깨끗해졌지만, 땅은 양분이 가득한 '밤거름'의 공급원을 잃고 말았다.

단절된 순환 고리가 당시 사상가들의 주목을 끌지 못한 것은 아니었다. 런던 농민 협회의 설립자인 윌리엄 쇼William Shaw는 1848년에 이렇게 썼다. "인분을 거름으로 활용하는 풍요의 근원을 우리는 완전히 잃어버렸다. 양분의 보고를 날마다 허비하다니 당치 않은 일이다."[7] 빅토르 위고는 오물을 센강에 버리는 파리의 일방적인 하수도 체계를 두고 비슷한 발언을 했다. "이로 인해 두 가지 결과가 도출된다. 땅은 메마르고 강은 오염된다. 밭의 고랑에서는 기아가, 강에서는 질병이 발생한다."[8] 리비히는 런던 시장에게 보내는 평론을 통해 논쟁에 참여한다. 그는 이렇게 주장했다. "농부가 옥수수, 고기, 채소의 형태로 도시에 보낸 농산물의 양분을 양과 질적인 측면에서 동일하게 땅에 되돌려줄 수 있다면, 아주 오랜 세월 동안 땅을 비옥하게 유지할 수 있을 것이다."9

나중에 밝혀졌듯이 당시의 지도층은 쇼나 위고, 리비히의 말에 관심을 기울일 필요가 없었다. 단절된 순환 고리를 다시 연결하기 위한 방법을 찾을 필요가 없었다. 장기적으로 활용 가능하지는 않았지만 다른 해결책이 있었기 때문이다. 대항해 시대에 씨앗, 식물, 동물을 실은 선박이 전 세계를 오갈 수 있게 한 풍력이 해결책으로 떠올랐다. 과거 분뇨 수거인보다 훨씬 먼 거리를 오가며 배설물을 나르게 된 것이다.

전쟁까지 일으킨 바닷새 배설물

해답은 남미 서부해안의 양분이 가득한 바다에서 대량 서식하는 멸치류와 정어리를 잡아먹는 바닷새에게 있었다. '구아노'로 알려진 이 바닷새의 배설물에는 땅을 비옥하게 하는 두 가지 주요 원소, 고정 질소와 인이 풍부했다. 농촌에서 도시로, 한 방향으로만 양분이 이동하게 되면서 영국을 비롯한 유럽의 작물들에 부족해진 것들이었다.

남아메리카 대륙의 잉카 농부들은 오래전부터 작물에 양분을 제공하는 구아노의 가치를 잘 알았다. 가파른 산세에 일군 계단식 밭의 작물에 양분을 주기 위해 인분을 사용하기도 했지만 해안에서는 근처 작은 섬에 쌓인 배설물을 활용했다. 영양염이 풍부한 심해 해수가 상승해 어류가 풍부한 연안에는 부비나 가마우지 같은 바닷새가 대량 서식했다. 이 바닷새들이 바위섬 위로 날거나 그 위에 앉은 채로 얼마나 많은 양의 배설물을 누었을지 상상이 갈 것이다. 바위섬에는 건조한 기후 덕분에 바닷새의 배설물이 수천 년 동안 쌓였다. 그리고 배설물을 씻어가는 비가 내리지 않아 질소와 인이 풍부한 구아노가 몇백 피트 높이로 눈처럼 하얗게 쌓였다.

일찍이 1560년에 잉카 공주와 스페인 정복자 사이에서 태어난 가르실라소 데 라 베가Garcilaso de la Vega는 잉카족이 어떤 식으로 구아노의 사용을 규제했는지 기록했다. 바닷새의 번식기에 구아노를 채취하는 것은 사형에 처해질 만한 중죄였으며 바닷새를 죽이는 것 또한 중죄였다. 지배층은 누가 얼마나, 어느 지역에서 구아노를 채취할 수 있는지 엄격히 규정했다. 훌륭한 비료로서 구아노의 가치를 서술한 그의 기록은 당시 스페인 사람들에게 큰 영향을 미치지 못했다. 그들이 남미에서 찾고자 하는 것은 황금이지 새의 배설물이 아니었다. 하지만 구아노야말로 진짜 보물이라는 것이 판명되었다. 구아노는 바닷새가 잉카 농부들에게 준 선물이었고, 선박이 구아노를 싣고 대서양을 건너게 되면서부터는 유럽과 북미 농업에게도 그렇게 되었다.

맬서스가 인구 증가로 인한 식량의 부족을 경고한 직후인 1800년대 초반, 독일의 탐험가 알렉산더 폰 훔볼트Alexander von Humbold는 잉카 농부의 비밀스러운 비료에 대해 우연히 알게 되었다. 훔볼트는 남미 원정 중 기록한 일기에서 페루 해안 근처 섬에서 채취한 구아노를 포함해 방대한 양의 '새로운 광물질들'을 싣고 이동하는 노새 마차에 대해 썼다. "마차에는 석회암을 비롯한 다른 암석과 대나무 그리고 당시 말라리아를 치료한다고 알려졌던 나무의 껍질도 실려 있었다."[10] 그는 유럽에 구아노 표본을 가지고 들어왔다. 당시 유럽의 과학자들이 구아노에 질소와 인이 풍부하다고 증명해주었다.

1840년 무렵, 훔볼트의 발견 덕분에 구아노가 알려지며 활발한 거래가 이뤄졌다. 페루의 노동자들은 구아노 매장층에서 바닷새 배설물을 채취해 배에 실어 유럽과 북아메리카로 보냈다. 구아노 거래 덕분에 페루를 포함한 중간상은 큰 이득을 취했다. 영국 회사인 앤서니 깁스 & 선스Anthony Gibbs & Sons는 사실상의 독점거래로 막대한 이윤을 얻었다. 그들은 1톤에 15달러를 주고 산 구아노를 영국과 미국에 50달러를 받고 팔았다.[11] 토양을 비옥하게 유지하는 문제는 외국에서 들여온 구아노 덕택에 적어도 얼마간은 해결되었다. 경제적 여력이 없는 농부는 퇴비를 비롯해 양털 찌꺼기, 재, 도축 폐기물, 털 등 질소를 함유한 온갖 종류의 오물을 땅에 뿌려 양분을 공급했다.[12]

구아노 매장층을 둘러싼 경쟁은 치열했다. 미국 정부는 구아노섬 법안을 1856년 통과시켜 수익이 되는 자원에 대한 미국의 소유권을 주장하는 데 힘을 실어줬다. 법안에 명시된 사항은 이렇다. "미국의 시민이 다른 국가 정부의 관할 구역이 아닌 섬, 바위, 산호초에서 구아노 매장층을 발견하면 시기와 상관없이 언제나 … 그러한 섬과 바위, 산호초는 대통령의 재량에 따라 미국에 귀속되는 것으로 간주한다."[13] 국가의 보호 아래 미국 기업들은 전 세계에 흩어져 있는 섬과 산호초를 찾아 소유권을 주장하기에 바빴다. 이 법안에 따라 미국이 소유권을 갖게 된 수십 개의 섬들로는 사람이 살지 않는 남태평양의 산호초 섬인 자비스섬과 베이커섬을 비롯해 카리브해의 석회암 바위섬인 나배사섬, 호주 해안 근처의 크리스마스섬이 있다.[14]

구아노를 두고 벌어진 경쟁은 전쟁으로 이어졌다. 페루 해안의 친차군도 일대에 있는 오랜 세월 쌓여 이루어진 구아노 매장층은 가치가 큰 비료를 채취해 해외로 보내기에 적합한 장소였다. 1863년 8월 부두에서 스페인 사람들과 원주민 간에 싸움이 벌어졌고, 스페인이 무력충돌을 계기로 섬을 차지할 야욕을 드러내면서 이 사건은 전쟁으로 번졌다. 페루, 칠레, 에콰도르, 볼리비아로 이루어진 4개국 동맹군이 스페인에 맞서 싸웠다. 전쟁은 1864년에서 1866년까지 지속되었고, 스페인이 패배함에 따라 페루가 다시 구아노에서 얻는 이익을 차지했다.

구아노 거래가 절정이던 1850년대 후반에 영국은 1년에 약 30만 톤의 구아노를 수입해 영국 농민들이 사용하고 남은 구아노를 다른 유럽 국가에 유통시켰다. 미국도 많을 때는 영국 수입량의 절반 이상을 들여왔다.[15] 농민들은 구아노 비료를 사용하며 가격 부담을 느꼈다. 미국의 일부 농민은 페루의 구아노 독점과 함께 구아노 가격을 높게 책정하려는 로비활동에 대해 불만을 표시했다. "지금은 구아노를 사고 있긴 하지만 터무니없이 높은 가격 때문에 양분이 부족한 땅에서 힘들게 일하고도 비료를 넉넉하게 뿌릴 수 없어 매일 회한에 싸인다."[16]

바닷새들은 계속해서 배설물을 내보냈지만 수십 년이 지나자 구아노 매장층은 줄어들었고 비료로서의 질도 떨어졌다. 두껍게 쌓인 하얀 배설물로 덮여 있던 섬은 맨 암석을 드러냈다. 영국의 수입량은 1880년대 후반 무렵, 1년에 2만 톤으로 줄어들었다.

구아노의 감소로 남미의 비료 거래가 중단되지는 않았다. 남미 서부 해안의 건조한 기후는 구아노를 보존하는 데만 적합한 것이 아니었다. 내륙의 사막에서 두 번째로 질소가 많은 물질이 발견되었으니, 질산칼륨으로 이뤄진 초석saltpetre이었다. 안데스산맥의 빙하가 녹은 물이 증발해 결정화되면서 형성된 광상의 화합물에는 질소가 풍부했다. 구아노 열풍이 막을 내리자 초석은 구아노를 대신해 북미와 유럽의 비료로 사용되었다. 이 초석은 비료 외에도 화약과 폭발물을 제조하는 원료로서 각광받았다.

다시 한 번 고정 질소를 차지하기 위해 여러 국가가 몰려들면서 전쟁이 발발했다. 칠레는 초석이 풍부한 사막 지대를 차지하기 위해 페루와 볼리비아에 전쟁을 선포했다. '질산염 전쟁'이라고도 알려진 태평양 전쟁에서 1883년 칠레가 승리했다. 볼리비아는 해안 영토를 빼앗겨 해안 접근권을 빼앗기는 절망적인 상태에 놓였다. 구아노 매장층도 고갈되고 초석 산지도 잃은 페루의 국가경제는 무너져 파산 상태에 이르렀다.

19세기 구아노와 초석 거래를 통해 방대한 양의 양분이 건조하고 따뜻한 남아메리카에서 습하고 추운 유럽으로 유입되면서 궁극적으로는 유럽의 도시에서 일하는 산업 노동자들의 에너지가 되었다. 문명을 먹여 살리는 두 가지 주요 양분인 질소와 인은 참으로 먼 길을 돌아 유럽의 토양을 기름지게 했다. 인분으로 만든 퇴비로 직접 양분을 순환시키는 대신, 도시의 인구를 부양하기 위해 토양이 빼앗긴 양분을 채우고자 아주 먼 남미에서 수입한 것이다. 당대의 일부 인사들은 이러한 부조리한 상황을 꿰뚫어보는 발언을 했다. 카를 마르크스Karl Marx는 도시와 농촌 간의 분열에 대해 다음과 같이 말했다. "인간과 땅 사이의 상호 작용을 교란하고 있다. 일례로 인간이 음식과 옷의 형태로 소비한 구성분이 땅으로 돌아가지 못한다. 따라서 땅의 비옥도를 유지하기 위해 끊임없이 순환하는 자연의 기능이 교란된다."[17]

대서양을 횡단하는 양분의 이동이 부조리하든 아니든 간에, 분명한 사실은 이러한 비료 수입이 영원히 지속될 수 없다는 것이다. 구아노와 초석이 풍부한 남미의 노다지는 정착 사회의 난제를 일시적으로 해결할 뿐이었다. 버려진 구아노 광산은 짧았던 전성기의 증거로 남아 있다. 오늘날 페루 구아노 시장은 전성기에 비하면 보잘것 없을 정도로 작다. 비싼 가격을 주고도 새의 배설물을 사려는 유기농 농부를 상대로 틈새시장을 노리는 정도다. 초석 거래는 구아노가 고갈된 이후로도 계속되었지만 가격이 치솟았다. 부분적으로는 쉽게 접근 가능한 초석 광산이 점차 고갈 상태에 이르렀기 때문이고, 또 한편으로는 판매상들이 높은 이윤을 유지하기 위해 공급량을 조절했기 때문이다. 높은 가격 때문에 유럽에서는 향후 성장의 중심축이 될 새로운 비료 공급원을 찾아 나서게 되었다.[18]

태양의 힘으로 이동한 화물

짧은 시기 동안 유럽과 북미 토양을 기름지게 한 구아노와 초석 거래를 시작으로 해상 무역은 토양을 비옥하게 하는 수단 중 하나로서 확고하게 자리 잡았다. 태양을 동력으로 하는 바람에 편승해 대양을 건넌다는 생각은 새로울 게 없었다. 구아노를 페루 연안에서 배로 처음 실어오기 수 세기 전부터 이미 식물과 동물이 대대적으로 거래되어 전 세계의 식단과 풍경을 바꿔놓았다. 본질적으로는 태양에너지가 음식의 칼로리와 동물의 노동력 형태로 이곳에서 저곳으로 이동한 셈이다.

서서히 진행되는 판구조 운동에 의해 판게아라는 초대륙이 수억 년 전에 갈라지면서 신대륙과 구대륙의 동식물은 제각각 다르게 진화했다. 중세 시대에는, 동식물을 활용해 식량과 에너지를 얻을 수 있도록 정교하게 발달한 문화와 축적된 지식이 세계 각지에서 진화했다. 콜럼버스의 유명한 탐험 여행을 계기로 세계화가 물꼬를 트기 전, 신대륙의 아즈텍과 마야 사회는 옥수수, 콩, 호박을 먹었다. 잉카 사회는 감자와 퀴노아를 먹었다. 구대륙의 중세 유럽인들은 밀, 보리, 호밀을, 아프리카인들은 마와 바나나, 펄밀렛pearl millet, 수수를,[19] 동아시아 사람들은 조와 쌀을 주로 먹었다. 구대륙의 일부 지역에서는 말과 황소가 노동력을 제공했다. 신대륙의 경우, 충적세가 시작된 이후로 말이 멸종되어 식량을 얻기 위해서는 인간의 노동이 불가피했다. 아메리카들소는 쉽게 길들일 수 없었고, 라마와 알파카, 개는 짐을 싣기에 적합한 가축을 대신하기에 무리가 있었다.

오랫동안 단절된 채로 남아 있던 신대륙과 구대륙은 콜럼버스가 1492년 8월에 니나호, 핀타호, 산타마리아호에 태운 선원들을 이끌고 스페인 항구를 떠나 항해에 나서면서 교류의 물꼬를 다시 텄다. 그는 동인도제도를 발견하려는 원래의 목적은 이루지 못했지만, 그의 항해로 문명의 운명이 바뀌었을 뿐 아니라 동식물의 서식지가 옮겨졌다. 이는 우리 종이 채집인에서 농부로 진화하며 지구를 탈바꿈시킨 전환에 버금가는 거대한 변화였다.

이렇게 지구적 변화를 가져오며 다시 시작된 교환의 동력은 태양이었다. 콜럼버스의 선박은 태양에 의해 발생하는 무역풍을 타고 대서양을 선넜다. 태양에너지가 적도 표면에 내리쬐 대기를 덥히면, 공기가 뜨거워질수록 밀도가 낮아지며 상승하고, 차가운 공기는 하강한다. 지구가 자전하지 않는다면 대기가 적도에서 극지방으로만 이동하는 거대한 열대류 순환만이 일어날 것이다. 그러나 지구가 대기보다 빠르게 돌기 때문에 이 거대하고 단일한 순환은 세 개의 구역으로 나뉘어져 제각각 순환하며, 적도의 양쪽에 무역풍구대륙과

대기대순환

신대륙을 왕래하며 교역하도록 길을 열어준 바람이라 그렇게 부른다을 형성한다. 중저
위도의 무역풍을 일으키는 순환을 '해들리 순환'이라고도 부르는데,
1735년에 지구 자전과 무역로의 관계를 밝힌 영국의 아마추어 기
상학자 조지 해들리George Hadley를 기리기 위해서이다.[20] 콜럼버스 탐
험대는 무역풍을 타고 서쪽으로 이동해 1492년 10월 바하마 제도
에 당도했다. 그는 북반구 방향 해들리 순환 고리에서 유럽을 향해
동쪽으로 부는 바람을 이용해 귀환했다.

이 발견의 시대에 에르난도 코르테스Hernando Cortés, 프란시스코 피
사로Francisco Pizarro, 바스코 누네스 데 발보아Vasco Nuñez de Balboa 등의 정
복자와 탐험가들이 만난 신대륙은 구대륙과 유사한 점이 거의 없었
다. 콜럼버스의 일기를 재구성해 출간한 저작에서는 신대륙을 이렇

게 묘사했다. "신대륙의 모든 나무가 우리 유럽의 나무와 낮과 밤처럼 다르다. 또한 과일, 풀, 돌에 이르기까지 전부 다르다."[21] 그러나 이러한 차이는 그리 오래가지 못했다. 콜럼버스 항해 이후 대륙을 가로지르는 종의 이동을 두고 "콜럼버스의 교환"이라 명명한 역사가 알프레드 크로스비Alfred Crosby는 콜럼버스가 바하마 제도 해안에 당도한 날에 대해 이렇게 기록했다. "매우 다르던 두 세계가 그날부터 유사해지기 시작했다. 생물학적 동질화로 기우는 경향은 대륙의 빙하가 물러난 이후로 지구 생명의 역사상 가장 중요한 국면 중 하나다."[22]

태양에 의한 동질화는 의도적이기도 했고 우연적이기도 했다. 왕실은 스페인을 떠나 신대륙으로 향하는 선박이 소, 양, 다른 가축뿐만 아니라 밀, 보리, 포도 같은 작물의 종자를 싣고 가도록 권장했다. 쌀, 대두, 오렌지, 수수, 설탕, 커피도 구대륙에서 신대륙으로 넘어왔다. 신대륙에서 구대륙으로 넘어오는 종자도 있었다. 1525년 탐험대의 선장들은 왕실 명령에 따라 신대륙에서 스페인으로 동식물을 가져와야 했다.[23] 대륙 간 교환이 가장 활발하던 무렵에는 토마토, 고추, 땅콩, 코코아, 바닐라, 가지, 담배, 감자, 카사바, 옥수수, 고구마가 선박에 실려 해들리 순환권의 바람을 타고 신대륙에서 구대륙을 향해 동쪽으로 유입되었다.

건강에 해로운 질병 또한 영역을 넓혔다. 선원들은 자신들도 모르는 사이 구대륙에서 서쪽 대륙으로 천연두, 결핵, 홍역, 백일해, 페스트, 발진티푸스, 말라리아를 옮겼다. 가축과 함께 지내는 정착생활 방식으로 인해 얻게 된 구대륙의 전염병에 전혀 내성이 없던 신대륙 사람들이 상당수 희생되었다. 대단히 많은 사람이 죽어 흑사병으로 사망한 유럽인들보다 구대륙의 전염병으로 죽은 아메리카 대륙의 원주민들 수가 훨씬 많았던 것으로 보인다. 학자들 사이에서 의견이 분분하기는 하지만 매독은 신대륙에서 구대륙으로 옮겨갔을 가능성이 있다.[24]

영국인들은 구대륙의 전염병으로 다수의 원주민이 죽자 이를 신의 섭리로 해석했다. 제임스 1세는 1620년 "아메리카 대륙의 뉴잉글랜드에서 작물을 심고 치안을 다스리고 지배하는 권한을"[25] 플리머스 식민 회사1606년 영국에서 엘리자베스 1세의 칙허를 얻어 설립된 식민 회사에 부여하며 이렇게 주장했다 "신이 역병이라는 천벌을 내리셔서 … 이해관계를 주장하거나 도전하는 누구도 … 남아 있지 않다."[26] 이 칙허장은 전염병이 휩쓸고 간 땅을 차지하는 것을 정당화했다. "우리가 추정하건대 전지전능한 신이 위대한 선의와 넓은 아량으로 우리에게 베푸는 것이 좋다고 결연하게 판단해 약속된 시간이 도래했으며, 또한 원주민들이 떠나버린 광대하고 비옥한 땅을 우리 영국 백성들이 마땅히 소유하고 누려야 함을 받아들이고 만족스럽게 생각한다." 그로부터 15년 후 플리머스의 뉴잉글랜드 정착지에서 주도적 역할을 한 존 윈스럽John Winthrop은 영국에서 가져간 작물들이 플리머스 정착민들을 부양하는 데 큰 진척을 보였음을 편지로 고하고 있다. "모든 종류의 뿌리채소, 호박, 여러 과일들은 영국에서 키운 작물보다 맛과 영양 면에서 뛰어납니다. 또한 이곳에서 키운 포도는 양질의 독한 와인을 만들기에 충분합니다." 윈스럽은 날씨, 세금 등 다른 생활 양상에 대해서도 논의한 뒤 다음과 같이 결론 내린다. "원주민들이 천연두로 거의 전멸한 상황으로 보건대 신은 우리가 소유한 땅에 대한 소유권을 승인하셨습니다."[27]

유럽이 신대륙에 들어오면서 전 세계의 식단이 바뀌었다. 중국인들의 식단은 신대륙이 원산지인 옥수수, 땅콩, 고구마, 감자로 풍부해졌는데, 모두 양분이 높고 척박한 토양에서도 잘 자라는 작물이었다.[28] 신대륙의 옥수수와 카사바는 아프리카까지 전파되어 수백만 명의 주식으로 자리 잡으며 식단을 완전히 바꿔놓았다.[29] 신대륙에서 유럽으로 유입된 감자, 고구마, 옥수수는 밀, 보리, 호밀의 부족한 양분을 보충했다.

대양을 오가는 사치품들로 인해 유럽의 식단은 다양해졌다. 구대륙 작물인 커피와 설탕은 신대륙의 토양에 잘 적응해 가격이 내려갔고, 덕분에 유럽의 평민도 즐길 수 있게 되었다. 17세기 초반 중국에서 유럽으로 수입된 차와 콜럼버스가 세 번째 신대륙 항해에서 가져온 초콜릿 덕분에, 달콤하고 뜨거운 음료는 문화의 일부가 되었다. 18세기 후반, 영국의 관습을 관찰한 한 프랑스인은 이렇게 적었다. "가장 미천한 소작농도 부자들처럼 하루에 두 번 차를 마신다. 영국의 전체 차 소비량은 엄청나다."[30] 17세기 중반 영국인의 연평균 설탕 소비량은 2파운드였다. 그러던 것이 1세기도 채 지나지 않아 그 수치는 23파운드로 뛰었다.[31] 설탕을 넣어 만든 잼이나 마멀레이드 형태로 1년 내내 과일을 즐길 수도 있었다. 18세기 초반,

영국의 아침식사는 와인이나 맥주를 곁들인 가공육과 오트밀 죽에서 설탕을 넣은 커피나 차와 함께 먹는 잼 바른 빵으로 바뀌었다.

구대륙의 작물과 동물도 아메리카 대륙에 널리 전파되었다. 양, 말, 소, 돼지 같은 가축들은 맹수의 위험이 없는 넓은 목초지에서 풀을 뜯었다. 왕실 관리는 1518년 스페인 왕에게 보낸 편지에서 "경이로운 가축의 증식"에 대해 쓰며 스페인에서 신대륙으로 더 많은 가축을 보낼 수 있도록 선박을 요청했다.[32] 신대륙으로 넘어간 말은 쟁기를 끌고 짐을 운반해 인간의 노동력을 보완했다. 다시 살펴보겠지만 몇 세기 후 북미 대륙의 평원에서 대대적으로 재배하게 된 밀, 옥수수, 대두 농사는 말의 노동력을 빌리지 않았더라면 불가능했을 것이다.

구대륙 작물이 신대륙에서 잘 자란 것은 생장에 방해가 되는 해충이 거의 없었고 원주민들이 대거 사망하면서 광대한 땅이 방치되어 있었기 때문이다. 아시아에서 처음 재배되어 10세기에 아랍인들을 통해 유럽으로 들어온 사탕수수는 특히 수익성이 높은 작물로 주목받았고, 유럽의 설탕 수요는 치솟았다. 하지만 열대 아메리카 대륙에서는 이러한 작물을 생산하는 데 필요한 노동력이 부족했다. 원주민들은 전염병에 의해 많이 사망한 터라 강제 노동에 동원될 인력이 없었다. 그에 비해 아프리카인들은 구대륙의 질병에 면역력이 생긴 터였다. 콜럼버스를 신대륙으로 인도한 무역풍을 타고 16세기와 19세기 사이에 성행한 노예무역을 통해 약 1,200만 명의 아프리카인들이 신대륙으로 들어왔다.[33] 노예들을 사서 데려와 먹인 대가로 얻는 노동력 덕분에 인간 역사의 암흑기인 이 시기에 사탕수수 농장주들은 막대한 부를 얻었다.

바람의 형태로 태양에너지를 이용해 항해에 나선 대항해 시대는 인간이 자연을 변형해온 역사상 가장 핵심적인 변화가 일어난 시기 중 하나이다. 전 세계적으로 식단, 에너지원, 문화가 바뀌었다. 토마토가 없는 이탈리아 요리, 칠리고추가 없는 인도 요리, 카사바 뿌리로 만든 푸푸fufu가 없는 서아프리카를 상상해보라. 북미 서부 개척 시대에 말이 끄는 포장마차 없이 다니는 유럽 정착민이나 카페에 커피가 없는 프랑스가 상상이 되는가.

생물학적 동일화는 전 세계 자연계에 엄청난 파장을 일으켰다. 네덜란드에서 튤립 산업을 일으킨 식물학자이자 의사인 카롤루스 클루시우스Carolus Clusius는 탐험가들이 전 세계 구석구석에서 유럽으로 가져오는 동식물에 큰 관심을 가졌다. 그는 한 번도 유럽을 벗어난 적이 없었지만 여행자들로부터 수천 통의 편지를 받았다. 그들은 동식물에 대한 상세한 묘사와 그림, 씨앗, 견과류 열매, 구근, 덩이줄기, 살아 있는 식물을 보냈다. 1605년에 출간된 총서인《진기한 생물에 관한 열 권의 책Exoticorum Libri Decem》에서는 삽화와 함께 나지의 식물, 동물, 향료를 비롯한 천연물에 관한 역사와 사용법 등을 망라하고 있다. 이 총서에는 남아메리카의 포유동물인 아르마딜로, 동인도제도의 극락조, 동남아시아의 날도마뱀 등이 포함되어 있다.[34] 그 외에도 수백 가지의 동식물을 다루고 있지만, 이는 태양에 의해 생겨난 바람을 이용한 교역과 탐험을 통해 이루어진 생물계의 거대한 이동 중 일부를 소개한 것에 불과할 것이다.

교역은 사람들의 먹거리와 농사짓는 방식을 변화시켰다. 유럽은 높은 열량의 새로운 주식으로부터 혜택을 받았다. 신대륙은 인간의 노동력을 절감해주는 말과 다른 가축들을 얻었다. 이러한 교환의 끔찍한 단면인 노예 제도를 통해 설탕, 커피, 담배, 면이 구대륙으로 대량 유입되었고, 그 결과 아프리카의 문화는 큰 혼란을 겪었다. 아메리카 대륙의 원주민 문화가 말살된 것도 헤아릴 수 없는 큰 손실이었다. 대대적인 교환이 이루어지는 과정에서 이러한 문화들이 말살됨으로써 인류로서는 거대한 비용을 치른 셈이었다. 또한 인류가 스스로를 부양하는 역량이 강화되면서 문명은 점점 더 많은 사람을 먹여 살려야 하는 운명에 처하게 되었다.

물의 이동

태양을 동력으로 한 항해 덕분에 사람들이 먹을 수 있는 동식물 목록이 또 한 번 길어졌는데, 이번에는 과일, 채소, 곡물로 형태를 달리한 물이 그 중심에 있었다. 해상에서는 선박이 화물을 실어 나르고 육상에서는 말과 낙타가 마차를 끄는 시대가 도래한 이후로 대륙을 넘나드는 교역은 사회가 생태학적 딜레마에서 벗어날 수 있는 단초를 제공했다. 일례로 교역 덕택에 재배 혹은 사육 과정에서 상당한 양의 물이 필요한 농산물, 즉 사과, 아보카도, 옥수수, 고기 등이 물이 부족한 지역에 유입되었다. 이는 엄밀히 말하면 물이 다른 형태를 띠고 이동한 것이다. 따라서 한 작물이 소비하는 엄청난 양의 물1파운드의 곡물당 대략 1,000파운드, 고온 지역에서는 많게는 5,000파운드이 은밀하게 거래된 셈이다.[35]

이러한 농축산물을 생산하는 데 드는 '가상수virtual water'는 교역을 통해 물을 한 곳에서 다른 곳으로 재분배한다.[36] 거대한 양의 물을 옮기는 비실용적인 방법 대신에 물을 소비해 생산하는 물품을 거래하면 그만이다. 교역의 이러한 부가적인 효과는 실크로드보다 오래되어서, 일찍이 낙타를 탄 상인들이 수분이 많은 오렌지, 포도, 석류를 싣고 다니던 때부터 있어왔다.

인류가 스스로를 먹여 살리기 위해 가장 중요한 것은 물의 안정적인 공급이다. 현대 과학이 대양에서 대기, 육지, 그리고 다시 대기로 순환하는 물의 이동 경로를 밝히기 전부터 학자들은 물의 순환이 지구에서 가장 경이로운 현상 중 하나라고 여겼다. 고대 중국의 문헌에는 물의 순환과 관련된 내용이 있다. "구름이 서쪽으로 이동하는 동안 비가 되어 땅으로 내린 뒤 서쪽에서 동쪽으로 지형을 따라 바다로 흐르다가 바닷물은 증발해 구름이 된다."[37] 그리스 철학자 크세노파네스Xenophanes 또한 기원전 5세기에 물의 순환 개념에 대해 이렇게 적고 있다. "바다는 물의 근원이자 바람의 근원이다. 위대한 바다가 없이 구름으로부터 하늘의 비가 내릴 수도, 강이 흐를 수도 없다. 위대한 바다는 구름과 강과 바람의 아버지다."[38]

오늘날 어린 학생들은 물이 액체에서 고체얼음, 기체수증기, 다시

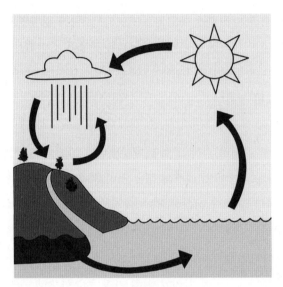

물의 순환 과정

액체로 형태를 달리해 끊임없이 움직이는 지구 시스템의 기본 지식을 배운다. 지질학자 존 허턴John Hutton의 말을 빌리면, 이는 시작도 끝도 없는 과정이지만, 태양은 무엇이 되었든 간에 운을 떼기에 좋은 지점이다. 태양은 바다 수면의 물을 증발시킨다. 수분은 구름의 형태로 먼 거리를 이동하다가 비나 눈이 되어 땅이나 바다로 내린다. 물은 증발해 대기로 돌아가거나 개울과 같은 다양한 형태의 물줄기가 되어 흐른다. 혹은 지표면으로 스며들어가 지하수가 되기도 한다. 지하수는 토양 사이를 흐르다가 바위틈으로 새어나와 개울이나 강과 합류해 흐르다가 마침내 바다로 들어간다. 바다에서는 다시 이 모든 과정이 처음부터 시작된다. 물의 이동은 물 분자가 지표면에서 증발돼 비가 되어 다시 지표면으로 돌아오기까지 수일이 걸릴 수도 있고, 지하수나 얼음, 깊은 바닷속에 갇히면 수만 년이 걸릴 수도 있다.

식물도 토양에서 물을 흡수해 공기 중으로 수분을 발산하면서 물의 순환 과정에 참여한다. 수증기가 눈에 보인다면 식물은 공중으로 물을 내뿜는 분수처럼 보일 것이다. 밀, 옥수수, 벼, 토마토 등 인간이 먹는 식물에게 이는 굉장히 중요한 지구 시스템의 단계이다. 토양의 수분이 물에 녹은 양분을 실어 날라 식물의 뿌리가 흡수하기 때문에 식물은 시들지 않는 것이다.

농업이 시작된 이래로 인간의 창의성이 당면한 과제는 우리가 먹는 식물에 어떻게 물을 대냐는 것이었다. 지구의 전체 물 가운데 염분이 없고 빙하에 갇히지 않은 물의 비율이 아주 낮다는 것은 사실 큰 문제가 아니다.[39] 두 가지 문제를 제외하면 물은 충분하다. 우선 문제가 되는 것은 타이밍이다. 폭우가 쏟아지는 인도 아대륙의 우기를 예로 살펴보자. 비가 많이 내리지만 몇 달 동안 집중적으로 내린 뒤 그 후로는 땅이 바싹 마를 정도로 내내 건조하다. 이 타이밍의 문제를 해결하기 위한 방법인 댐의 역사는 아주 오래되었다. 댐에 관해서는 동시대에 관한 논의를 하게 되는 뒤에서 다시 다룰 것이다.

물을 대기 위한 또 다른 해결책은 지하에 매장된 방대한 양의 물을 끌어올리는 것이다. 우물을 고안해내기 전에 사람들은 고대 도시 예리코에서 그랬던 것처럼 자연적으로 발생한 샘물이나 강 유역 근처에서만 살 수 있었다. 적어도 농업이 발생한 무렵부터는 사람들이 우물을 팔 생각을 했다. 기껏해야 손이나 삽으로 땅을 파서 지하수면에 닿는 정도였다. 대략 4,000년 전에 중국에서 지하수를 이용하는 혁신적인 기술이 등장했다. 암반층을 뚫어 지하 수천 피트 아래에 깊이 매장된 지하수를 끌어올린 것이다.[40]

기원전 1000년에 페르시아인들이 고안한 지하수 카나트qanat 또한 창의적인 기술을 보여준다. 카나트는 양수기가 등장하기 오래전부터 고지대의 지하수를 끌어올려 메마른 초원에 물을 댔다. 이 시스템은 다음과 같이 설계되었다. 수직으로 파내려간 우물이 고지대의 지하수면을 통과한다. 그리고 완만하게 경사지도록 수평의 수로를 뚫어, 중력의 힘으로 지하수가 솟아오른다. 지하수의 배출구에서부터 여러 개의 물길이 나 있어 밭이나 마을로 물을 보낸다. 카나트는 안정적인 물 공급원이었다. 이 경이로운 기술은 파키스탄에서 이집트 같은 건조 지대로 전파되었고, 나중에는 중국과 스페인까지 퍼져나가 중국에서는 '카레즈karez', 사하라 사막지역에서는 '포가라foggara'와 '케테라 khettera'로 제각각 다르게 불리고 있다. 가장 크고 오랜 역사를 지닌 카나트 중 일부는 오늘날까지 남아 있다. 이란의 도시 고나바드에 건설된 카나트는 여전히 밭에 물을 대고 4만 명에 가까운 사람들에게 식수를 제공하고 있다.[41]

카나트는 물을 이동시키는 거리에 한계가 있고, 댐이나 우물 같은 시설도 그 지역에서만 유용한 방식이다. 하지만 교역물을 이동시키

기원전 1000년에 페르시아인들이 고안한 카나트

는 더 은밀한 방식을 통해 물은 훨씬 먼 거리를 이동한다. 태양을 동력으로 한 항해는 인류가 지구를 지배하게 된 역사에서 중요한 장을 차지하는 콜럼버스의 교환과 구아노 거래의 발단이 되었고, 물의 가상무역마저 가능하게 만들었다. 많은 양의 물을 흡수해 성장한 농축산물의 형태로 물을 이동시킴으로써 이 중요한 자원이 메소포타미아의 관개수로나 카나트 지하수로 이동하는 것보다 훨씬 민 곳까지 전해지게 된 것이다. 물과 태양에너지가 풍부한 지역에서 자란 설탕, 커피, 차, 오렌지, 쌀, 밀 등의 작물은 교역이 존재하는 한, 자연의 산물이 부족한 지역의 사람들에게 당도해 에너지원이 될 수 있었다.

농업만큼이나 오래된 관행인 식량, 식물, 가축, 배설물, 가상수의 교역은 전 세계 식단을 바꿔놓았다. 여러 생각들이 섞이고 지식이 전파됨에 따라 인류의 집단적 능력이 작동해 정착사회의 어려움을 해결하는 속도도 빨라졌다. 유럽과 북미 농민들에게 훔볼트가 발견한 잉카문명의 해결책은 메마른 그들의 땅을 회복시켰다. 구아노와 초석 교역은 당면한 문제를 해결할 수 있도록 도왔다. 사람들은 계속해서 도시로 쏟아져 들어왔다. 19세기 후반 전 세계 인구 100명당 13명 이상이 도심지에 살았다. 18세기에 비해 세 배로 증가한 수치였다.[42] 19세기 초반에는 인구수가 100만 명이 넘는 베이징이 세계에서 가장 큰 도시였지만, 19세기 중반에는 인구가 200만 명 이상으로 늘어난 런던이 가장 큰 도시가 되었다.[43]

유럽에서는 잉여 식량이 늘어나 공장 노동자를 비롯한 여러 분야의 육체노동자들을 부양할 수 있는 역량이 커져 산업혁명의 에너지원을 마련했다. 19세기 말에는 구아노 공급이 줄어들고 초석 가격이 치솟으면서 도끼가 다시 내려칠 것처럼 보였다. 다시 한 번 인간의 창의성이 지구 시스템을 더 큰 규모로 조작해 토양을 비옥하게 하고 인류를 부양할 해결책을 찾아야 할 시점에 당도한 것이다.

정착생활 초기부터 문명의 성장에 제약을 가하던, 대기의 질소가 원활하게 순환되지 못하고 인이 지하에 갇힌 문제를 해소할 새로운 중심축이 등장을 준비하고 있었다. 길버트와 로우스는 실험을 통해 리비히의 주장을 반박하며 대기 중의 질소를 고정하는 것이 토양 비옥도 문제를 해결하는 핵심임을 증명했다. 하지만 질소고정 문제만 해결한다고 해서 생산력이 회복되는 것은 아니다. 땅에서 고갈되는 인을 보충하기 위해서는 지질학적 시간 차원에서 느리게 진행되는 순환 고리에서 빠져나가는 인을 막을 대책이 필요했다. 태양을 동력으로 하는 항해를 통해 대양을 가로질러 양분을 실어 날랐지만 남미의 구아노나 퇴비만으로는 지속적으로 인을 보충하기가 어려웠다. 큰 규모로 성장한 세계 경제는 또 다시 정착사회의 난제를 해결하기 위한 새로운 해결책을 필요로 하게 되었다.

6장

병목을 타파하다

1898년은 맬서스가 기아와 재앙에 관한 어두운 경고를 한 이후 한 세기가 지난 시점이었다. 그 사이 런던의 인구는 500만 명에 육박했다.[1] 구아노와 초석의 매장층이 고갈되기 시작하자 비료 부족 문제가 다시 수면 위로 떠올랐다. 한편 도시에서는 공장 근로자를 비롯한 노동자들이 늘어나면서 농촌에서 생산하는 식량에 대한 수요가 함께 증가했다. 이러한 상황에서 화학자 윌리엄 크룩스William Crookes는 영국과학진흥협회에서의 연설을 통해 이렇게 선언했다.

"영국을 비롯한 모든 문명국은 식량을 충분히 확보하지 못하는 심각한 위험에 처해 있습니다. 부양 인구가 급속히 증가함에 따라 식량 자원은 줄어들고 있습니다. 땅은 한정되어 있으며, 밀을 재배하는 땅은 변동이 심하고 길들이기 어려운 자연현상에 절대적으로 의존하고 있습니다." 그의 예측에 따르면, 그가 '위대한 백인' 이라고 주장하는 '유럽, 미국, 영국령 아메리카의 국민, 남아메리카, 오스트레일리아, 남아메리카 지역의 백인 거주민'을 먹여 살릴 밀 생산지가 대단히 부족했다. 그는 빵을 먹는 인구가 1년에 600만 명 이상 증가할 것이며, 따라서 매년 빵 공급량의 증가분이 25년 전의 1.5배 이상은 되어야 한다고 추산했다. 그리고 이렇게 물었다. "우리는 이만큼의 식량을 추가로 생산할 수 있는가?"[2]

크룩스가 이러한 질문을 던진 동기가 순수하게만 해석되지는 않는다. 누군가는 인종 차별적인 발언까지는 아니라 하더라도 배타적이라고 말할 수 있을 것이다. "우리는 밀을 주식으로 하는 사람으로 태어났습니다. … 수적으로는 훨씬 많지만 물질적이고 지적인 진보에서 뒤떨어지는 다른 인종들은 인디언 옥수수, 쌀, 수수 등 다른 곡물을 먹습니다. … 문명인의 축적된 경험을 통해 밀이 가장 건강에 좋고 적합한 식량으로 드러났습니다."[3] 이러한 시각에도 불구하고 한 가지 면에서는 그가 옳은 말을 했다. 실소 부족이 문세가 될 것이라고 지적한 점이었다. 그는 그로 인해 '문명인'이라고 지칭한 사람들이 먹을 빵 공급에 차질이 생길까봐 우려했다. 도시 거주자의 인분은 허비되고 있었다. 즉, 양분이 밭에 재활용되지 못하고 바다로 방류되고 있었다.

크룩스는 연설을 통해 '거대한 딜레마에서 벗어나는 방법'을 짚었다. "공동체를 위험에서 구하기 위해 화학자가 나서야 합니다. 실험실의 연구를 통해 인류가 기아에서 벗어나 궁극적으로 풍부한 식량을 얻게 될 것입니다. … 따라서 대기 속에 있는 질소의 고정 과정을 밝힌 것은 위대한 발견 중 하나로, 앞으로 화학자들의 창의성이 발휘되어야 할 부문입니다."[4] 크룩스의 생각은 19세기 초반에 어떤 형태의 양분이 작물을 자라게 할 수 있는지 알아내기 위해 진행된 열띤 연구에 뿌리를 두고 있었다. 그가 말하는 '화학자들의 창의성'은 대기의 질소를 식물이 사용할 수 있는 형태로 바꿔 자연에서 일어나는 고비를 해소하는 산업적 해결책을 뜻한다. 토양에 사는 미생물이나 번개만으로 질소를 고정해서는 인구 증가 속도에 따라갈 수 없었다.

그로부터 수십 년 전인 1840년, 글래스고에서 열린 영국과학진흥협회에서 리비히는 문명의 진로를 변화시킬 만한 이론을 발표했다.[5] 기존에 정설로 통하던 '부식설'에 의하면, 식물은 죽은 식물체를 비롯한 부식물에서 얻은 추출물을 양분으로 살아가고, 식물 체내의 생명력이 다른 중요한 구성성분을 형성했다. 리비히는 부식설에 이의를 제기하며 '광물설'을 내놓았다. 식물은 거름이나 인분뿐만 아니라 염류와 광물에서도 양분을 얻는다는 것이 요지였다. 리비히는 1840년에 화학을 농업에 적용하는 주제를 다룬 책을 출간해 큰 호응을 얻었다. 이 책은 당시 농민뿐 아니라 성장세에 있던 비료업계의 관심을 받았다.[6] 이 이론이 식량을 생산하려는 인간의 노력에 미친 영향은 지대했다. 땅이 비옥해지도록 돕는 합성비료의 제조 가능성을 시사했기 때문이다. 수십 년이 흘렀지만 크룩스는 이를 잊지 않고 있었던 것이다.

리비히는 독창적인 연구 끝에 이러한 결론을 도출한 것이 아니라 다른 위대한 과학자들의 실험을 참고했던 것으로 보이는데, 이는 당시 동료 과학자들에게 좋은 평가를 받기에는 무리가 있었다.[7] 한 동료 과학자는 리비히의 이론에 허점이 많다고 지적했다. 리비히 가 "직접 실험을 수행하지 않고 그가 수집한 사실들을 언급하지도 않은 채 실험실이 아니라 책상에서" 결론을 도출했기 때문이었다.[8] 훗날 또 다른 과학자는 "리비히는 새로운 지식의 창안자보다는 이 미 발표된 지식의 수호자이자 보급자에 가깝다"고 했다.[9]

새로운 돌파구로 떠오른 '광물설'은 독일의 농학자 카를 슈프렝 겔Carl Sprengel이 1820년대 발표한 잘 알려지지 않은 저작을 상기시킨 다. 그는 부엽토에서 무기염을 발견한 뒤 이러한 염분이 물에 녹아 식물의 뿌리로 흡수되어 양분이 된다고 결론지었다. 수십 년 후 그 의 이론은 많은 과학자들의 실험에 영감을 주었다. 후대 과학자들 은 재, 부서진 암석에서 추출한 광물, 유기질 거름 같은 다양한 종 류의 비료를 사용해 밀과 보리, 귀리의 수확물을 비교하는 실험을 진행했다. 19세기 말 무렵, 광물설은 화학비료를 상업적으로 생산 하는 근거로 확고하게 자리 잡았다.

이러한 발견은 농업의 새로운 시대를 열었다. 인류의 식량 공급 을 천연퇴비, 구아노, 인분에만 의존할 필요가 없어진 것이다. 이 새로운 이론에 문명의 진로를 변화시킬 수 있는 거대한 중심축이 있었다. 하지만 크룩스가 지적한 대로 여전히 새롭게 고안해야 할 방식이 남아 있었다. 강하게 결합된 질소 원자 두 개를 분리해 합성 질소비료를 만드는 방법을 찾아야 했다. 인간의 창의성이 이 수수께끼를 풀 수 있다면 정착사회의 한 가지 난제가 해결될 터였다. 합성비료를 만들 수만 있다면 적어도 고정 질소 부족으로 인해 지력이 약화되는 문제가 다시는 인류를 괴롭히지 못할 터였다.

공기에서 얻은 식량

독일의 화학자 프리츠 하버Fritz Haber가 질소를 고정하는 해결책을 찾았다. 공기 중의 질소를 고정하는 문제를 해결하라고 촉구했던 크룩스의 요청이 마침내 응답된 것이다. 하지만 이는 한 사람만의 노력으로 이룬 성취는 아니었다. 리비히의 광물설을 비롯해 모든 혁신적인 방식이 다 그러하듯, 하버의 해결책 또한 다양한 장소에서 진행된 수많은 과학자들의 지식이 바탕이 되었다. 18세기 후반에 발명가와 과학자들은 대기 중에 전기 스파크를 통하게 해서 질소를 고정할 수 있다는 사실을 밝혔다. 하지만 어떤 수단으로 산업 공정에 적용할 것인지가 문제였다. 19세기와 20세기 초, 전기 스파크와 복잡한 화학 공정으로 질소의 강력한 결합을 분리해 고정하는 해결책과 관련한 특허 신청이 줄을 이었다. 크룩스 자신도 고온 상태에서 대기 중의 수소와 질소로 암모니아를 형성하는 방식을 선보였는데, 이러한 해결책들은 모두 엄청난 에너지와 높은 온도가 전제되어야 했다. 또 다른 해결책은 석탄을 태운 가스에서 질소를 가두는 방식으로, 본질적으로는 수십만 년 전 식물에 갇힌 질소를 다시 추출하는 것이었다. 하지만 이런 방식 중 어떤 것도 상업적으로 실효성이 없었고 당시 토양의 비옥도를 높이고자 하는 농민들의 요구를 만족시키지 못했다.

20세기 초, 하버는 여러 번의 시도 끝에 마침내 상업적으로 이용 가능한 방식을 찾아냈다. 그가 고안한 방법도 높은 온도와 압력이 관건이었지만 기존의 방식보다는 낮은 온도에서 질소를 고정하는 게 가능했다.[10] 이 방식의 핵심은 철가루를 촉매제로 사용해 기체 질소를 반응시켜 암모니아를 합성해 질소를 고정하는 것이다. 1908년에 하버는 이 공정에 관한 특허를 취득했다.

실험실에서 화학적 반응을 일으킨 것과는 별개로 또 다른 문제가 주요 변수로 떠올랐다. 상업적 생산이 가능하도록 기체 질소에서 많은 양의 암모니아를 생성하는 것이 관건이었다. 독일의 화학회사 BASF는 하버의 특허를 사들여 암모니아를 합성하는 다른 방식들에 적용했다. 회사는 카를 보슈Carl Bosch에게 공장에서 암모니아를 대량으로 합성하는 방법을 찾아내도록 위임했다. 그는 메탄가스에서 수소를 추출하는 시스템을 고안해 이를 기체 질소와 섞은 뒤, 철을 촉매로 여러 번 화학반응을 일으켜 암모니아를 대량으로 생성하는 데 성공했다. 마침내 공장에서 생산하는 합성비료가 태어난 것이다. 그 결과 암모니아가 함유된 알갱이 형태로 만들어진 고체 상태의 고정 질소를 포대에 담아 농부에게 판매할 수 있게 되었다. 하버는 그의 연구업적을 인정받아 1918년 노벨 화학상을 받았으며, 보슈 또한 1931년에 동료 과학자 프리드리히 베르기우스Friedrich Bergius와 함께 노벨 화학상을 수상했다.[11]

사실 하버와 보슈의 업적은 리조븀이나 아조토박터 박테리아가 매일 하는 일을 화학 반응을 통해 얻어낸 것에 불과했다. 그들은 비료를 생산하는 공정을 찾아내기 위해 공업 기계에 의존했다. 산업혁명과 함께 탄생한 거대한 규모의 기계를 가동할 수 없었다면, 그들은 이러한 공정을 발명하지 못했을 것이다. 또한 공정에 필요한 고온과 고압을 얻기 위해서는 가격대가 높지 않은 에너지원이 필요했다. 광부들이 지구의 깊은 땅속에서 파낸 석탄이 없었다면, 지력을 회복하는 20세기의 해결책이 고안되지 못했을 것이다. 화석연료를 통해 얻은 에너지가 지구의 질소 순환 시스템에서 번개나 미생물의 대사 과정에서 생기는 에너지를 대체했다. 주요 에너지원의 중심축이 인간과 동물의 노동력에서 화석 에너지로 전환하며 미치는 광범위한 영향력에 대해서 미국의 시인 랠프 왈도 에머슨Ralph Waldo Emerson은 주목했다. "석탄은 지하 광맥에 잠자고 있다가 … 곡괭이를 들고 윈치winch를 작동하는 노동자들에 의해 지표면으로 나온다. 사람들은 그것을 검은 다이아몬드라고 부른다. 석탄이 담긴 모든 바구니가 동력이자 문명이다."[12] 검은 다이아몬드가 질소 부족 문제를 해결하기 수십 년 전인 1860년에 쓰인 이 글에는 에머슨이 당시 생각했던 것보다 훨씬 놀라운 선견지명이 담겨 있었다.

이 힘은 농업의 판도를 바꿔놓았다. 하지만 하버-보슈법은 질소 고정의 산업화에 박차를 가하는 데서 그치지 않고 다른 기술에도 접목되었으니 바로 화약 제조였다. 과거에는 칠레 초석이 화약의 원료로 쓰였으나 공급량이 줄어들었고, 그나마도 영국 회사가 독점권을 가지고 있었다. 1914년 제1차 세계대전이 발발하자, 독일은 곡물을 생산하기 위해 질소를 대량으로 합성하던 이 기술을 전쟁 무기 제조에 활용하기 시작했다. 영국이 독점하는 초석을 구입하기 어려웠고, 탄약 원료를 구하기 쉽지 않았던 상황에서 독일의 BASF 사는 하버-보슈법을 이용해 탄약을 제조했다.

종전 후 승전국인 영국은 독일이 어떻게 그렇게 많은 탄약을 제조할 수 있었는지 알아내기 위해 독일 공장을 사찰했다. 하지만 영국 측에서는 독일의 기술을 모방할 수 없었고 마침내 독일 기술자 몇몇과 접촉해서 거액을 준 끝에 비밀에 부쳐진 내용을 알아냈다. 이렇게 해서 하버-보슈법이 영국으로 전파되어 고정 질소의 주요 공급원으로 자리 잡았다. 인류가 정착사회의 난제들을 해결하기 위해 지식을 축적하는 방식은 농부끼리의 전파, 또는 교역과 전쟁이었는데, 이 같은 기존의 과정에 더해 산업 스파이까지 등장했다. 이로써 질산염이 함유된 칠레 초석 거래는 막을 내렸고 산업화된 세계를 중심으로 하버-보슈법이 확산되기 시작했다.[13]

아, 하버의 삶은 역설로 가득하다. 한편으로 그의 발명은 수백만의 사상자를 낸 전쟁과 분쟁의 연료가 되었다. 다른 한편으로는 수천 년간이나 지속되며 농부들을 힘들게 했던 수확할 때마다 떨어지는 토양 비옥도 문제를 해결하기도 했다. 하버가 처음 고안한 기술 덕분에 수십억의 사람들이 먹고살 수 있게 되었지만, 그 때문에 수백만 명이 죽기도 했다. 과학과 인류에 이바지한 그의 위대한 연구는 이토록 상반된 결과를 동시에 낳았다. 그의 다른 연구들을 살펴보면 하버의 인생이 얼마나 모순으로 가득 찼는지 더욱 잘 보인다. 하버는 전쟁 중인 독일이 암모니아를 통해 탄약을 만들고자 했던 노력에 일조했다. 또한 자신의 천재적인 재능을 독가스와 다른 독성 물질을 생산하는 데 사용했다. 그는 이 같은 연구가 전쟁을 단축시킬 수 있다고 주장하며 인도적인 노력이라고 정당화했다. 화학자였던 그의 아내 클라라는 남편의 생각을 참을 수 없던 나머지 자살을 선택했다. 많은 이들이 하버를 전범으로 생각했다.

집권에 성공한 나치는 하버가 유태인 혈통임에도 카이저 빌헬름 물리화학 연구소의 소장 지위를 유지하도록 했다. 하버의 유태인 동료 중에 그런 혜택을 받은 이는 없었다. 나치는 하버에게 그의 동료들을 해고하라고 명령했지만 그는 거절했다. 그러다 결국 1933년 4월 30일, 프로이센 교육부에 사직서를 제출했다. 하버는 연금은 물론 독일의 위대한 과학자로서의 명망도 잃었다. 미국 또한 뛰어난 업적을 가진 과학자들의 이민 한도수가 다 찼다며 그가 요청한 망명을 승인하지 않았다. 하버의 건강은 쇠했고, 1934년 65세의 일기로 스위스 바젤에서 초라하게 죽음을 맞이했다.[4]

비극적인 말년에도 불구하고 하버가 발명한 질소고정법은 인류가 20세기에 새로운 시대로 접어드는 돌파구가 되었다. 대기 중에는 질소가 넘쳐났으므로 인류는 더 이상 고정 질소를 얻기 위해 토끼풀, 배설물, 미생물에 의존할 필요가 없어졌다. 하지만 하버-보슈법이 완전히 평화로운 목적으로 사용되기까지는 또 한 번의 전쟁을 치러야 했다. 제2차 세계대전이 발발한 무렵, 하버-보슈법이 미국에 전파되었다. 미국 공장은 이 공정을 탄약 생산에 사용했다. 종전 후 폭탄을 만드는 기계와 방법은 그대로 남아 있었지만 폭탄에 대한 수요는 사라졌다. 알라바마주의 머슬숄스에 있는 군수 공장을 새롭게 활용할 방식을 찾고 있던 미국 정부는 질소비료의 사용 방식을 개선하고 확산시켜주기를 바라며 농업대학의 과학자들을 지원했다. 제2차 세계대전 이후 하버-보슈법은 미국 농업의 중심이 되었다. 용도가 바뀐 군수공장에서 생산된 것, 새로 지은 공장에서 생산된 것을 합쳐 질소비료의 생산량은 20세기 전반 동안 여덟 배 이상으로 폭증했다.[15]

하버-보슈법 발명과 함께 산업화된 세계의 전체 식량 생산량이 급증했을 뿐 아니라 사람들이 먹는 음식에 큰 변화가 생겼다. 곡물 생산량이 늘자 가축을 더 많이 사육할 수 있었고, 이로 인해 더 많은 사람들이 더 빈번하게 고기, 달걀, 유제품을 먹게 되었다. 세 번째 1,000년이 시작되는 21세기 초에는 10명 중 4명이 하버-보슈법을 통해 만들어진 비료가 없었다면 생산되지 못했을 농산물을 주식으로 먹었다.[16] 하버-보슈법이 인류 역사상 전대미문의 성장 중심 축으로서 식단을 변화시키고 부양할 수 있는 인구수를 증가시켰다는 데는 반론의 여지가 없을 것이다.

하버-보슈법이라는 성장의 중심축은 우리 종의 번성에 크게 기여했지만, 안타깝게도 그 결과가 공평하게 분배된 것은 아니었다. 굶주리는 아이들과 수백만의 농부들, 생산력이 떨어진 토양 때문에 짊어진 가난의 굴레에서 벗어나지 못하고 있는 여러 국가에 희망을 전하는 데는 실패했다. 사하라 사막 남부의 한 아프리카 국가에 살고 있는 일반 농민의 삶만 살펴보더라도 이러한 비극적인 상황을 충분히 인지할 수 있을 것이다. 작물을 돌려짓기하지 않고 수 세기 동안 같은 농작물을 재배해 양분을 빼앗긴 메마른 토양으로 인해 수확량은 줄고, 식단은 열악해졌으며 각 가정마다 그날 하루의 양식을 구하는 데도 어려움을 겪는 지경이다. 푼돈으로도 살 수 있는 질소비료가 이 같은 상황에 큰 변화를 줄 수 있지만, 많은 아프리카 농민들에게는 그 정도 경제적 여력마저 없다. 이는 오늘날 두 갈래로 나뉜 채 불균형하게 성장한 세계의 단면을 고스란히 보여준다. 부유한 지역에서는 고정 질소가 넘쳐나고 가난한 지역에서는 비참할 정도로 부족하다.

오늘날 고정 질소는 땅속의 미생물이나 번개를 통해 얻는 자연 과정에서보다 산업 공정을 통해 더 많이 얻는다. 본질적으로 하버는 대기 중의 질소가 흘러나오는 밸브를 우리가 사는 세계에 열어준 것이나 다름없다. 하지만 지질학적 연대를 척도로 아주 느리게 순환하는 또 다른 중요한 양분, 인은 같은 밸브에서 흘러나오지 않았다.

아메리카들소의 뼈와 해저에 묻힌 산호

　퇴비와 인분, 재, 남미의 바닷새 배설물 구아노는 인과 질소가 모두 풍부해서 한 번에 두 가지 양분을 공급함으로써 토양의 생산력을 유지하는 데 도움이 되었다. 구아노 공급량이 줄어들고 화학자들이 공기 중의 질소를 고정하는 방법을 찾아냄에 따라 이제 두 양분 중 한 가지 양분의 공급만이 문제로 남았다. 두 양분의 공급원을 찾기 위해서는 각각 다른 해결책을 찾아야 했다. 게다가 토양에 질소가 많을수록 인을 더 많이 공급해야 하는 상황이 발생한다.

　비료로 사용할 인을 생산하려는 노력은 당시에도 진행되고 있었다. 이는 인이 다른 그 어떤 양분보다 작물의 수확량을 더욱 제한한다는 리비히의 잘못된 생각에서 비롯된 것이었다. 농촌에 인이 풍부한 비료를 판매하려는 산업은 일찍이 뼈를 원료로 발달했다. 뼈가 밭을 비옥하게 할 수 있다는 사실을 발견한 것은 고대 중국 문명이 발생했던 시대까지 거슬러 올라간다. 19세기 초, 영국이 산업화되고 식량에 대한 수요가 높아지자 관련 업계에서는 뼈를 쩌서 기계로 갈아 파편이나 가루로 만들어 비료로 만드는 방식이 보급되었다. 비료용으로 쓰는 골분의 수요가 많아져서 영국은 유럽 대륙의 정육점에서 뼈를 수입했다.

　리비히와 다른 과학자들은 산 성분을 첨가해 뼈의 인을 녹여 비료로 만드는 방법에 대해 오래전부터 알았다. 리비히는 1840년대에 출간한 책에 인 비료의 제조 방법에 대해 썼다. "이러한 분리를 효과적으로 하는 가장 쉽고 실용적인 방법은 다음과 같다. 미세한 가루 상태의 뼈에 뼈 무게의 2분의 1정도 되는 황산을 넣고, 서너 배 정도의 물에 정도를 희석하여 얼마간 둔 뒤, 이것을 100배의 물로 희석하여 밭을 갈기 전에 뿌리는 것이다."[17] 광물설이 정립되는 데 큰 역할을 했던 실험을 수행한 로우스 경도 로담스테드 연구소의 연구를 통해 유사한 결론에 도달했다. 리비히의 저작을 알지 못했던 것으로 보이는 로우스는 1840년에 뼈나 인회석 같은 광물을 황산으로 처리해 새로운 비료인 '과인산염superphosphate'을 만드는 공정에 대한 특허를 신청했다. 로우스는 얼마 후 리비히의 지적 재산권 침해와 관련한 시비를 피하기 위해 일부를 수정해 암석을 통해서 만드는 비료 공정에 한해서만 특허를 취득했지만 추후에는 특허권을 침해했다는 이유로 리비히를 고소했다. 하지만 정작 로우스 자신도 암석을 이용해 비료를 만드는 방법에 대한 착상을 더블린의 제임스 머레이James Murray에게서 가져온 것으로 보인다. 머레이는 로우스보다 몇 주 앞서 이미 관련 특허권을 취득한 상태였다. 로우스는 훗날 결국 머레이의 특허권을 사들였다.[18]

　누구의 생각이었든 간에 특허권은 현재 로우스의 이름으로 되어 있다. 1843년에 7월 1일, 영국의 원예잡지인 〈가드너스 클로니클 Gardener's Chronicle〉에는 다음과 같은 광고가 실렸다. "과인산석회, 인산염 암모니아, 규산염 칼륨 등으로 구성된 J. B. 로우스의 특허 비료를 1부셸당 4실링 6페니에 런던, 뎃퍼드-크릭에 소재한 공장에서 판매 중입니다."[19] 그의 사업은 성공했다. 1853년에는 14개의 영국 회사와 1개의 오스트리아 회사, 3개의 미국 회사에서 과인산염을 제조했다.[20] 수익성이 높았던 비료 사업은 로우스가 운영하는 로담스테드 농장의 자금원이 되었다.

북아메리카의 대평원에 흩어져 있는 아메리카들소의 두개골과 뼈들이 과인산염 비료 공장의 원료가 되었다. 개척자들이 서부로 영역을 넓히면서 아메리카들소 무리를 대규모로 도살해 뼈를 수거하는 것이 하나의 산업이 되었다. 사냥꾼들은 평원을 누비며 아메리카들소에서 얻은 뼈를 동쪽으로 보냈다. 수거한 뼈를 마차에 실어 나른 뒤 뼈를 동부로 이송할 기차역에서 1톤당 몇 달러씩 받고 팔았다.[21]

뼈는 과인산염 비료를 만들기 위한 원료로 19세기 후반까지도 수요가 높았다. 리비히는 영국이 전장에서 뼈를 강탈해간다고 비난하며 이렇게 풍자하기도 했다 "영국은 닥치는 대로 뼈를 수거해 다른 나라의 토양을 메마르게 한다. 뼈를 찾고자 하는 강렬한 욕망에 사로잡혀 라이프치히, 워털루, 크림반도의 전쟁터에 나타났다. 또한 영국은 해마다 다른 나라의 해안에서 350만 명의 유골에 해당하는 뼈를 거름의 새료로 삼기 위해 수거해갔다." 또한 이렇게도 표현했다. "정당성에 대한 숙고도 없이 흡혈귀처럼 다른 나라 심장의 피를 빨아먹는다."[22]

리비히가 이토록 비통한 심사를 드러내는 것도 그럴 만한 이유가 있었다. 로우스는 리비히에 비해 훨씬 수완이 좋은 사업가였다. 리비히는 인이 함유된 새로운 비료를 연구했고, 영국 출신의 절친

한 친구의 아들인 제임스 셰리던 머스프래트James Sheridan Muspratt가 리비히를 대신해서 영국에서 특허권을 취득했다. 비료는 식물을 태운 재, 석고, 분쇄한 뼈, 기타 무기물을 섞어 고온에서 녹여 알갱이 형태로 만든 것이었다. 리비히는 비료의 양분들이 매우 빨리 녹아 비에 씻겨가는 대신 토양에 서서히 흡수될 거라 추측했다. 혼합 비료를 직접 밭에 실험해 보지 않았던 게 큰 화근이었다. 1845년 비료가 출시되자 영국 농민들 사이에서 새로운 비료가 불티나게 팔렸다. 하지만 놀랍게도 비료가 땅속에 흡수되도록 따로 노동력을 쏟아 밭을 갈지 않는 한, 비료는 밭 위에 그대로 남아 있었다. 천천히 녹는 비료가 더 효과적일 거라고 생각했던 것이 오판이었다. 그가 만든 비료는 전혀 용해되지 않았고, 완전한 실패작이었다. 그로 인해 리비히의 명성에는 흠집이 났고, 친구와의 우정에도 금이 갔다. 그리고 당연히 로우스의 비료 제조법이 시장에서 승리했다.[23]

과인산염 제조에 필요한 뼈가 정육점에서든, 아메리카들소에서 공급되든 간에 시간이 흐르면서 공급이 수요를 따라갈 수 없었다. 결국 가격이 치솟았다. 구아노 가격도 비쌌다. 다소 비양심적인 상인들은 비싼 값을 받고 비료에 모래, 분쇄한 벽돌, 불에 태운 광석 같은 불순물을 섞어 농민들에게 팔았다. 과인산염을 제조하는 데 적합한 암석이 따로 있다는 것은 널리 알려진 사실이었다. 문제는 그러한 암석을 어디서 찾느냐는 것이었다.

1843년 영국 왕립농업협회는 한 교수와 선장에게 소가 끄는 수레를 타고 스페인 세비야의 지층을 탐사하라는 임무를 내렸다. 그들은 6일간의 탐사여행을 마치고 화석 견본을 가져왔는데, 화석에는 뼛조각과 이빨이 가득했다.[24] 그 후 다른 이들도 영국의 케임브리지, 서퍽, 베드퍼드셔와 프랑스, 독일, 벨기에에서도 비슷한 지층을 발견했다. 이러한 암석이 과인산염 비료 공장의 주원료로서 뼈를 대신하기 시작했다.[25] 1860년대 후반에는 플로리다의 본계곡Bone Valley에서 인산염이 풍부한 지층이 발견되었다.

인산염 공급이 무한할 것으로 보이는 지층의 발견으로 땅을 차지하기 위한 투기성 세력이 몰려들었다.[26] 그 중심에는 우연히 발생한 지질학적 사건이 남긴 유물이 있었다. 수백만 년 전, 양분이 풍부한 물이 심해에서 솟아올라 현재의 플로리다 땅이 잠겨 있던 얕은 바다에 사는 수많은 해양 생명체의 영양원이 되었다. 죽은 산호, 조개껍질, 상어 이빨, 해양생물의 뼈에 들어있던 인이 바닷물에 녹았다가 굳어져서 해저에 퇴적되었다.[27] 그 결과 지표면 바로 아래에는 인이 풍부한 퇴적암이 수 마일에 걸쳐 형성되었다. 플로리다에서 이 퇴적암층이 발견되자 비슷한 지질학적 특징을 가진 지역을 찾아 나서는 열풍이 불었다. 중국, 모로코, 미국, 남아프리카, 요르단을 비롯한 전 세계 각지에 흩어진 유사한 지층이 곳곳에서 발견되었다. 화석에 함유된 풍부한 인은 왕립농업협회가 찾고 있던 값싸고 상업적인 실효성이 높은 해결책이었다. 하버-보슈법이 초석 거래를 대신하게 되었듯이, 인이 함유된 인회석은 뼈를 대신하게 되었다.

20세기 초에 인간의 창의성은 대단히 서서히 진행되던 인의 자연적인 순환 과정을 해체한 것이나 다름없다. 고대 암석에 함유된 인 덕에 매번 수확 때마다 빼앗기는 양분을 보충하게 된 반면, 산업화된 세계의 현대식 하수처리 시스템은 인분에 포함된 양분을 강과 바다로 흘려보냈다. 인의 순환 고리에서 인이 새어가는 상황에 대해 당대 사상가들도 주목했다. 올더스 헉슬리Aldous Huxley의 1928년 소설《연애대위법Point Counter Point》에 등장하는 아마추어 생물학자 에드워드 경은 19세기의 윌리엄 쇼, 빅토르 위고, 카를 마르크스의 생각을 상기시킨다. "인을 그냥 흘려보내고 있군요. … 바다에 퍼붓고 있어요. 그러고는 그걸 진보라고 부르죠. 당신네들의 현대식 하수처리 시스템! … 인을 원래 왔던 곳으로 돌려보내야 합니다. 땅으로 말이지요."[28]

　오늘날 인류의 식량 공급은 지질학적 특징이 뚜렷하여 인회석 퇴적층이 분포된 지대에 위치한 소수의 국가에 의존한다. 북아프리카의 작은 왕국인 모로코, 그리고 분쟁지인 서사하라가 매장량 규모에서 세계 최고를 자랑한다.[29] 일부 과학자들은 귀중한 양분의 공급원인 인회석의 시대도 구아노, 초석, 뼈의 시대가 끝났듯이 끝이 있을 것이라고 주장한다.[30] DAP, MAP, TSP 같은 축약명으로 불리는, 보편적으로 사용되는 포장 화학비료에 의존하는 농민들이 향후 가격 인상 때문에 어려운 시기를 보낼 수도 있다고 경고한다.[31] 일부 다른 과학자들은 공급원이 충분하며, 가까운 미래에 공급이 부족한 상황이 와도 더욱 효과적으로 인회석을 캐는 새로운 기술 개발로 난국을 헤쳐 나갈 것이라고 주장한다. 하지만 현재로서는 뼈를 대체했던 인회석 같은 새로운 물질이나 질소를 고정하는 하버-보슈법 같은 새로운 기술이 개발될 조짐은 없다.

값이 싼 인산염의 시대가 수 세기 동안 지속된다고 해도 질소와 인의 순환을 산업 공정을 통해 대체해서 발생하는 문제를 피할 길은 이미 없다. 실제로 하버의 질소고정 과정이나 인의 순환 고리를 변형하는 방식을 통해 이룬 성장세를 잘라낼 진짜 도끼는 임박한 공급원의 부족이 아니다. 역사상 지금 이 시점에서 어른거리는 문제는 과거와는 성격이 다르다. 지금까지 문명을 위협한 문제는 주로 부족함에서 출발했다. 질소나 인, 에너지가 충분하지 못해서였다. 그러나 이후에 다가오는 문제는 필요한 요소가 너무 부족해서가 아니라 인간의 누적된 지식으로 얻은 풍요로움과 관련이 있다. 부족에 대한 해결책은 새로운 문제로 이어졌다. 좋은 게 너무 많아도 문제가 될 수 있다.

하류에서 발생한 문제들

위니펙에서 차로 4시간 거리에 있는 캐나다 남부의 실험호수구역Experimental Lakes Area에는 소나무와 자작나무가 우거진 58개의 자연 상태 그대로의 작은 호수들이 모여 있는데, '레이크 227'도 그중 하나이다.[32] 캐나다 정부는 주변 지역에서 버린 양분이 호수로 유입되면 조류와 물고기, 기타 유기체에 어떤 일이 생기는지 알아보기 위해 1960년대 후반부터 실험을 진행했다.[33] 레이크 227과 다른 호수에 다른 양과 질소와 인의 혼합물을 첨가한 수십 년간의 세심한 실험은 몇 가지 해답을 제시해주었다.[34]

가장 큰 문제는 호수 내로 과도한 양의 양분이 유입되어 일어나는 부영양화 현상이다. 부영양화는 자연적인 과정이지만 너무 많은 양분이 유입되면 맑은 호수를 유해한 조류투성이로 만들 수 있다.[35] 식물의 사체나 동물의 오물이 계속해서 물줄기를 따라 흘러 내려와 토양을 지나 호수에 들어오게 되면, 점점 더 많은 조류가 번성한다. 물에 양분이 모여 쌓일수록 조류는 더욱 많아진다. 조류가 너무 많이 서식하면 햇빛이 수면 아래로 침투되지 못하고, 그로 인해 호수의 다른 생명체가 큰 피해를 입는다. 또한 조류가 가라앉아 부패하면서 물속의 산소를 소비하여 다른 생명체는 산소 부족을 겪는다. 그 결과 수면에 점액질의 녹조가 생겨 물고기들이 떼죽음을 당하고 다른 생명체가 살 수 없게 된다. 호수를 죽이는 범인은 인이다. 인이 과하다면 지나치게 성장한 조류가 산소를 모두 소비해버리고, 전체 시스템이 질식사하게 되는 것이다. 비료와 하수 시설로 가속화된 부영양화는 북미의 이리호에서 스위스의 취리히호, 동아프리카의 빅토리아호에 이르는 호수들을 오염시켰다.

인간의 식량과 생계가 호수의 깨끗한 물에 달려 있는 지역에서 부영양화는 심각한 문제이다. 일례로 빅토리아호 근처에 사는 사람들을 생각해보자. 열대지방에서 가장 큰 호수인 빅토리아호의 경우, 북서쪽으로는 우간다, 남쪽으로는 탄자니아, 동쪽으로는 케냐가 맞닿아 있는데, 호수의 물고기는 그 지역 사람들의 주요 단백질 공급원이었다. 그러나 호숫가 마을 사람들이 구정물을 호수에 직접 버리면서 과도하게 집적된 양분이 식수를 오염시키는 원인이 되고 토종 어류들이 더 이상 살 수 없게 되었다.[36]

산업화를 이룬 많은 나라들이 부영양화 문제를 해결하기 위한 수단을 찾았다. 1970년대 이후로 하수 처리 시설 정비와 공장의 폐수 처리 규제가 강화되면서 인이 수역으로 유입되지 않도록 했다. 또한 부영양화를 초래하는 인산염 세제의 사용을 금지해 개울과 호수를 정화하기 위한 노력을 펼치고 있다. 더욱 심각한 문제는 밭, 잔디, 옥상, 거리 등 수많은 별개의 장소에서 나오는 인이 하천과 호수로 조금씩 흘러들어 그 양이 점점 더 많아진다는 것이다.

위스콘신주의 매디슨 인근에 위치한 멘도타호가 바로 좋은 예이다. 호숫가에 자리 잡은 위스콘신대학교 덕분에 멘도타호는 세계에서 가장 많은 연구가 진행되는 호수다. 이미 19세기 중반부터 호수 주변에 정착한 이주민들이 생활 하수를 비롯해 양분이 많은 구정물을 호수에 버리면서 호수에는 조류가 번성했고 유독가스가 배출되었다.[37] 호수 유역에는 현재 비료를 대량으로 사용하는 옥수수 밭, 치즈를 만들기 위한 젖소목장, 파란 잔디밭을 위해 뿌리는 비료 등 인의 공급원이 많다. 멘도타호의 골칫거리인 조류는 20세기 중반부터 심각할 정도로 번성했지만, 그 후로도 수십 년이 지나서야 계속해서 유입되는 양분을 통제하기 위한 조례와 계획이 정립되었다. 현재는 하수가 호수로 직접 흘러들어 가지는 않고, 농민과 주택 소유자들을 대상으로 한 관리 방안들이 시행 중이지만 밭이나 교외의 잔디밭에서 방출되는 인을 통제하려는 투쟁에 가까운 노력은 계속되고 있다.[38]

인의 느린 순환을 인회석 채굴로 해결하면서 생긴 문제는 환경 영역에만 그치지 않는다. 국가적으로 중요한 자원을 일부 지역에만 의존하는 데 따르는 정치적 위험은 처음부터 예상된 일이었다. 1938년 당시 미국의 프랭클린 루스벨트Franklin D. Roosevelt 대통령은 의회연설에서 다음과 같이 말했다. "미국 인산염 매장층의 지배권은 국가적 관심사항으로 다뤄져야 합니다. … 다음과 같은 사실에 대해 의회의 관심을 촉구합니다. … 개인이 소유한 동부의 매장층에서 추출한 인산염이 오늘날 대량으로 수출되고 있습니다. 이곳의 자원이 고갈되기라도 하면, 멀리 서부지역의 인산염 공급원에 의존할 수밖에 없습니다. … 우리 세대와 후세대를 위해서라도 인산염 생산과 보존에 관한 국가적 정책을 수립해야 하는 중요한 시기입니다."[39] 루스벨트의 이 같은 호소에도 불구하고 당장 국가적 계획이 수립되지는 않았다. 향후 몇십 년 내에 중요한 자원을 집중적으로 사용하는 지역이 전 세계적으로 확대되는 반면 이 자원을 공급하는 나라가 극히 소수에 지나지 않게 된다는 것을 알았더라면 루스벨트의 걱정은 더욱 커졌을 것이다.

과도한 양의 인이 호수로 흘러들게 된 것이 지구의 양분 순환 시스템을 인위적으로 변형해 일어난 유일한 문제는 아니었다.[40] 고정질소가 지나치게 많아진 탓에 심각한 결과들이 수없이 많이 초래되었다. 인간이 자연 순환에 개입하면서 기체에서 토양으로 흡수되는 고정 질소가 증가했다. 슈도모나스 박테리아는 과도한 고정 질소를 질소 가스로 전환하는 어려운 일을 해왔지만 이제 더 이상 감당할 수 없는 지경에 이르렀다. 기체 질소가 불활성 상태를 벗어나 고정되면 마치 강한 화합적 결합으로 인해 잃어버렸던 시간을 보충이라도 하려는 듯 일단 어디로든 흘러간다. 작물에 흡수되지 않은 고정 질소는 물줄기를 타고 하천과 바다로 이동한다.

과도한 인은 담수호freshwater lakes에 부영양화 문제를 일으킨다. 과도한 고정 질소 또한 연안 해역에 문제를 일으킨다. 그러한 "데드 존dead zone"(산소가 충분하지 않아 생물이 살 수 없는 지역 — 옮긴이) 중에는 멕시코만이 있다. 수백만 에이커의 옥수수 밭과 대두 밭에 사용했던, 공업적으로 생산된 고정 질소가 방대한 미시시피강을 경유해 멕시코만으로 흘러들어 간다. 식물의 양분으로 흡수되지 않고 남은 고정 질소가 토양, 개울, 강, 마침내는 바다로 흘러들어 가면, 오랫동안 질소에 굶주려있던 조류와 식물이 걷잡을 수 없이 자란다. 조류가 죽어 부패하면서 산소를 소모하면, 물고기나 게를 비롯한 해양 생물체에게 필요한 산소가 남아나지 않는다. 흑해와 동중국해를 비롯한 여러 바다들에서 데드 존이 목격된다. 작물이 다 흡수하지 못한, 비료로 뿌린 고정 질소가 밭에서 바다까지 이동한 것이다. 배를 드러내고 죽은 물고기와 녹조류는 끝없이 펼쳐진 푸른 경작지 못지않게 하버-보슈법에서 기인한 것이다.

대기에서도 뭔가 변화가 감지되고 있다. 고정 질소가 넘쳐난다는 것은 슈도모나스 박테리아가 더 많은 질산염을 기체 질소로 전환하고 있다는 뜻이다. 대다수가 기체 질소가 되어 대기로 돌아가 다시 순환되지만 일부는 아산화질소가 된다. 실온에서의 아산화질소는 웃음가스일 뿐이지만 대기에서는 온실가스의 역할을 한다. 아산화질소 분자는 대기 중에서 100년 이상을 머물며 이산화탄소 분자보다 평균 300배나 높은 온실효과를 낸다. 땅속에 고정 질소가 증가할수록 대기 중에 아산화질소의 농도는 높아진다. 인간의 활동이 원인인 기후변화, 그에 따르는 해수면 상승과 고온현상의 주범은 이산화탄소지만, 그 못지않게 아산화질소의 농도 증가 또한 온실효과에 기여했다.[41]

따라서 하버의 발명과 인회석을 중심축으로 한 성장은 좋은 결과와 나쁜 결과를 동시에 낳았다. 더 많은 사람들에게 더 많은 식량과 더 많은 단백질을 공급하게 되었지만 경이로운 고정 질소의 이용은 불공평했고, 호수를 오염시켰고, 전 세계의 바다에는 데드 존이 생겨났으며, 대기의 온실가스 농도가 높아졌다. 어쩌면 알려지지 않은 또 다른 부작용들이 표면화될지 모른다. 해결책을 찾기 위한 시행착오와 각고의 노력이 훨씬 더 많은 문제들을 내놓은 것이다.[42]

인류 역사상 처음으로, 20세기 초반에, 정착사회의 오래된 중심축이 제약 조건을 벗어났다. 무한정 매장되어 있을 것처럼 보이는 인회석이 인분, 구아노, 거름을 대신해 인을 공급하게 되었다. 하버의 공정 덕분에 대기 중의 불활성 질소를 이용해 모든 생명체에게 필요한 양분을 공급할 수 있다. 화학비료를 제조하게 되면서 지구의 순환 시스템에 의존하던 문명은 새로운 활로를 찾았다. 인류는 활용 가능한 에너지를 탐욕스럽게 동원해 땅의 생산력을 키울 수 있었지만 그 과정에서 너무 지나친 양분을 방류한 나머지 강과 호수, 바다의 환경을 파괴했다.

새로운 배출구가 열리다

19세기에 에너지 문제를 타파할 수 있는 방법이 발견되면서 20세기 거대한 톱니바퀴 시대의 토대가 마련되었다. 정착사회의 난제 중 하나를 상기해보자. 식량을 생산하기 위해 인간이 소모하는 열량은 그들이 먹기 위해 생산한 식량의 전체 열량보다 적어야 한다. 문명의 과제는 다른 에너지 자원을 활용해서 더 좁은 땅에서 더 적은 인력으로 더 많은 식량을 생산하는 것이었다. 인류 역사 대부분의 시간에, 식량을 생산하는 에너지는 인간과 가축의 노동력에 의존했다.

고대부터 인간의 노동력은 식량을 재배하기 위한 에너지 공급원이었다. 심지어 최근까지도 유럽의 차를 감미롭게 하기 위한 신대륙의 설탕 무역에 인간의 노동력, 노예 제도가 이용되었다. 오늘날에도 여전히 여러 문화권에서 농사를 짓기 위해 인간의 노동력에 의존한다. 이를 보완할 다른 에너지원이 많지 않기 때문이다. 일례로 사하라 남부 아프리카 일대에는 농부들이 땅을 갈기 위해 여전히 손으로 호미질을 한다. 가축의 힘도 빌리지 않고 손으로 씨를 뿌리고 잡초를 캐고 수확한다.[43] 수확량은 적은 편이어서 카사바의 원산지인 신대륙 열대지방의 같은 면적 수확량의 절반에도 못 미친다.[44] 화석연료를 사용하는 트랙터나 쟁기는커녕 가축의 도움도 받지 않고 힘들게 일하는 아프리카의 농부는 가족을 먹여 살릴 최소한의 수확물을 얻기 위해 엄청난 인력을 쏟아부어야 한다.

수천 년 전에 문명은 밭에서 가축의 노동력을 빌려 인간의 에너지를 보완했다. 이와 동일한 전략이 인도, 방글라데시를 비롯한 남아시아의 여러 나라에서 지금도 흔하게 사용되고 있다. 논에서 농부들은 나무로 만든 쟁기를 몰고, 거세한 수소가 쟁기를 끌고 밭을 느릿느릿 걸으며 노동력을 제공한다. 오랜 세월에 걸쳐 기능이 증명된 이 방식은 수천 년 동안 수백만 명의 사람들을 먹여 살렸다. 이들은 사하라 남부의 농부들과 동일한 면적의 밭에서 농사를 지으면서도 인력을 더 적게 사용해 더 많은 식량을 생산했다.[45]

지난 몇 세기 동안 에너지 공급의 병목현상을 해결한 것은 고체 석탄이다. 석탄을 태우면 식물에 저장된 태양에너지가 발생하는 원리이다. 하지만 공기 중에서 고정 질소를 얻어 합성비료를 만드는 사례처럼, 공장에 동력을 제공하고 석탄 발전소에서 전기를 공급하는 것을 넘어서, 이 검은 다이아몬드는 농부가 밭을 갈고 수확물을 거두는 데 힘이 되지는 못했다. 미네소타주에서 밀을 재배하는 농부이자 땅 투기자였던 올리버 댈림플Oliver Dalrymple은 19세기 후반에 이를 확실히 깨달았다. 그는 말 대신 석탄을 태운 증기 엔진으로 움직이는 트랙터를 처음 이용한 이들 중 하나였다. 농사일에 증기 엔진은 너무 크고 무거운 데다 복잡하기만 할 뿐이었다. 그러나 이는 화석연료에서 동력을 얻는 농업으로 한 걸음 내딛게 된 계기가 되었다.[46]

벨기에의 기술자인 장 르누아르Jean Lenoir는 한 걸음이 아니라 큰 도약을 하는 데 일조했다. 19세기 중반 그가 개발한 내연 엔진은 20세기 초반 가솔린 엔진으로 움직이는 트랙터 개발을 이끌었다. 가솔린 엔진 트랙터는 증기 엔진 트랙터보다 훨씬 실용적이었다.[47] 증기 엔진이 외부기관에서 에너지를 내는 것과 달리 내부 점화를 통해 에너지를 내는 가솔린 엔진은 액체로 된 연료를 필요로 한다. 고체 석탄은 적합하지 않았다.

석유 산업은 1859년 8월 28일, 펜실베이니아주 북서부의 조용한 농촌지역에서 시작되었다. 석유 시추 사업으로 잘 알려진 드레이크 유정Drake Oil Well에서 검은 황금이 매장된 노다지가 발견되었다. 석유 기업가들이 이 지역으로 몰려들며 석유 산업이 시작되었다. 석유 산업은 서쪽으로 점차 확대되어 풍부한 석유가 매립되어 있는 운이 좋은 다른 지역에서도 꽃피웠다.[48]

육상에서 자라는 고대 식물을 기반으로 형성된 석탄과 달리 가솔린의 원료인 석유는 고대의 바다에서 형성되었다. 해양에서 서식하는 박테리아와 조류의 부패한 사체가 해저로 가라앉아 퇴적물이 되어 위에서부터 하중을 받아 압착된다. 그 결과 암석층 사이에 석유가 매장되는 것이다. 액상 형태로 가두어진 고대의 태양에너지가 농기계를 작동시킨 반면, 고체 형태의 석탄은 발전소에서 전기를 생산해 착유기, 지하수를 끌어올리기 위한 양수기 등 유용한 기계를 작동시켰다.

육중한 기계를 움직이는 연료는 농장에서 필요한 인력과 가축의 힘만을 보완한 것이 아니었다. 이러한 연료는 물을 저장했다가 가뭄이 들 때 작물에 물을 대는 댐을 건설하는 기계의 동력이 되었다. 20세기에 들어서 대규모 건설 붐이 일던 시대에는 트럭이 콘크리트를 쏟아부어 거대한 구조물을 완성했다. 이러한 상당수의 댐애리조나주의 루스벨트 댐, 뉴욕주의 캔시코 댐, 콜로라도강 유역의 후버 댐 등은 20세기 초 대대적인 투자의 거대한 기념비인 셈이다. 당시 몇십 년 동안은 거대한 콘크리트 구조물이 발전으로 향하는 길이란 생각이 널리 퍼져 있었다. 1947년 인도의 초대 총리로 선출된 독립 운동가 자와할랄 네루Jawaharlal Nehru는 댐을 "현대의 신전"이라 묘사했다.[49] 새롭게 독립한 국가들은 안정적인 물 공급을 위해 이러한 신전을 짓고자 했다.

20세기 전반기 동안 현대식 농업은 화석연료에 의존하는 방향으로 진로를 잡았다. 이로 인해 발생한 문제는 잘 알려져 있다. 화석연료가 대기에 미치는 영향은 21세기의 첨예한 과학적·정치적 문제 중 하나다.[50] 화석연료의 사용으로 대기에 배출된 온실가스 이산화탄소가 지구 순환 시스템의 긴 과정을 짧게 줄였다. 스웨덴 출신의 노벨상 수상자 스반테 아레니우스Svante Arrhenius는 이러한 문제만 아니라면 창의적인 방법으로 찬미받아 마땅한 고대 태양에너지를 활용하는 방식으로 인해 의도치 않게 생겨난 부산물의 위험성을 일찍이 간파했다. 1896년에 발표한 "대기의 탄산이 지상 온도에 미치는 영향"이라는 제목의 논문에서 그는 대기 중의 이산화탄소 양이 기후변화에 영향을 미칠 수 있다고 추정했는데, 이는 오늘날 의심의 여지가 없는 물리학적 사실로 자리 잡았다.[51]

지구의 기후는 전에도 큰 변동을 보인 적이 있다. 따라서 문제가 될 것은 분명한데, 사실 기후변화로 인해 미치는 영향은 지구보다는 우리에게 더 큰 문제로 다가온다. 인간의 활동으로 탄소 순환 속도가 빨라지면서 일어난 기온 상승, 해안선 침식, 폭풍, 기후 패턴의 변화는 농민과 도시인 모두에게 큰 혼란을 야기한다. 인류 문명의 모든 양상기후의 영향을 받기 쉬운 해안 지대에서 사는 것에서 농작물을 재배하는 방식에 이르기까지은 지난 1만 년 동안 안정적이었던 충적세 기후에서 발달했다. 예측할 수 없는 기후변화는 인류의 기나긴 진화과정에서 멸종한 다른 인간 종은 물론 고대 마야 문명에서 그린란드의 바이킹 문명에 이르기까지 붕괴된 수많은 문명에서 그랬던 것처럼 현인류에게도 극복하기 힘겨운 문제다.[52] 1938년 루스벨트 대통령이 소수의 손에 있는 인회석 매장량에 지나치게 의존하는 위험성에 대해 경고한 발언은, 전적으로 석탄과 석유 매장량에만 의존하는 현대 문명에 더욱 강하게 일침을 가하는 듯하다.

곧 다가올 위기에 관한 맬서스의 예언과 문명 세계를 부양한 밀이 충분하지 않다는 크룩스의 추정 사이에서도 문명은 자연과 접촉하며 성장의 중심축을 다시 설정했다. 이러한 전환점이 난관을 해결함으로써 계속해서 양분이 토양에 공급되고, 새로 개발된 에너지원은 농장에서 인간과 가축의 노동력을 보완했다. 여러 요인들이 우리 인간 종의 성장 역량을 자극해 지구 시스템을 변형하게 했다. 식량 부족에 대한 두려움, 이익에 대한 전망, 우연한 지질학적 발견, 지적 호기심이 주요 동인이었다. 당면한 문제들에 대한 해결 방식은 최고 입찰인에게 비법을 팔거나 특허 경쟁, 전쟁 시설의 용도 변경 등 여러 경로를 통해 전파되었다. 루스벨트가 예언했듯이 산업화된 세계의 식량 공급은 비료 공장, 전 세계에 흩어져 있는 광산, 소수의 수중에 있는 유전에 달려 있다. 풍요로운 식량의 부산물이 되어버린 호수, 해안 지대, 대기의 오염은 전 세계 여러 지역의 수많은 사람들에게 악영향을 미칠 수밖에 없었다.

20세기 초, 땅의 지력과 인력 투자 대비 수확량이라는 정착세계의 두 가지 난제가 해소되었지만, 거대한 톱니바퀴가 본격적으로 돌아가려면 자연을 한 번 더 비틀어야 했다. 오래전 채집인에서 농부로 전환하는 과정에서 처음 사용되었던 방식이었다. 생명이 없는 화학물질을 투여해 공기 중 기체 질소와 지하의 인회석, 지구에서 얻은 화석연료를 활용하는 기술이 정착되자 그 뒤를 이어받아 다시 한 번 생물학에 기반을 둔 성장이 시작되었다. 유전자를 조작하는 방식들이 더욱 많이 개발되면서 우리 종이 세상에 남긴 흔적은 더욱 크고 뚜렷해졌다.

7장

단일재배가 미국 중서부를 휩쓸다

식물을 기르던 최초의 사람들은 수천 년 전에도 창의적이었지만 그들이 자연선택에 영향력을 행사할 방법은 많지 않았다. 먹을 수 있는 부분이 크고 부드러운 씨앗, 줄기에 오래 붙어 있으면서 털이 적은 씨앗을 보아 같은 형질을 가신 사손을 수확하길 바랄 뿐이었나. 이런 방식이 효과가 있을 때도, 없을 때도 있었다. 수많은 시도를 거치면서 원하는 형질을 가진 식물을 수확하는 경우가 늘어났을 테지만 굉장히 오랜 시간이 걸렸고 수백 세대를 거쳐야 했다. 당시 사람들은 원하는 형질의 식물을 선택해서 자연적인 흐름에 약간의 변형을 일으키기는 했지만, 여전히 예측 불가능한 요인과 임의적인 유전적 변화가 작용했다. 수천 년에 걸쳐 인류는 식성에 맞는 식물과 가축의 품종을 키울 수 있게 되었지만, 좋은 품종과 나쁜 품종을 거르기 위해 시행착오를 거듭했다. 다양한 시도의 결과는 늘 예측 불가능했고, 그 과정에 내재된 메커니즘은 수수께끼였다.

19세기 중반에 다윈이 자연선택에 대한 통찰력을 어떻게 얻었는지에 대한 학자들의 의견은 분분하다. 개, 비둘기, 양, 말의 육종 과정에서 유사성을 발견한 것인지, 아니면 인공적인 육종과정이 자연선택에 따른 변이와 유사하다는 것을 나중에 깨달았는지 우리는 알 수 없다.[1] 어느 쪽이 사실이든 간에 그는 유명한 저서 《종의 기원 *On the Origin of Species*》에서 그 과정이 유사하다고 주장했다. 자연은 야생에서 생존 가능성이 높은 형질을 택하고, 인간은 가치 있다고 생각되는 형질을 택한다. 특정 형질을 물려받은 자손의 생존 확률이 유리하지만 여전히 다양한 변수가 존재한다. 다윈은 인간이 택하는 형질보다 자연의 산물이 생존에 더 유리한 조건을 갖는다고 결론짓는다. "인간의 열망과 노력은 얼마나 덧없는가! 인간의 시대는 또 얼마나 짧은가! 이제까지 인간이 생산해낸 결과는 모든 지질시대를 통해 자연이 쌓아올린 것과 비교할 때 얼마나 보잘것없는가."[2] 하지만 다윈도 유전과 관련한 예측 불가능한 변화에 대해서는 종잡을 수 없었다. 다윈은 그의 저서 1장에서 이렇게 인정했다. "유전을 결정하는 법칙은 정확히 알려져 있지 않다. 동종의 각기 다른 개체, 또는 종이 다른 개체에서 어떤 특별한 성질이 유전될 때도 있고 유전되지 않을 때도 있는데, 그 이유에 대해서는 아무도 알지 못한다.

또한 어째서 어떤 자손은 종종 조부모나 또는 더 먼 조상의 형질을 물려받아 태어나는지 모른다."[3]

다윈은 자연선택이 일어나는 이유와 유전적 역학관계를 어떻게 설명할지 갈피를 잡지 못했지만 다음 세기의 식량 생산을 증가시키는 데 영향력을 미친 두 가지 중대한 현상을 관찰했다. 이 법칙은 《가축과 재배 식물의 변이 The Variation of Animals and Plants under Domestication》의 장 제목 중 하나인 "이종교배의 장점과 근친 간 동계교배의 역기능 On the Good Effects of Crossing, and on the Evil Effects of Close Interbreeding"으로 간단명료하게 잘 표현된다.[4] 두 가지 결론 모두 온실에서 키우는 식물을 대상으로 그가 직접 수행한 실험을 통해 도출했다. 먼저 그는 근친교배의 단점을 발견했다. 근친교배를 통해 나온 자손일수록 생명력이 약했다. 이러한 결론을 도출한 이후 그는 큰 걱정에 사로잡혔다. 다윈 자신이 사촌이었던 에마 웨지우드 Emma Wedgwood와 결혼해 가정을 이룬 상태였기 때문이다. 당시에는 사촌 간의 결혼이 그리 드문 일이 아니었지만 그는 식물의 근친교배에서 나타난 악영향이 자신의 아이들에게도 발현될까봐 걱정했다. "내게는 여섯 명의 아들과 두 명의 딸이 있어!! 내 아이들이 건강하지 않다는 사실이 내 행복에 큰 장애가 되고 있다네." 그는 1858년 친구에게 보낸 편지에서 위와 같이 토로했다.[5] 실제로 열 명의 아이 중 셋은 유년기에 죽었다. 그중 그가 아끼던 딸인 앤은 열 살에 죽었다. 사망 원인은 주로 결핵이었다. 다윈이 걱정하는 것도 무리가 아니었다. 다윈과 웨지우드의 최근 가계도를 분석한 결과, 근친교배에 대한 그의 두려

움에는 근거가 충분히 있었다.[6]

다윈의 두 번째 결론은 그의 개인사에 큰 중요도를 갖는 것은 아니었지만 실제로는 그 파급력이 엄청났다. 잡종 종자의 이론적 근거를 형성해 20세기 농업의 진화를 이끈 중심축이 되었기 때문이다. 그는 이렇게 결론 내렸다. "나는 육종가들 대부분이 보편적으로 믿고 있는 견해와 일치하는 수많은 사실을 모았다. 동식물을 막론하고 각기 다른 변종 사이, 또는 같은 변종이지만 계통을 달리하는 개체 사이의 교잡, 즉 이종교배를 통해 나온 자손일수록 생명력과 번식력이 강하다."[7] 다윈은 이종교배의 강인한 생명력에 대한 법칙을 우연히 생각해냈지만, 옥수수가 되었든 소나 개가 되었든 간에 각기 다른 변종을 부모로 한 자손이 같은 품종의 부모에게서 태어난 자손보다 더 빠르게 자라고 일반적으로 더 건강하고 강인했다.[8]

다윈이 《종의 기원》을 출간한 지 몇 년이 채 지나지 않아 오스트리아의 독실한 수사였던 그레고르 멘델Gregor Mendel은 수도원의 정원에서 흔하게 볼 수 있는 완두콩을 가지고 8년에 걸친 실험을 수행했다. 가난한 소작농의 아들로 태어난 그는 학업에 특출한 재능을 보였지만 경제적인 문제로 학업을 이어가는 것이 쉽지 않았다. 멘델은 결국 수도원에 들어가게 되었는데, 천성이 수줍음이 많고 건강 상태가 좋지 못했던 그는 신부로서의 직무를 수행할 수 없었다. 대신 고등학교에서 수학과 라틴어를 가르치며 기나긴 실험을 이어나갔다.[9]

그 당시만 해도 식물과 동물은 양쪽 부모에게서 고루 혼합된 유전적 형질을 물려받는다는 생각이 퍼져 있었다. 그는 이것이 사실인지 밝혀보기 위해서 실험에 나섰는데, 실험대상으로 완두콩을 택한 데는 그럴 만한 이유가 있었다. 보통 자연 상태에서 완두콩은 암술과 수술이 꽃잎에 덮여 있어 자가수분을 한다. 멘델은 꽃잎을 열어 수술을 제거한 다음, 형질이 다른 꽃의 꽃가루를 암술머리에 옮겨 주는 타가수분을 하고 꽃잎을 덮어두었다. 이렇게 하면 다른 꽃가루가 수분될 수 없어서 각 식물의 계통에 대한 확실한 결과를 얻을 수 있었다. 게다가 완두콩은 둥글고 주름진 모양, 녹색과 황색 콩깍지, 길고 짧은 줄기 등, 대립 형질이 뚜렷해 유전 형질을 명확하게 관찰하기에 좋았다.[10]

완두콩이 실험을 하기에 적합하기는 했어도 본격적으로 실험에 들어가기에 앞서 상당한 준비 작업을 해야 했다. 그는 먼저 어떤 형질을 가진 암술과 수술을 자손에게 물려줄 것인지 확실하게 알 수 있어야 했다. 2년 동안 수 세대에 걸쳐 실험한 결과, 그는 부모와 동일한 형질을 가진 자손만 나타나는 '순종'이 있다는 것을 확인했다. 그는 순종 완두콩을 확보하고 나서 다른 형질을 가진 순종끼리의 타가수분, 즉 교배 실험을 시작했다. 그는 둥근 콩과 주름진 콩, 녹색 콩깍지와 황색 콩깍지, 긴 줄기와 짧은 줄기 등, 형질이 다른 완두콩들을 교배했다. 그렇게 수천 그루의 완두콩을 교배한 끝에 실험이 막바지에 이르렀다.

멘델은 이종교배를 통해 얻은 잡종에게서 주목할 만한 특징을 발견했다. 둥근 콩과 주름진 콩 순종을 교배해서 얻은 완두콩은 모두 둥근 콩이었다. 녹색 깍지와 황색 깍지 순종을 교배한 결과는 모두 녹색이었다. 긴 줄기와 짧은 줄기를 교배한 결과는 모두 긴 줄기였다. 잡종은 이를테면 반만 주름진 콩, 녹색과 황색이 섞인 깍지, 중간 길이의 줄기처럼 두 가지 형질이 섞인 형태가 아니었다. 그는 둥근 콩, 녹색 깍지, 긴 줄기를 우성이라고 명명했다. 기존의 상식을 깨는 새로운 연구결과였지만 그는 실험을 멈추지 않았다. 이 실험에서 돋보이는 천재성은 그가 계속해서 다음 세대의 완두콩을 가지고 실험을 진행했다는 사실이다. 그는 다른 형질의 순종 간 교배에서 얻은 제1대 잡종 완두콩을 대상으로 자연 상태에서처럼 자가수분하도록 내버려두었다. 그 결과, 둥근 콩의 수술과 암술이 자가수분해서 나온 자손임에도 불구하고 일부는 둥근 콩, 일부는 주름진 콩이 나타났다. 콩깍지도 녹색뿐 아니라 황색이 다시 나타났다. 줄기 역시 긴 줄기와 더불어 짧은 줄기가 나타났다. 그런데 그 비율이 일정했다. 둥근 콩과 주름진 콩이 3대 1의 비율로 나타났다. 녹색과 황색 깍지, 그리고 긴 줄기와 짧은 줄기도 3대 1의 비율로 나타났다. 아마추어 생물학자였던 멘델이 오늘날 모든 생물학도들이 공부하고 있는 우성과 열성의 법칙을 발견한 것이다.

멘델은 각 형질이 두 개의 대립되는 유전 인자를 가지는데, 하나는 난세포egg, 다른 하나는 꽃가루의 정핵sperm에서 온다고 가정했다. 오늘날 이 인자들은 유전자로 잘 알려져 있다. 멘델은 우성 형질 이론과 접목해서 이러한 인자들 때문에 완두콩 잡종 2세대에서 1세대에 나오지 않았던 형질이 나타나는 것이라고 설명할 수 있었다. 일례로 타가수분에서 정핵이 녹색 콩깍지 인자를, 난세포가 황색 콩깍지 인자를 물려주었다면(녹색 깍지 순종과 황색 깍지 순종을 교배해서 확신할 수 있었던 사실이다), 우성형질의 발현으로 깍지는 모두 녹색으로 보일 터였다. 하지만 잡종 1세대끼리 교배했을 때, 난세포와 정핵이 모두 열성 인자를 물려주었다면 잡종 2세대에서 황색 깍지가 나왔다. 잡종 1세대는 녹색 인자와 황색 인자를 각각 하나씩 받아 우성형질이 발현되어 모두 녹색이었다. 이는 잡종 2세대에서는 황색 인자가 나올 가능성이 있다는 뜻이었다. 자가수분한 잡종 2세대에서는 우성인 녹색이나 열성인 황색 인자를 받을 확률이 동일하다. 네 가지 경우의 수 중 한 종류만이, 즉 정핵에서도 황색, 난세포에서도 황색을 받았을 경우에 한해서만 황색 인자가 나왔다. 또 한 가지 종류는 우성 인자인 녹색만을 물려받아 녹색 깍지가 나온다. 마지막으로 녹색 인자와 황색 인자를 각각 물려받은 두 종류는 우성인자가 발현되어 녹색으로 나타난다. 이러한 결과는 둥근 콩과 주름진 콩, 긴 줄기와 짧은 줄기의 교배에서도 마찬가지였다.

멘델은 열성 유전자가 여러 세대를 거쳐서 발현될 수 있다는 것을 증명함으로써 다윈이 품고 있던 의문, 즉 "어째서 할아버지나 할머니의 특징이 아이에게 나타나는 경우가 종종 있는지"에 대한 답을 얻었다. 멘델의 실험 결과는 융합 유전 이론에 배치되었다. 멘델은 운이 좋게도 단일한 유전자가 콩의 모양과 콩깍지 색, 줄기의 길이를 결정하는 식물을 대상으로 실험할 수 있었다. 그렇지 않았다면 그가 밝혀낸 것처럼 한결같이 일정한 비율을 도출해내지는 못했을 것이다.[11] 인간의 눈이나 피부 색 같은 여러 유전형질은 이 같은 패턴을 따르지 않는다.

멘델의 실험은 그가 수도원장을 맡게 되면서 종지부를 찍었다. 그는 실험 결과를 다윈에게 보냈지만, 다윈은 멘델의 편지를 아예 읽지도 않았거나 혹은 무시했던 것 같다. 패러다임을 바꿀 만한 멘델의 실험 결과는 30년 넘게 묻혀 있었다.[12] 그러다가 1900년 무렵, 네덜란드, 독일, 오스트리아에 활동하는 세 명의 식물학자가 같은 결론을 도출하여 멘델의 실험이 다시 수면에 떠올랐다.[13] 멘델은 유전학의 아버지라는 적절한 명성을 갖게 되었지만 자신의 연구가 빛을 보는 것을 목격하지 못한 채 죽었다. 수도원의 정원에서 수천 송이의 꽃을 수분시켰던 참으로 지난했던 그의 연구 덕분에 전 세대 농부들의 시행착오를 바탕으로 한 실험보다 훨씬 예측 가능하고 통제 가능한 육종의 시대가 열렸다.

다윈과 멘델의 실험은 농산물 수확량을 대폭 향상시킨 상업용 종자를 생산하기 위한 20세기 식물 육종가들의 연구에 단단한 토대를 마련해주었다. 지침이 된 원칙은 근친교배를 지양하고, 잡종의 강한 생명력을 활용하며, 예측 가능한 형질을 가진 종자를 생산하는 것이었다.

옥수수 지대를 점령한 잡종

옥수수는 고기를 제공하는 소, 돼지, 닭, 생선의 사료로 쓰인다. 음료의 감미료로 사용되는 콘시럽의 원료이기도 하다. 옥수수기름은 감자와 양파를 튀길 때 사용한다. 옥수수는 오늘날 미국 식단의 뒷면에서 주재료로 활용되고 있다. 실제로 미국은 최대 옥수수 생산지로서, 전체 농지의 4분의 1에서 옥수수를 재배한다.[14]

멘델의 유전법칙이나 옥수수의 특정 유전형질 분석이 없었다면, 옥수수의 대량 생산은 실현되지 못했을 것이다. 옥수숫대의 맨 위쪽에 피는 '개꼬리'라 부르는 부분이 꽃가루를 생산하는 수꽃이다. 일반적인 환경에서는 바람을 통해 정핵이 함유된 꽃가루가 옥수수의 암술에 해당하는 옥수수수염에 떨어진다. 바람에 실려 떨어진 꽃가루 속 정핵이 옥수수수염에 있는 난세포와 만나 수정하여 옥수수 낱알의 배아가 된다. 이런 방식으로 자신 혹은 이웃 옥수수 줄기의 끝에서 떨어진 수백만 개의 꽃가루가 난세포와 만나 자가수분, 혹은 타가수분을 통해 알맹이가 된다.

식물 육종가들은 수정시키고 싶은 옥수수 옆에 원하는 품종의 꽃가루를 만드는 옥수수를 심거나 꽃가루를 받는 암술에 해당하는 수염을 자르거나 덮는 방식을 통해 정핵과 난세포의 수정을 인위적으로 조작할 수 있다. 이렇게 하면 자가수분될 가능성이 줄어들고 근처 옥수수의 꽃가루가 자르거나 덮어 놓은 옥수수수염의 난세포와 만나 수정할 가능성이 높아진다. 미리 정해놓은 수염을 가진 옥수수가 정해 놓은 옥수수의 꽃가루만을 받게 되는 것이다.

훗날 멘델의 연구결과를 재발견했던 식물학자들이 그랬던 것처럼 멘델은 완두콩 연구 이후에 옥수수를 실험했다.[15] 하지만 옥수수는 학계를 넘어서 다른 분야에서 큰 관심을 끌었다. 19세기에 유럽인들이 북아메리카의 대초원으로 퍼져나가 바람으로 수분되는 옥수수를 재배하던 때에, 식물 품종개량은 종자 상인의 관심 영역이었다. 종자 상인은 일찍 여물고, 알맹이 색이 밝은 노랑이고, 질병에 대한 내성이 강하며, 크기도 적당한 옥수수 알을 택해 이러한 알맹이에서 나온 속씨를 말려 농부들에게 팔았다.[16] 그러면 농부들은 옥수수 지대 전역에서 펼쳐지는 옥수수 박람회에서 이러한 종자로 키운 가장 좋은 옥수수를 진열했다. 더 나은 작물을 얻을 요량으로 계속해서 품종을 교배시키는 종자 상인들에게 옥수수를 선보이는 자리였다. 종자 상인과 농민의 이러한 모든 노력에도 불구하고 옥수수의 한 가지 특징만은 요지부동이었으니, 다름 아닌 수확량이었다. 1860년대부터 1930년대까지 옥수수 밭의 수확량은 1에이커당 25부셸이 채 되지 않았다.[17]

멘델의 획기적인 실험 결과가 빛을 보게 된 이후인 20세기 초반의 몇십 년 동안, 일부 미국 과학자들, 일례로 코네티컷주의 에드워드 머레이 이스트Edward Murray East와 네브래스카주의 롤린스 애덤 에머슨Rollins Adam Emerson 등이 다윈의 이론과 멘델의 연구결과를 적용해서 더 나은 옥수수 종자를 만들기 위한 연구에 매진했다. 이러한 연구의 발단은 학문적 도전뿐 아니라 경제적 이익과도 관련이 있었다. 옥수수 수확량이 늘어나면 농민들은 경제적으로 수익성이 높은 가축의 사료를 충분히 확보할 수 있을 터였다. 당시 중서부에 펼쳐진 옥수수 밭의 주요 목적은 가축을 사육하는 것이었다. 전기 작가는 의지가 확고한 이 과학자들에게 "풍요의 선지자"라는 별명을 붙이기도 했는데, 이들은 그들의 실험에 사용할 '별난' 종자를 찾아 시골 전역에서 열리는 옥수수 박람회를 샅샅이 훑고 다녔기 때문이다.[18]

이러한 종자들은 줄무늬 이파리, 밑부분이 갈라진 옥수수 알, 왜소한 줄기 등 독특한 형질을 가지고 있었다. 풍요의 선지자들은 자손의 특징을 신뢰할 수 있는 선에서 예측할 수 있도록 어떤 형질이 멘델의 패턴을 따르는지 알아내기 위해 실험을 거듭했다. 멘델이 순종 완두콩을 얻었던 방식을 모방해 같은 특징을 가진 옥수수끼리 나란히 심어 순종을 얻은 다음 교배시키면, 다윈이 말한 '이종교배의 장점'을 활용할 수 있을 터였다. 이렇게 순종을 교배해 얻은 잡종 종자를 농민에게 파는 것이었다. 그러면 이론상으로는 잡종의 강인한 생명력을 발휘해 자연 상태에서 바람에 의해 수분되는 옥수수보다 더 잘 사라고 많은 열매를 맺는 옥수수가 될 것이었나. 하지만 한 가지 문제는 있었다. '근친교배의 단점'에 따르면, 근친교배로 수정된 약한 품종은 교배를 시킬 만한 충분히 많은 낱알을 맺지 못해서 수지가 맞을 규모로 잡종을 생산할 수가 없다. 그러던 중 이스트의 제자였던 도널드 존스Donald Jones가 문제를 해결하는 방법을 알아냈다. 그는 2종의 순종으로 단일교잡을 하는 대신에 네 가지 조합 방식을 활용해 잡종 종자를 얻었다. 먼저 4종의 순종을 2종씩 교배해 잡종을 얻어낸 뒤 여기서 나온 잡종을 다시 교배하는 방식이었다. 제1대 이종교배에서 잡종강세의 이점을 살려 충분한 양을 수확한 종자를 가지고 다시 복교잡을 하면 상업적으로 가치가 있는 잡종 종자를 만들어낼 수 있었다.[19]

1926년에 향후 미국의 부통령이 되는 헨리 월리스Henry Wallace는 아이오와주에 하이브레드 콘 컴퍼니Hi-Bred Corn Company를 세워 최초로 잡종 옥수수 종자를 농부에게 팔았다. 이 종자는 대공황 시기 뉴딜정책에 힘입어 옥수수 지대 전역으로 들불처럼 번졌다. 옥수수 수확량은 경이에 가까울 정도였다. 1940년대 중반 아이오와주의 옥수수는 모두 잡종 종자를 심은 것이었다. 1950년대 중반 무렵, 미국 옥수수 밭의 10분의 1에서 잡종을 재배했다.[20] 1960년이 되자 옥수수 수확량은 자연 상태에서 수분되던 20세기 초반보다 두 배 가까이 증가했다.[21] 궁극적으로 20세기 폭발적인 수확량 증가분의 절반 정도는 잡종 종자 덕분이다.[22] 나머지 절반은 화학비료, 살충제, 새로운 기계 도입에서 기인했다. 잡종 종자를 중심축으로 성장한 20세기 초반의 유산은 미국 중서부 옥수수 지대를 지나는 비행기 창문 아래로 누구나 쉽게 확인 가능하다. 그곳에는 화학비료와 기계를 사용하며 옥수수를 대량 생산하는 대형 농장이 끝없이 펼쳐져 있다.

멘델의 발견과 잡종의 강세는 상업적 종자를 판매하는 회사에 큰 기회가 되었다. 잡종의 강한 생명력은 2세대에서 줄어들기 때문에 농부들은 매년 잡종 종자를 새로 살 수밖에 없었다. 그러나 옥수수 수확량은 몇 배로 증가했다. 내년 농사를 위해 종자를 갈무리하던 시대는 막을 내렸다.

1930년대 미국에서 잡종 종자가 크게 부상한 이후, 다른 나라에서도 옥수수 수확량이 대폭 증가했다. 산업화된 국가의 농민들은 비료와 새로운 농기계와 함께 잡종 종자를 수입했다. 1965년에서 2000년 사이에 독일의 옥수수 수확량은 두 배 증가했다. 1940년에서 2000년 사이에 캐나다에서는 세 배, 1950년에서 1980년대 중반 사이에 프랑스에서는 네 배나 증가했다.[23] 이 시점에서부터 거대한 성장의 톱니바퀴가 움직이기 시작했다. 또한 멘델의 유전법칙이 수도원의 정원을 넘어 멀리 전파됨에 따라 수확량이 치솟은 작물은 옥수수만이 아니었다.

난쟁이가 키다리를 이기다

크룩스는 1898년 연설에서 화학자들에게 대기 중의 질소를 합성하는 방법을 찾아달라고 호소했다. 또한 같은 연설에서 "한 세대 이내에 미국의 인구는 계속 증가해서, 자국에서 생산하는 밀을 모두 소비하게 될 것이며, 이로 인해 전 세계 밀 수확량을 차지하기 위해 치열한 경쟁이 야기될 것"이라고 경고의 목소리를 높였다.[24] 그러나 그의 예측은 빗나갔다.

비옥한 초승달 지대에서 처음으로 재배된 야생 밀은 1800년대 중반 유럽 정착민들과 함께 나무 하나 없는 건조한 평원인 미국의 대초원에 들어왔다. 처음에는 가뭄, 바람, 모래 폭풍 같은 위험뿐만 아니라 메뚜기 떼, 식물의 병해가 정착민의 농작물에 큰 재앙을 초래했다. 작물은 물론 정착민들도 혹독한 자연환경에 익숙하지 않았다. 수십 년 후에 크림반도의 메노파 교도 사람들이 평원에 정착하면서 터키의 작은 계곡이 원산지인 씨앗을 가져왔다. 터키밀Turkey wheat이라 불리는 이 밀은 전 세계에 분포하는 수백 가지 품종 중 하나로, 농부들이 시행착오를 거쳐 특정 기후와 토양에서 적응하도록 길들였다. 터키밀은 그 후 사반세기 동안 주요 품종이 되어 네브래스카, 캔자스, 텍사스 북서부, 오클라호마, 콜로라도에 전파되었다.[25]

20세기 초반에 멘델의 유전법칙이 마침내 세상의 이목을 끌게 되고 잡종 옥수수 육성에 관심이 많은 이들이 농민에게 종자를 판매하는 새로운 사업을 개척했듯이, 점점 더 세계화되는 밀 시장의 수요를 맞추기 위한 상업적 관심이 고조되었다. 비료와 농기계의 도입으로 밀 수확량이 증가하고 있는 상황에서 이제는 유전학이 빛을 발할 때였다. 미국 육종가협회의 설립자인 윌렛 헤이스Willet Hays는 이렇게 말했다. "과학, 독창적인 발명, 건설적인 기술, 기업 조직, 국내외 대대적인 시장 수요가 기계와 관련된 산업의 발전을 촉발했듯이, 토양과 공기, 태양 광선의 힘을 가치 있는 상품으로 전환하기 위해 살아 있는 것들을 기계처럼 작동할 수 있도록 발전시키는 방법을 찾아내야 한다."[26] 그는 계속해서 극적인 표현을 동원해 다음과 같이 주장했다. "생식 세포의 에너지, 그리고 생식 세포가 성숙한 식물과 동물로 생장하는 과정은 가장 강력한 기관차의 기계 장치보다 더 난해하고 심오하다. 이러한 살아 있는 기계의 한 세대가 가진 지배력은 미세한 생식 세포와 자손의 발생을 기반으로 하여, 혹은 어쩌면 셰익스피어 같은 천재적인 단일 개체의 잠재력을 통해 힘 있게 돌진해 가치 있는 새로운 품종으로 100만 배 가까이 증식할 가능성이 있다."[27]

수확량이 높은 밀의 새로운 품종을 육종하기 위한 연구에는 이스트와 에머슨이 옥수수를 육종할 때와는 또 다른 어려움이 뒤따랐다. 밀은 옥수수처럼 바람을 매개로 수분되지 않는다. 완두콩처럼 같은 꽃 안에 있는 꽃가루의 정핵과 암술이 만나 꽃이 피기도 전에 자가수분한다. 이러한 진화적 적응 덕분에 밀은 바람이 꽃가루를 메마르게 할 가능성이 거의 없는 대초원과 같은 건조한 지역에서 잘 자랄 수 있다. 하지만 바로 이러한 생물학적 특성 때문에 잡종을 상업적으로 생산하는 것이 불가능했다. 잡종 옥수수는 특정 수꽃을 특정 암꽃과 나란히 심으면 바람에 의해 수월하게 수분이 되었다. 하지만 자가수분을 하는 밀의 경우, 멘델이 일일이 꽃가루를 붓에 묻혀 수분이 이루어지도록 했듯이 한 품종의 꽃가루를 직접 다른 품종의 암술에 묻혀야 했다. 이는 대량으로 생산하기에는 너무 비효율적인 방식이었다.[28]

밀의 생물학적 특성상 잡종 종자의 생명력을 활용하는 방법이 쉽지 않았지만, 식물 육종가들은 원하는 특성을 지닌 새로운 품종을 만드는 데 어느 정도 성공을 거뒀다. 일례로 바람에 잘 쓰러지지 않는 튼튼한 줄기를 가진 품종을 만들기 위해 꽃가루를 일일이 암술에 묻혀주는 노고를 아끼지 않으며 잡종 종자를 얻어냈다. 외래종과 교배한 새로운 품종들은 마퀴스Marquis, 블랙헐Blackhull, 펄츠Fultz, 풀캐스터Fulcaster를 비롯해 수없이 많다.[29] 새 품종들이 어느 정도 수확량 증가에 일조했지만 밀밭이 확장됨에 따라 수확량이 늘어난 것이지 각 밀밭의 수확량이 눈에 띄게 증가한 것은 아니었다.

획기적인 변화가 일어난 것은 1940년대였다. 전 미국 농무부 장관인 호러스 캐프런Horace Capron은 일찍이 1874년에 일본에서 목격했던 줄기가 짧은 밀의 장점에 대해 보고한 바 있었다. 그의 기록에 따르면 일본의 밀은 "줄기가 짧지만 그에 비해 이삭이 묵직하다. 줄기는 60센티미터 이상 자라는 경우가 드물고 대부분 50센티미터 이하하다. … 이 밀은 일본의 비옥한 땅에서 자라 가장 큰 수확량을 자랑하는데, 미국의 것과는 달리 그 줄기가 꺾여 땅에 누우면서 작물이 손상되는 일이 절대로 없다."[30] 식물 육종가들은 짧은 줄기의 이점에 대해 큰 관심을 기울이지 않다가 화학비료와 관개시설, 농기계의 도입으로 수확량이 증가하기 시작하자 비로소 새로운 품종에 눈길을 돌렸다. 허리 높이가 아니라 무릎 높이까지 자라는 줄기가 수확량에 큰 영향을 미쳤다. 키가 작은 밀은 줄기가 튼튼해서 바람이 불거나 알곡이 무르익어 무거워져도 잘 쓰러지지 않아서 습기가 있는 토양에 누운 채로 썩거나 설치류의 먹이가 되는 경우가 훨씬 적었다. 위치타Wichita, 포니Pawnee, 코만치Comanche, 트라이엄프

Triumph 같은 이름을 가진, 길이가 짧고 줄기가 단단한 품종들이 키가 큰 품종들을 대체하면서 수확량이 증가하기 시작했다.[31]

대두를 찾아서

20세기 초반, 농업의 산업화가 진행 중이던 미국. 중서부 지역의 3대 농작물 중 세 번째로 비중이 컸던 대두는 다른 경로를 걸었다. 오래전 중국의 북동 지역에서 처음 재배된 이 콩은 쌀, 밀, 보리, 수수와 함께 중국 문명에서 대단히 중요한 곡물 중 하나가 되었다.[32] 콩은 교역로를 따라 아시아 전역으로 전파되어 된장, 템페(콩을 발효시켜서 만든 인도네시아 음식 - 옮긴이), 두부의 재료로 사용되며 고단백질 영양원으로 자리 잡았다.

16세기 후반부터 17세기에 걸쳐 선교사와 학자들이 대두를 유럽에 들여왔지만 대두가 유럽 농업에서 차지하는 비중은 미미했다. 북아메리카에는 동인도 회사의 선원이었던 새뮤얼 보엔Samuel Bowen이 중국에서 런던을 경유해 들어오면서 처음으로 대두를 가져왔다. 그는 조지아주에 있는 그의 농장에 대두 종자를 심고서 간장과 국수를 제조하는 특허를 신청했다. 벤자민 프랭클린Benjamin Franklin은 런던에서 종자를 보내 필라델피아 근처에 있는 그의 밭에 심었다. 하지만 그때까지도 북아메리카에서 대두 농사가 깊게 뿌리를 내리지는 못했다. 농부들은 주로 가축의 사료로 쓰기 위해, 그리고 토끼풀과 마찬가지로 콩과 식물의 뿌리에 서식하는 박테리아를 이용해 질소를 고정하기 위해서만 대두를 재배했다.

19세기 후반에 미국 농무부는 새로 설립한 관청인 '외국 종자 및 식물 도입국'을 통해 정식으로 식물 견본을 들여왔다. 수십 년 후에 이 관청 소속 하워드 모스Howard Morse와 빌 도싯Bill Dorset은 가족들을 데리고 대두 종자를 수집하는 긴 여행에 나섰다. 1929년에서 1931년 사이 그들은 중국, 일본, 한국 전역을 여행했는데, 과채 시장, 식료품점, 꽃가게, 식물원, 농장, 콩을 이용한 식품 제조 공장, 야생을 누비며 1만 가지가 넘는 종자 견본을 가져왔다. 큰 것도 작은 것도 있었고, 빨간색, 검은색, 노란색 등 색깔도 다양했으며 줄무늬가 있는 것도 있었다. 둥근 모양, 타원형 모양도 있었다. 그 안에는 콩 종자 육종가들이 필요로 하는 유전적 요소들이 다 있었다. 수확량이 많은 견고한 품종의 옥수수 종자를 만들어내기 위해 종자 상인들이 농산물 박람회를 누비며 특정 유전적 형질을 찾아낸 것과 같은 과정이었다. 육종가들은 수확량, 식물이 자라는 다양한 기후대, 잘 쓰러지지 않는 줄기가 짧은 식물 등 여러 형질을 택할 수 있었다.[33]

일리노이주의 디케이터에서 활동하는 기업가였던 오거스터스 스테일리Augustus Staley는 1922년에 이 작물의 상업적 가능성을 타진했다. 그는 일리노이주 농민들을 고용해 경작한 대두를 가공해 식품을 만드는 최초의 공장을 설립했다. 수익성이 높은 상품은 간장이나 템페, 두부가 아니라 콩에서 짜낸 기름과 소, 닭, 돼지에게 사료로 먹이는 대두박(콩에서 기름을 짜내고 남은 찌꺼기 — 옮긴이)이었다. 콩은 회사에 막대한 수익을 안겨주었고, 얼마 후 디케이터는 전 세계에서 가장 규모가 큰 대두 생산 중심지로 우뚝 섰다. 식물 육종가들은 종자 은행을 통해서 가축의 입맛에 맞으면서 더 많은 기름을 짜낼 수 있는 품종들을 만들어냈다. 밭에 심어진 콩이 그 자체로 사료로 쓰이는 것은 아니었다. 콩이 소의 위장에 들어가기까지는 대두박 생산 공장을 거쳐 트럭과 기차를 통해 먼 길을 돌아야 했다. 제2차 세계대전 이후, 주식으로 먹던 콩은 마가린 및 쇼트닝의 원료가 되는 콩기름, 그리고 고기 및 유제품의 원료가 되는 가축의 사료로 그 용도가 변화되어 상용화되었다. 미국은 세계 최대의 대두 생산지가 되었으며 최근에는 마토 그로소에서 대두 농장을 경영하는 대두 왕 (서문에서 등장했던 블레로 마기 — 옮긴이) 덕분에 브라질이 그 뒤를 바짝 쫓고 있다.[34]

고대의 태양에너지에서 온 동력

20세기 초 삭물의 유전자 변형 기술과 함께 화학비료와 화석연료를 동력으로 한 기계 도입은 미국 중서부 지역의 산업형 농장에서 생산되는 옥수수, 밀, 대두의 수확량을 증대하는 기반이 되었다. 정부에서 지원을 받는 대학 소속 과학자들은 수확량이 많은 작물을 만들어내기 위해 연구에 매진했다. 특허와 이윤을 노리는 사기업들도 신품종 육성에 뛰어들기 시작했다.[35]

땅이 비옥한 초원과 평원은 계속해서 산업형 농업의 세계 중심지가 되었다. 20세기에 들어서자 미국 농장 대부분이 다각화된 농업을 지향해 채소와 과일을 모두 재배하고 닭과 말, 젖소, 돼지를 한 번에 사육했다. 20세기가 진행되면서 작은 농장들은 대규모 기업형 농장으로 합병되었다. 대농장은 점차 분업화되면서 옥수수, 밀, 콩을 비롯한 소수의 작물만을 재배했다. 그리고 사람을 대체하는 새로운 농기계가 도입되면서 대규모 농장에는 소수의 관리자만 남았다.[36] 농촌 지역의 인구 대다수는 도시로 이주했다. "미국이 곧 밀 수입국이 될 것이다"라고 말했던 크룩스의 예측과 달리,[37] 미국의 농업 핵심지에서 생산된 식량은 늘어난 도시 인구를 충분히 부양했을 뿐 아니라 전 세계로 잉여 농산물을 수출하기에 이르렀다.

크룩스의 예측이 빗나간 이유를 본다면, 부분적으로는 그가 식물 육종에서 얻을 수 있는 막대한 수확량 증가를 내다보지 못했기 때문이다. 또한 그는 가축의 노동력을 보완할 화석연료에 대해서도 예측하지 못했다. 중서부의 단일재배 농장에서 식량을 생산하고 운반하는 동력은 화석연료에 축적된 고대의 태양에너지였다. 인력은 기계를 작동하고 트럭을 운전하는 정도로 최소한만 남았다. 트랙터가 본격적으로 사용되기 전인 1900년 무렵 미국 농장에는 무려 2,000만 마리가 넘는 말과 노새가 노동력을 제공했다. 그로부터 50년 후에는 300만 대가 넘는 트랙터와 800만 마리가 채 안 되는 말과 노새가 농장에서 활용되었다.[38] 인류가 채집을 하던 시대와는 에너지 계산법이 완전히 달라졌다. 수렵채집 사회에서는 식량을 얻기 위해 투자한 에너지보다 식량에서 얻는 열량이 초과되어야 하지만, 화석연료를 사용함에 따라 투자한 에너지 대비 실제 한 사람이 섭취하는 열량은 훨씬 작을 수 있다. 흔히 사용되는 칼로리 단위로 계산해보면, 음식을 통해 개인이 얻는 에너지 총량은 실제 그 음식을 생산하는 데 투여한 에너지 총량보다 훨씬 적을 수 있다. 물론 화석연료 비용이 감당할 수 있는 범위 내에서 그러하다. 농사, 운반, 가공, 포장, 가정 내 저장 및 준비를 포함하는 모든 과정을 다 아우른다고 전제할 때, 미국의 식량체계 내에서 온갖 종류의 과일, 채소, 달걀, 우유, 고기 등을 생산하는 데 필요한 에너지는 칼로리로 환산 시 이러한 음식을 섭취해서 얻는 열량보다 7배에서 15배 이상 많다. 다시 말해서 누군가의 식탁에 오르는 음식을 생산하고 운반하기 위해 1칼로리당 7~15배 정도 더 많은 에너지를 소모하는 것이다.[39]

누구나 예측할 수 있듯이, 미국 중서부 지대의 수많은 소규모 농장들이 화석연료를 기반으로 하는 대규모 단일재배 농장으로 전환된 변화의 중심축은 미국인을 비롯해 전 세계인들의 식단에 영향을 미쳤다. 거대한 톱니바퀴 시대의 영향은 가정의 식품 저장실과 식탁에서 관찰되기 시작했다.

고기는 더 많이, 전분은 더 적게

모든 나라와 모든 문화에 일괄적으로 적용되는 양상이 그렇게 많은 것은 아니다. 미국의 지리학자인 메릴 베넷Merrill Bennett은 몇 안 되는 보편적인 양상 중 하나를 찾아내기에 이르렀다. 그는 거대한 톱니바퀴 시대가 본격적으로 시작되기도 전인 1930년대 초반에 인간 사회의 거의 어디에서나 공통적으로 보이는 특징을 관찰했다. 요리 종류, 종교적 금기, 취향의 차이에도 불구하고 사람들은 부유할수록 전분을 적게 먹는다. 즉, 밀, 옥수수, 쌀, 감자를 적게 먹고 육류, 달걀, 우유, 치즈를 많이 먹는다. 1935년을 기준으로 전 세계 국민들이 먹은 음식을 분석한 베넷은 이렇게 결론짓는다. "전체 식품 칼로리 중 곡물과 감자의 칼로리가 차지하는 국가별 비율은 … 국민 소득의 1인당 상대적 비율이나 상대적 소비 수준, 생활 수준, 경제적 생산성 같은 지표들이 서로 부합하는 한에서 이를 대략적으로 보여줄 수 있다."[40] 당시 세계 인구 중 10분의 1만이 10칼로리당 6칼로리 이상을 전분이 아닌 육류에서 얻었는데, 그중 대다수가 미국 국민이었다.[41] 인구밀도가 높은 아시아와 인구밀도가 상대적으로 낮은 아프리카에 해당하는 전 세계 인구 3분의 2 이상이 육류에서 얻는 열량은 10칼로리당 2칼로리에 지나지 않았다. 어쩌다 한 번 고기와 달걀을 먹는 게 전부였고 주로 쌀이나 전분이 함유된 곡물을 주식으로 삼았다.

육식에 관한 윤리적 문제는 논외로 하기로 하고, 고기와 기타 동물성 식품은 여러 문화권에서 귀한 음식이었다. 동물은 그들이 먹은 음식 속에 저장된 태양에너지를 질소가 함유된 필수 단백질로 전환한다. 단백질의 경우, 먹이사슬의 윗단계로 이동할수록 생명

활동 유지에 필요한 에너지가 손실되는 단점이 있다.

일부 동물은 특히 다른 동물에 비해 에너지 측면에서 비용이 더 많이 들어가는데, 그중에서도 소가 가장 비용이 많이 들어가는 동물이다. 소에서 나오는 고기 1파운드당 필요한 사료는 32파운드에 이른다. 이는 소가 사료를 통해 먹은 단백질 가운데 겨우 5퍼센트만이 식탁 위에 오른다는 뜻이다. 소의 사료가 미국에서 생산되는 작물의 대부분을 차지하는 콩이나 옥수수라면, 손실되는 칼로리를 생산하는 에너지는 화석연료에 축적된 고대의 태양에너지라고 할 수 있다. 만약 소가 인간이 소화시킬 수 없는 풀을 직접 뜯어먹는다고 한다면, 소고기를 먹는다는 것은 단백질을 얻기 위해 화석연료의 도움을 받지 않고 태양에너지를 직접 이용하는 셈이 된다. 젓소와 함께 고기나 달걀을 얻기 위한 닭은 소보다 사료를 더욱 효율적으로 단백질로 전환한다. 고기를 얻기 위해 키우는 닭의 경우, 사료로 먹은 곡물의 단백질 중 25퍼센트가 최종 식탁에 오른다. 달걀을 얻기 위해 키우는 닭은 그 수치가 30퍼센트이며, 젖소는 40퍼센트이다. 동물이 먹는 사료와 단백질을 전환하는 효율에서 보이는 차이는 육식과 관련한 단순한 찬반 논쟁을 떠나서 더욱 미묘한 스펙트럼을 보여준다.[42]

베넷은 전 세계 사람들이 경제적으로 여유가 있을 때 전분을 적게 먹는 식단으로 전환한다고 결론지었다. 이는 관개를 목적으로 지하수를 개발하기 위한 천공기를 비롯해 다양한 기계에 동력을 제공하는 화석연료의 보급과 광범위한 살충제 개발, 밀과 쌀의 다수확 종자 육성, 화학비료가 완전히 확산되기 전에 나타난 현상이었다. 20세기 후반, 자연을 변형시키는 이러한 다양한 기술로 인해 증가한 식량 생산은 베넷의 법칙을 시험대에 올렸다. 전 세계 수많은 지역에서 식단은 극적으로 변했다. 식단의 변화는 우리에게 이롭기도 해롭기도 했다. 이에 관해서는 추후에 다시 살펴볼 것이다.

단일재배가 미국 중서부 지역으로 퍼져나가고 20세기 첫 수십 년 동안 거대한 성장의 톱니바퀴가 돌아가기 시작하면서 세계 인구는 15억을 돌파했다. 20세기 중반에는 10억이나 더 증가했다.[43] 뉴욕은 런던을 제치고 세계에서 가장 큰 도시가 되었으며, 도시에 사는 인구 비율은 두 배 이상 증가해서 인구의 10분의 3이 도시에서 살았다. 하지만 이러한 상승세는 20세기 후반기에 일어날 천문학적 급상승에 비하면 보통의 수준이었다.

중서부를 크게 변화시킨 단일재배는 수확량을 대대적으로 증가시켰지만 한편으로는 또 다른 문제를 크게 확대시켰다. 우리 인간 외에 다른 종들까지 덩달아 풍요를 누렸다. 인간의 창의성으로 이룬 풍요로운 수확물을 좀먹는 해충이 퍼졌고 정착사회의 또 다른 골칫거리가 되었다. 우리 인간의 활동으로 생겨난 문제이면서 동시에 이를 해결하기 위해서는 자연을 더욱 더 인위적으로 변형할 수밖에 없는 문제였다. 관건은 반갑지 않은 약탈자들을 제거하는 방법을 찾아내는 것이었다. 다시 한 번, 하나의 해결책이 또 다른 해결책을 절실히 필요로 하는 문제를 낳았다.

8장

수확물을 차지하기 위한 경쟁

하늘이 새까매진다. 머리 위에서 윙윙대는 소리가 점점 커지며 갈색빛의 구름이 무기력한 농부의 밭을 덮친다. 100만 마리는 족히 되는 엄청난 메뚜기 떼가 수 시간 만에 밭의 곡물을 다 먹어치운다. 메뚜기 떼가 흐르는 물결처럼 한꺼번에 다시 하늘로 날아오르면, 그 뒤에 남는 것이라고는 초토화된 들판뿐이다. 메뚜기의 이동 시기가 끝날 무렵이면, 푸른 들판은 메뚜기 떼가 이파리와 줄기마저 다 먹어치워 생기를 잃은 황량한 벌판이 되고 만다.

　이러한 끔찍한 상황은 대략 10년에서 15년마다 서아프리카의 수십만 에이커의 땅에서 일어난다. 주로 폭우가 내리고 나서 건조한 시기가 계속될 때, 엄청난 규모의 메뚜기가 땅에서 부화해 나타난다. 배고픈 메뚜기들은 일단 날아오르면, 서아프리카인들의 주식인 옥수수, 수수, 쌀을 비롯해 닥치는 대로 자기 몸무게만큼의 곡물을 먹어치운다.

2005년은 메뚜기 떼가 서아프리카에서 북아프리카까지 이동해 포르투갈까지 영역을 넓힌 해였다. 오스트레일리아 동부 지역도 그 해에 전대미문의 메뚜기 떼 습격을 받았다. 2005년이 유난히 피해가 컸던 해이기는 하지만, 전 세계 농업에 가장 큰 피해를 입히는 메뚜기 떼가 농가를 초토화시켰던 사례는 오래전부터 있었다. 메뚜기 떼로 인한 재해는 심지어 성서 시대 이전에도 있어서, 유사 이래로 게걸스러운 메뚜기 때문에 농민들은 절망에 빠지고 굶주림을 겪었다.[1]

오늘날 북아메리카는 메뚜기 떼로 인한 재해를 겪지 않는 유일한 대륙이다. 하지만 처음부터 그랬던 것은 아니었다. 1800년대 후반 정착민들이 서쪽으로 이주해 초원을 밭으로 개간하던 무렵에는 굶주린 로키산맥메뚜기 떼가 불시에 옥수수 밭과 밀밭을 초토화시키고는 했다. 큰 인기를 끌었던 동화책인 로라 잉걸스 와일더Laura Ingalls Wilder의 초원의 작은 집 시리즈 중《플럼크릭의 둑에서On the Banks of Plum Creek》에 등장하는 미네소타주 가족에게도 비극이 일어났다. 가족들이 힘들게 일군 밀밭이 수확 직전에 구름처럼 몰려든 수백만 마리의 메뚜기 떼의 습격을 받은 것이다. 밀밭은 초토화되었고, 소설 속 아버지는 가족들을 남겨두고 일자리를 찾기 위해 동부의 도시로 떠나야 했다.

애서가들 사이에서 초원의 작은 집 시리즈가 허구인지 사실인지를 두고 의견이 분분하지만, 한 가지는 분명하다. 1873년에 로키산맥메뚜기 떼가 시커먼 구름처럼 동쪽으로 몰려온 것은 사실이었다. 메뚜기 떼는 네브래스카, 아이오와, 미네소타, 다코타 전역에서 새롭게 개간한 농지의 작물을 망쳐놓았다. 1875년에는 텍사스에서 노스다코타에 이르는 농지가 큰 피해를 입었다. 농부들은 불을 놓아 연기로 메뚜기 떼를 쫓아보고, 갓 부화한 새끼 메뚜기를 잡기 위해 타르를 바른 덫을 놓기도 했지만 그 무엇으로도 메뚜기 떼의 습격을 막지 못했다. 메뚜기들은 개척농민들이 채소라도 건지기 위해 밭에 덮어둔 모포까지 뚫고 채소마저 먹어치웠다.

1877년에도 습격이 있었다. 그런데 그 뒤로는 이상하게도 메뚜기 떼가 사라지더니 북미의 농민들은 더 이상 메뚜기로 인한 피해를 겪지 않아도 되었다. 곤충학자들은 메뚜기 떼가 사라진 이유에 대해 추측했다. 그중에는 멸종 직전에 이를 정도로 들소가 감소되어서 혹은 북미 원주민들이 주기적으로 초원에 불을 놓던 관습이 사라져서 메뚜기의 서식환경에 큰 변화가 생겼다는 설이 있었다. 메뚜기가 평원 전역에 심은 사료작물인 자주개자리를 먹지 못한다는 설도 있었다. 그 후 1세기가 지나서야 와이오밍대학교의 생태학자 제프리 록우드Jeffrey Lockwood가 로키산맥메뚜기 떼가 사라진 진상을 밝혀냈다. 메뚜기 떼가 사라진 건 순전히 우연이었다.

개척자들이 서부로 영역을 확장해나가던 1880년대에 농민들은 우연히 메뚜기가 산란하는 지대 일대에 밭을 개간했다. 그중 일부는 몬태나주와 와이오밍주의 강 유역으로, 개울 옆 땅속에는 메뚜기 떼가 낳아놓은 알들이 있었다. 바로 이곳에서 농민들은 비옥한 땅을 발견했다. 마침 물을 대기 좋게 가까이에 개울도 흘렀다. 밭을 개간하는 과정에서 메뚜기 알들은 땅속 깊은 곳에 묻혀 부화할 수 없었고, 땅 위로 파헤쳐진 알들은 새들이 쪼아 먹었다. 개간된 밭에 물이 들어오면서 남은 알들과 그나마 부화한 얼마 안 되는 새끼 메뚜기들은 익사했다. 로키산맥메뚜기들은 번식할 길이 전혀 없었고 결국 멸종되고 말았다. 마지막으로 살아남은 로키산맥메뚜기 표본은 1902년 캐나다의 초원에서 발견되었다. "응용 곤충학 역사상 가장 극적인 '성공농해충의 유일한 박멸 사례'은 순전히 우연히 일어났다"고 록우드는 결론짓는다.[2] 로키산맥메뚜기가 전멸되는 우연한 사건이 없었더라면 1800년대 후반 북미 농업 지대가 대규모로 확장되는 것이 가능했을지 장담하기 어렵다.[3]

메뚜기는 세계 식량 공급에 큰 영향을 미치는 파괴적인 해충이지만 논밭에 피해를 입히는 수백 종의 생물 중 하나일 뿐이다. 잡초는 물과 양분을 두고 농작물과 경쟁을 벌이고, 박테리아와 균류는 작물에 곰팡이가 피게 하거나 썩게 만들고, 진딧물과 바구미를 비롯해 전 세계 농지의 농작물에 피해를 주는 해충들은 수십 종이 있다. 또한 새, 토끼, 설치류, 사슴, 코끼리 등도 농작물을 넘본다. 오늘날 대량으로 살포되는 살충제와 함께 여러 해충 방제법이 사용되고 있으나 여전히 병해충 때문에 전 세계 농작물의 10분의 3 가까이 되는 양이 수확 전에, 그리고 10분의 1 정도가 수확 후에 피해를 입는 다.⁴ 이러한 문제의 해결책은 오직 하나뿐이다. 농민들은 해충을 박멸하기 위해 격전을 벌인다.

그런데 인류가 진보하는 과정에서 기묘한 전개가 펼쳐졌다. 더 많은 식량을 생산할수록 인류의 적을 돕는 셈이 된 것이다. 1840년대 중반 아일랜드 대기근을 촉발한 진균을 떠올려보자. 감자는 감자 자체에서 싹이 나기 때문에 유전적으로 동일했고, 경작지는 가깝게 붙어 있었다. 진균은 이러한 상황을 십분 이용해 감자 밭을 초토화시켰다. 1970년대 미국에서 퍼진 옥수수마름병도 동일한 상황에서 발생했다. 가장 큰 차이점이 있다면^{한편으로는 역설적이게도} 1970년대 농부들이 이러한 마름병이 생겨난 이유를 추적해본 결과, 식물 육종가들이 다수확 품종을 육성하기 위해 고의적으로 유전자를 획일화했기 때문이었다.

1971년 4월 18일, 〈뉴욕타임스*New York Times*〉는 "옥수수마름병: 유전학의 승리가 재해를 불러오다"⁵라는 제목으로 당시의 상황을 설명하는 기사를 실었다. 핵심은 식물 육종가들이 옥수수의 자가수분 능력을 제거한 방식에 있었다. 오래된 방식은 옥수수의 수꽃이삭을 일일이 제거해야 해서 품과 비용이 많이 들었다. 육종가들은 자가수분이 되지 않도록 꽃가루를 불임으로 만든 티-시토플라즘T-cytoplasm 이라는 품종을 육성했다. 이 품종은 수꽃이삭을 떼어내는 수고를 할 필요가 없었다. 하지만 이미 당시로부터 10년 전 필리핀에서 밝혀졌듯이 이 품종에는 치명적인 결함이 있었다. 진균에 매우 취약해

잎이 마르고 이삭과 줄기가 썩고 알맹이에 병이 들었다. 미국 농민은 당시 이러한 징조에 대해 크게 주의를 기울이지 않았으나 1970년 1월 무렵, 마침내 옥수수마름병이 플로리다주의 옥수수 지대를 휩쓸었다. 그해 봄에 많이 내린 비로 인해 곰팡이 같은 균류가 미국 남부 지역과 일리노이주 남부, 인디애나주까지 퍼졌다. 그때가 돼서야 농민들은 균류에 주목했다. 하지만 안타깝게도 살균제로 문제를 해결하기에는 이미 늦은 때였다.

미국 전역의 옥수수 밭이 큰 피해를 입었다. 당시 옥수수 피해량은 아일랜드 감자역병 때보다 몇 배가량 컸다. 하지만 다행히도 당시 미국에서의 옥수수는 수많은 작물 중 하나였고 사람들의 식단도 다양했으므로 기근이나 이주 같은 사회적 문제가 발생하지는 않았다. 하지만 그로 인한 교훈은 분명했다. 대규모 면적의 농지에 유전자적으로 동일한 작물을 재배하는 단일재배는 병해충을 불러들이고, 적당한 숙주식물이 발견될 경우 식물 병해의 병원균이 아무런 방해도 받지 않고 널리 퍼질 수 있다는 것이었다. 농부들은 이듬해에 티-시토플라즘 품종을 심지 않았고, 다시 수천 명의 10대들이 옥수수에서 수꽃이삭을 떼는 단기 여름 일자리를 구하게 되었다.

단일재배의 문제는 인간 농부들에게만 해당되는 것은 아니다. 절엽개미 또한 유전자적으로 다양한 품종을 재배하지는 않는다. 절엽개미의 경우, 낯선 균의 포자를 제거하기 위해 노력하는 개미 집단이 있는데도, 단일재배하는 진균류 농장으로 기생균이 침입한다. 인간 농부와 마찬가지로 개미들도 살충제에 의존하는데, 개미의 몸에서 자라는 세균류로 이루어진 살충제는 해로운 균을 죽인다. 개미가 토양세균류를 분비하면, 해로운 균류의 천적이 농장에 스며들어 불필요한 균을 없애는 것이다. 실제로, 개미가 분비하는 세균류는 제약업계에서 항생제를 만드는 데 사용하는 물질과 동일하다.[6]

해충은 사람이나 절엽개미가 생산한 식량에 늘 눈독을 들인다. 하지만 실상은 우리가 유해 생물이라 생각하는 박테리아, 진균류, 곤충, 기타 동물들도 우리 인간과 마찬가지로 최선을 다해 양분을 섭취해 생명을 유지하는 활동을 하고 있을 뿐이다. 화학비료, 농기계, 현대식 관개시설을 기반으로 산업화된 세계와 일부 개발도상국 전역에 단일재배가 전파되었다. 하지만 단일재배 방식은 온갖 병해충을 불러들였고, 농지의 성가신 존재들을 제거하기 위해 훨씬 강력한 수단을 모색하기에 이르렀다.

인류는 단일재배를 통해 병해에 더 취약한 환경을 만들었을 뿐 아니라 해충이 새로운 지역으로 더 쉽게 전파되는 데 일조함으로써 이로 인한 부담을 가중시켰다. 사람들이 세계 전역으로 이동할 수 있게 되자 식물과 동물도 함께 이동했다. 흔히 접할 수 있는 많은 농작물이 이런 경로를 따라 전파되었다. 일례로 원산지가 아메리카 대륙인 옥수수와 카사바는 이제 아프리카의 주식이 되었다. 게다가 환영받지 않는 생물 종도 선박의 컨테이너, 포장재, 비행기 선체, 여행자의 짐 가방을 통해 은밀하게 세계 곳곳으로 유입되고 있다. 우연이든 아니든 간에, 이러한 생물 종은 개체 수를 조절할 천적이 없는 곳에 자리 잡게 된다. 먹는 자와 먹히는 자 간의 균형을 맞추며 오랫동안 공진화해온 과정이 사라지면, 외래종이 토착종을 몰아내는 상황까지 일어날 수 있다.

이러한 침입자 가운데는 카사바깍지벌레와 녹색잎진드기가 있다. 원산지인 남아메리카에서 그리 큰 문제가 아니었던 깍지벌레와 진드기는 1970년대 초반에 우연히 아프리카에 유입되었다. 천적이 없던 이 곤충들은 아프리카 열대 지역 일대의 주식 작물을 초토화시켰다.[7] 유사한 재해가 러시아의 밀밭을 강타하기도 했다. 1980년대 중반 러시아 대평원에 우연히 들어온 진딧물이 수백만 달러의 피해를 입힌 것이다.[8] 또한 1900년대 초반에 지중해 열매파리가 사하라 남부 아프리카 지역에서 수입된 과일을 통해 처음에는 하와이를 거쳐 미국 대륙으로 들어왔다.[9] 헤센파리Hessian fly 또한 미국 독립 전쟁 동안 영국에서 뉴욕으로 출항한 배에 편승해 유입되었다. 헤센파리가 뉴욕 주변의 농가에 미친 영향은 엄청나서 며칠 만에 밀밭 전체가 초토화되었다. 뉴저지의 농장 지주이자 독립전쟁 당시 대령이었던 조지 모건George Morgan은 이 해충과 영국 편에서 싸우고 있던 독일 용병 모두에 대해 경멸의 뜻을 담아 이 곤충에 헤센파리(당시 독일 용병들은 헤센주 출신이었다. - 옮긴이)라는 이름을 붙였다. 오늘날에도 밀농사를 짓는 농부들은 헤센파리 때문에 골머리를 앓는다.[10] 교역이 활발해지고 전 세계로 물품이 이동하면서 해충들은 계속해서 새로운 지역으로 유입되고 있다. 세계가 상호 연결되면서 외래 침입종에 대한 끝없는 통제가 지속적으로 요구되고 있다.[11]

허수아비에서 스트리크닌까지

농업, 특히 은밀히 유입된 생물 종과 유전자적으로 동일한 작물의 단일재배로 인하여 인류는 유해 동물을 박멸하기 위한 방법을 찾아야 했다. 20세기에 살충제가 보급되기 훨씬 이전부터 인간은 수확물의 상당 부분을 해충으로부터 지켜내기 위한 기술을 고안하는 데 창의성을 발휘했다. 예를 들면 고대 이집트인에게는 기발한 전략이 있었는데, 그들은 밀이 무르익는 철이 되면 밀밭 옆 풀숲에 잠복했다. 그리고 메추라기 떼가 곡물을 먹기 위해 밀밭에 앉으면 농부들이 뛰어나와 들판에 커다란 그물을 친 다음 소리를 질렀다. 그러면 놀란 새들이 날아오르려다 그물에 갇혔다.[12] 이집트에서뿐 아니라 전 세계에 걸쳐 사람들은 소리와 허수아비 등의 다양한 방법으로 곡물을 훔쳐먹는 새를 쫓아내고자 노력했다.

허수아비가 새들을 쫓아낼 수 있을지는 몰라도 잡초, 곤충, 해로운 균류와 박테리아까지 제거할 수는 없다. 사람들은 고대 이후부터 손으로 잡초를 뽑고 해충의 유충을 잡고, 질병에 강한 식물을 선택해 경작하고 작은 해충을 없애기 위해 화학물질까지 사용했다. 서기 900년 무렵, 중국 농부들은 비소를 사용해 곤충을 죽인 것으로 보인다. 그 이후로도 사람들은 해충을 죽이는 화학물질을 활용하는 여러 방법들을 찾아냈다. 담배에서 추출한 니코틴이 다량 함유된 물을 뿌리기도 하고, 스트리크닌strychnine 나무의 맹독성 씨앗을 설치류에게 먹이기도 했다. 또한 천연 독성 물질이 함유된 국화잎을 분쇄한 가루를 뿌리기도 했다. 19세기 중반에는 유황, 비소, 납 등 무기질 화합물질을 혼합해 상업적으로 제조한 살충제가 등장해 패리스 그린, 런던 퍼플, 보르도액 같은 다채로운 이름으로 팔렸다. 사람들은 프랑스 포도 덩굴에 생기는 흰곰팡이나 미국 동부의 사과나무에 해를 끼치는 매미나방을 방제하기 위해 이러한 독성물질을 사용했고, 마침내 20세기 중반에는 DDT가 전면에 등장했다.[13]

유사 이래로 지금까지 세계 여러 지역에서 상업용 화학 살충제는 쉽게 선택할 수 있는 방안은 아니었다. 화전농업을 하는 페루의 농부처럼 많은 농민들은 살충제를 살 경제적 여력이 없으며, 있다 해도 구매할 방법이 없다. 전통적인 방식을 고수하는 농민들은 해충의 위험을 염두에 두고 농사를 짓는다. 그들에게는 세대를 거치며 축적된 경험을 통해 해충으로 인한 피해를 최소화하는 방법들이 있다. 작은 밭에 여러 작물을 동시에 경작하는 전통적인 농부들은 단일재배에 수반되는 걷잡을 수 없는 피해를 겪을 위험이 없다. 중앙 아메리카의 '세 자매' 작물을 경작하기 위해 정글을 개간하는 과테말라 고지의 밀파milpa를 생각해보자. 이들은 옥수수, 덩굴 콩, 다양한 품종의 호박과 함께 가지, 토마틸로 같은 식용 및 약용 식물을 함께 경작한다. 빽빽하고 가지런히 심어진 옥수수 밭처럼 밭의 모양새가 깔끔하지는 않지만, 해로운 진균이 생긴다 해도 옥수수 지대를 초토화시킨 옥수수마름병처럼 퍼져나갈 일은 없다. 과테말라 농민은 파종을 하기 며칠 전에 암탉들을 밭에 풀어놓아 곤충을 먹으면서 흙을 파게 한다. 그리고 "씨앗 하나는 새를 위해, 또 하나는 개미를 위해, 다른 하나는 나를 위해, 남은 하나는 이웃을 위해"라고 말하며 필요한 양보다 더 많은 곡물을 심는다.[14] 국화꽃에서 추출한 천연 살충제를 뿌리고 간혹 심각한 병해충이 발생한 경우에만 합성 살충제를 살포한다.[15] 과테말라 농민의 농작물 수확량은 미국 옥수수 지대의 단일재배 수확량과 비교도 할 수 없는 수준이지만, 병해충으로 인해 엄청난 손실을 입는 일도, 값비싼 살충제를 살 필요도 훨씬 적다.

아프리카 전역의 전통적인 농민들도 상업용 화학 살충제를 구매할 경제적 여유가 없다. 아프리카 대륙에서 화학 살충제가 사용되는 경우는 대부분 코코아, 커피, 면 같은 수익성 높은 작물을 메뚜기 떼로부터 보호하기 위해서이다. 아프리카의 전통적인 농부는 해충의 피해를 줄이기 위해 주위 환경에 적합하게 고안해낸 수많은 방안을 가지고 있다. 서아프리카에서 벼농사를 짓는 농부들은 흰개미가 작물 근처에 가지 못하도록 밭에 쓰러진 나무 몸통을 놓아둔다. 케냐 농부들은 고구마바구미가 들끓는 때를 피해서 고구마를 심는다. 우간다 농부들은 저장해놓은 농작물을 딱정벌레가 먹지 못하도록 바나나즙과 후추를 이용한다. 그 외에도 해충을 관리하는 방법은 많이 있으며 기록이 되지 않았을 뿐, 알려진 것보다 더 많을 것이다.[16]

과테말라와 아프리카의 방식에서 나타나는 전통적인 농업의 미덕을 낭만적인 시각으로 바라보기 쉽다. 하지만 그런 함정을 경계해야 한다. 수확량은 낮고, 농부들은 예측 불허의 날씨에 휘둘리고,

가족들을 굶기지 않고 충분한 식량을 생산하려면 매일매일 힘든 노동을 이어가야 한다. 물론 이러한 전통적인 방식의 이점에 대해서도 간과해서는 안 된다. 20세기 전반기에는 전통적인 방식에서 사용되는 것과 동일한 원리가 산업화된 국가들에서 응용 곤충학의 핵심으로 자리 잡게 되었다. 미국의 곤충학자 윌리엄 호스킨스William Hoskins는 1939년 논문 "분별력 있는 살충제 사용을 위한 제언"에서 "자연 자체의 균형이 성공적인 농업을 꾸려가는 데 필요한 방제에서 중요한 역할을 한다. … 살충제는 자연적인 해충 방제에 개입하는 정도를 최소화하는 선에서 사용되어야 한다."17라고 밝혔다.18 그가 지지한 원리들로는 작물의 종류와 품종의 다양성을 유지하고, 매년 돌려짓기를 하며, 토박이 무당벌레나 거미 같은 해충의 천적을 적극 활용하고, 반드시 필요한 경우에 한해서만 낮은 농도로 화학 살충제를 사용하는 것이 있다. 하지만 호스킨스가 말했던 "맹독성 살충제 사용의 내재된 위험을 줄이거나 제거하기 위한"19 목표를 곤충학자들이 실행에 옮기기도 전에 새로운 경이에 가까워 보이는 해결책이 혜성처럼 등장했다.

더 나은 허수아비

디클로로Dichloro-디페닐Diphenyl-트리클로로에탄Trichloroethane, DDT. 스트라스부르대학교의 학생이었던 오트마 자이들러Othmar Zeidler는 박사학위 연구 과정 중에 화학물질을 합성했다. 자이들러는 그 연구로 1874년 박사학위를 받았지만 그가 합성한 화학물질, 즉 DDT가 20세기 후반기 식량 생산에서 가장 큰 중심축으로 작동하리라는 것을 전혀 예상하지 못한 채, 연구결과를 실용적인 용도로 사용하는 것에 대해서는 크게 개의치 않았다. 약 60년이 지나서야 스위스의 화학자 파울 뮐러Paul Müller가 다시 동일한 화합물을 합성해 특허를 얻었다. 자이들러와 달리 뮐러는 살충제를 찾고 있었다. 그는 여러 화합물 중에 특히 효과가 좋은 한 가지 화합물을 찾아냈다. 야외에서 실지 시험을 거친 결과, DDT는 일반적인 집파리, 이, 콜로라도 감자잎벌레, 모기를 죽이는 데 대단히 효과적이었다. 1942년에 상업용 DDT가 시장에 나오면서, 마침내 인류와 해충 간의 전쟁이 일단락될 수 있다는 기대가 커졌다.

DDT는 제2차 세계대전 동안 위력을 증명했다. 당시에는 국화에서 추출한 천연 살충제인 제충국 가루가 연합군과 시민을 발진티푸스와 말라리아 같은 질병에서 보호해줬는데, 제충국의 공급이 고갈되고 있는 상황이었다. 그러던 찰나, 발진티푸스가 1944년에 나폴리를 덮쳤다. 이에 감염된 사람들에게 DDT 분말을 뿌린 결과, 역사상 처음으로 발진티푸스의 유행을 막을 수 있었다. 전쟁이 진행되는 동안 비행기로 살포된 DDT 살충제는 말라리아의 유행을 막는 데도 효과적이었다.[20] 뮐러는 "여러 종류의 절지동물에 효과적인 접촉독contact poison으로 작용하는 DDT를 발견한 공로"를 인정받아 1948년 노벨상을 받았다.[21]

종전 후 DDT는 미국 남동부와 중동, 유럽 남부의 말라리아를 퇴치하는 공중 보건 캠페인의 하나가 되었다. 미국은 정부 차원에서 말라리아 발병을 줄이기 위해 많은 노력을 기울였다. 모기의 서식처를 제거하기 위해 습지대의 물을 빼내고, 패리스 그린 같은 살충제를 살포하고, 모기가 들어오지 못하도록 현관과 창문에 모기장 설치를 장려했다. 하지만 말라리아는 남동부에서 여전히 널리 유행했는데, 특히 이 지역은 다른 지역보다 모기가 많았고 사람들이 더욱 열악한 상황에 놓여 있었다. 전쟁 후 돌아온 군인들이 새로운 변종 말라리아를 가져오면서 상황은 더욱 심각해져 공중보건 당국은 새롭게 출시된 경이로운 DDT를 토양에 사용하기로 결정했다. 남동부 수백만 가구의 실내에 DDT가 살포되었다. 다른 지역에서도 DDT 살포 같은 살충제를 이용한 모기 박멸이 시도되면서 실제로 20세기 중반 온대기후 지역에서 말라리아는 소멸되었다. 물론 그러기 위해 얼마나 많은 DDT가 사용되었는지는 알 수 없다. 안타깝게도 말라리아가 기승을 부리는 열대지방에서는 여전히 1년에 수백만 명의 사람들이 목숨을 잃는다.[22]

질병 관리에 초점을 두었던 화학업계는 새로운 활로를 찾아 농업 부문으로 눈길을 돌렸다. 그리고 광고를 통해 DDT가 인류를 괴롭혀온 온갖 해충을 박멸할 수 있다고 알렸다. 정원의 잡초에서 평원의 옥수수 해충, 서부 여러 주들의 목장에 들끓는 파리까지 적용 범위가 광범위했다. DDT 판매는 호조를 보였다. 1940년대부터 DDT의 인기가 절정이던 1960년대 초반 사이에 미국 DDT 생산량은 다섯 배 가까이 증가했다.[23] 또한 화학업계는 DDT와 화학구성이 유사한 수십 가지의 살충제를 합성해 앨드린, 디엘드린, 클로르덴, 헵타클로르, 톡사펜 같은 이름으로 시장에 내놓았다. 살충제 의존도를 줄이려는 호스킨스의 목표는 온갖 살충제의 범람 속에서 유명무실해졌다.

미국 정부는 새롭게 등장한 기적의 살충제를 다시 사들였다. 호전적이고 따끔한 침으로 쏜다고 알려진 불개미는 남아메리카에서 출항한 배에 실려 모빌, 앨라배마를 통해 1910년대 후반에 미국으로 유입되었다. 1950년대 무렵에는 불개미들이 미국 남부까지 퍼졌다. 불개미는 매우 강력한 침을 가지고 있었다. 당시 뉴올리언스에서 한 소년이 불개미에 쏘여 죽었다는 보고가 있었으며, 병원에 입원한 환자도 다수 있었다. 30센티미터 높이의 불개미 집은 트랙터가 지나가는 데 방해가 되었다. 불개미는 그들의 소굴에 들어온 가축을 침으로 쏘고 씨앗과 농작물, 새끼 메추라기를 먹었다. 당시 불개미는 꽤 섬뜩한 골칫거리였다.[24]

남부 전역으로 밭과 도시, 교외의 주택지역이 확장되어 땅이 노출되면서 불개미가 널리 퍼져나가는 데 유리한 소선이 마련되었다. 다수의 곤충학자들이 새로운 살충제를 사용해보고 싶어 했다. 그들은 냉전 시대의 대언론 성명을 통해 이러한 주장을 펼쳤다. "미국 정부는 무서운 불개미와의 전쟁을 치르기 위해 60대의 비행기를 동원할 준비가 되어 있다. … 중요 지역의 2,000만 에이커 땅에 살충제를 살포할 수 있는 현대식 비행기만이 위협적인 존재를 물리칠 수 있을 거라 기대된다."²⁵ 1957년에 정부는 미국 남부의 100만 에이커가 넘는 땅에 강력한 화학 살충제를 살포했고, 그 이후에도 수백만 에이커에 살포했다.²⁶ 궁극적으로 이러한 박멸 계획은 역효과를 낳았다. 살충제는 서식영역과 먹이를 두고 불개미와 경쟁하던 토종 개미까지 대대적으로 죽였다. 토종 개미들이 사라지자 집요한 불개미들은 영역을 넓혀갔다. 문제는 더욱 악화되었다.²⁷ 세계적으로 유명한 자연주의자 에드워드 오스본 윌슨Edward Osborne Wilson은 고등학생 때부터 불개미를 연구했다. 그는 큰 비용을 들였지만 패배하고 만 불개미와의 전쟁을 "곤충학계의 베트남전쟁"이라고 명명했다.²⁸ 불개미는 여전히 미국 남부의 곤충군집에서 큰 비중을 차지한다.

매미나방도 불개미와 유사한 과정을 거쳐 미국 전역에 퍼졌다. 1869년에 매미나방은 보스턴 교외의 뒷마당에서 벗어나 우연히 뉴잉글랜드 숲으로 들어갔다. 견직물 산업에 누에를 활용하는 가능성을 실험해보고 있던 프랑스 이민자가 유럽에서 보스턴으로 매미나방을 가지고 온 것이 화근이었는데, 그는 나무의 잎을 모조리 갉아먹어버리는 이 곤충의 파괴력을 알지 못하고 있었다.²⁹ 이 파괴적인 해충을 제거하려는 계획은 1890년에 시작되었다. 처음에는 말이 이끄는 분무기로 패리스 그린을 숲에 뿌렸다. 몇 년 후에는 아비산납 화합물로 만든 살충제를 살포했다. 1940년대에는 비행기로 DDT를 살포했으며 그 뒤로도 DDT보다 독성이 약한 살충제들을 뿌렸다. 하지만 그 무엇도 효과가 없었으며 오늘날에도 매미나방이 박멸될 기미는 보이지 않는다.³⁰ 네덜란드느릅나무병과 이 병균을 옮기는 딱정벌레를 박멸하기 위한 노력도 마찬가지이다.

이는 DDT가 모든 것을 단번에 해결해줄 거라는 그릇된 희망에서 사용된 수많은 사례 중 일부를 소개한 것뿐이다. 해충과의 고통스러운 싸움이 전면에 드러나 그로 인한 부작용이 무시할 수 없을 정도로 커지기 전의 일이었다.

제2차 세계대전 이후 수십 년 동안 살충제 개발이 중점적으로 이루어졌다. 이전에는 일부 농민들이 비소와 그 밖의 무기 화학물질을 혼합해 만든, 상대적으로 낮은 농도의 살충제나 식물에서 추출한 천연 독성물질로 해충을 방지하고자 노력했다. 하지만 살충제 개발이 본격화되면서, 값싸고 널리 적용 가능하며 효과가 대단해 보이는 DDT를 기점으로 합성 유기 살충제가 주목받는 시대가 열렸다. 이러한 살충제에 '합성'이라는 말이 붙은 것은 자연이 아닌 실험실에서 원료를 얻었기 때문이며, '유기'라는 말이 붙은 것은 탄소가 함유된 분자로 곤충의 신경계를 공격할 수 있기 때문이다. 살충제가 널리 사용되면서 다시 한 번 식량 생산량이 증가되었다. 하지만 이번에는 그리 멀지 않은 시점에서 도끼가 떨어졌다.

DDT 등의 합성 살충제를 효과적인 독성물질로 만든 특징 중 하나가 바로 이러한 살충제가 위험할 수밖에 없는 요인이기도 하다. 이러한 살충제들은 물에 쉽게 녹지 않아 비나 이슬에도 쓸려 내려가지 않았으므로 농민들 입장에서는 큰 장점으로 다가왔다. 하지만 바로 그 때문에 살충제 성분은 환경에 오랫동안 남아 있었다. 살충제의 화합물은 물이 아닌 지방에 녹았기 때문에 살충제에 노출된 동물의 체지방에 저장되었다. 토양에 살포된 살충제는 강과 지하수를 따라 끊임없이 이동했다. 대기 중으로 유입된 살충제 입자는 심지어 극지방에 이르는 먼 거리까지 이동했다. 또한 과도하게 살충제에 노출되면 경련, 마비, 죽음을 초래했으며, 그 위력은 무차별적이었다. 모기, 불개미, 파리를 박멸할 목적이었던 DDT는 새와 다른 동물까지 죽이거나 불임을 일으키는 부수적 피해를 낳았다. 더 나아가 유기체들이 환경에 적응해 진화하는 경향을 고려해볼 때, 과연 이러한 화합물들이 장기적인 관점에서 얼마나 효과가 있을지 의문이 제기되었다.

연쇄적으로 일어난 결과들

밀러가 DDT의 살충 성분을 발견한 공로로 1948년 노벨상을 받기 위해 단상에 섰을 무렵, 이미 이 기적의 화합물과 관련된 문제는 수면 위로 떠오르고 있었다. 과학자들은 집파리에 대한 살충 효과가 점차 약화되고 있음을 확인했다. 파리들은 살충제에 내성이 생기고 있었다.

초기 살충제 제조업자들은 독성에 내성이 생기는 방향으로 해충이 진화할 수 있다는 사실을 그다지 인식하지 못했다. 돌이켜 생각해보면, 핀치의 부리 크기와 관련한 다윈의 연구결과에 정통한 누군가가 있었다면, 해충의 내성에 대해 내다볼 수 있었을 것이다. 해충들은 아주 오랜 세월에 걸쳐 식물과 함께 공진화했다. 식물들은 여러 대에 걸쳐 해충을 쫓기 위해 자체적으로 화학물질을 분비해 왔다. 초기 살충제 성분을 담뱃잎이나 국화꽃에서 추출한 것도 이런 이유에서였다. 해충 종의 유전자 풀gene pools(특정 시기에 한 집단에 속하는 모든 개체가 가지고 있는 대립 유전자 전체를 의미함— 옮긴이), 즉 전체 유전자 중에 독성에 강한 유전자를 가진 개체가 존재할 것이라고 예측해볼 수 있다. 그렇다면 이러한 살충제에 강한 개체가 그렇지 못한 개체보다 더 많은 자손을 생산할 것이다. 긴 부리와 짧은 부리를 가진 핀치 연구를 바탕으로 환경에 더 잘 적응한 쪽이 자손을 많이 남긴다고 설명한 자연선택 이론과 마찬가지로, 시간이 흐를수록 특정 해충의 전체 개체 수 중 독성에 취약한 해충은 점차 사라지고 독성에 강한 해충이 더 많은 자손을 생산하게 된다. 번식 주기가 짧은 집파리들이 불과 몇 년 사이에 DDT의 맹렬한 습격에 내성을 갖게 된 것도 그리 놀랄 일이 아니다.

이러한 현상이 DDT에만 해당되는 것은 아니다. DDT 열풍이 일어나기 훨씬 전부터 곤충과 다른 유기체들은 무기물 살충제나 식물 유래 천연 살충제에 대한 내성을 키워왔다. 합성 유기 살충제의 도입과 함께 살충제 살포에 속도가 붙자 해충들이 살충제에 대해 저항성을 갖게 되는 진화 속도도 빨라졌다. 살충제 살포 후에도 일부 해충이 죽지 않자 사람들은 살충제 투여량이 너무 적은 탓이라는 결론을 내렸다. 당시만 해도 투여량을 늘리는 것이 일견 타당해 보였다. 하지만 역설적이게도 더 많은 살충제를 살포하면 자연선택이 더욱 빠르게 일어남으로써 살아남은 개체들이 자손들에게 살충제에 강한 유전형질을 물려줄 수 있다. 살충제 효과는 더욱 떨어지게 되고, 그러면 다시 살충제 사용량을 늘린다. 끝없는 악순환의 연속이다.

1980년이 되자 400가지 이상의 곤충과 수십 가지의 병원균, 박테리아, 잡초, 설치류가 한 가지 이상의 살충제에 대해 내성을 갖게 되었다. 일례로 1980년대 초, 콜로라도감자잎벌레는 뉴욕 롱아일랜드에서 다양한 살충제의 집중포화를 받고도 살아남았다. 농부들은 DDT 열풍이 불기 전에 많이 사용하던 식물유래 살충제를 다시 찾았다. 해충의 내성 문제는 말라리아 퇴치 가능성에도 그림자를 드리웠다. 중앙아메리카, 남아시아를 비롯한 지역에서 말라리아를 옮기는 모기가 DDT에 내성을 갖게 되었다. 목화, 수확량이 많은 벼품종, 기타 작물을 단일재배하는 지역에서 말라리아 감염 위험이 농업에 큰 타격을 주었기 때문에 광범위하게 살충제가 살포되었지만 결국 열대지방에서는 내성문제가 악화되었다. 관개시설과 배수로가 모기의 서식처가 되면서 말라리아 억제는 더욱 어려워졌다.

자연선택 과정을 저지할 방법은 없다. 살충제가 10~20년 정도는 효과가 있을지 모른다. 그 이후로는 자연선택이 일어나 화합물의 효력은 떨어지게 된다. 살충제 업계는 내성이 생긴 해충을 퇴치하기 위해 새로운 화합물을 계속 합성해야 한다. 다양한 종류의 합성 살충제가 수백 가지나 존재하는 것도 바로 이런 이유에서다. 해충 퇴치는 비용과 노력을 한없이 투자해야 하는 끝이 안 보이는 분야이다. 해충에 나타난 내성은 DDT를 통해 해충과의 싸움에서 완전히 승리할 거란 섣부른 낙관에 큰 흠집을 냈다.[32]

　자연선택으로 인한 해충의 내성만이 DDT의 광범위한 사용과 관련된 유일한 문제는 아니었다. 밭과 숲은 물론 집안에도 살포된 살충제는 접촉한 모든 생물을 공격했다. 사실 이러한 문제는 전혀 새로운 것이 아니었다. DDT 도입 전에도 설치류 박멸을 위해 사용한 스트리크닌이 메추라기와 명금류를 죽였고, 나무의 병해충을 퇴치하기 위해 사용한 비소 때문에 사슴이 죽었다.[33] DDT는 빠르게 생태계에 악영향을 미쳤다. DDT를 살포한 비행기가 지나간 곳마다 죽은 동물들이 발견되었다. 앨라배마주 오토가 카운티의 생물학자들은 불개미를 퇴치할 목적으로 DDT를 살포했던 10에이커의 땅을 일주일 후에 조사했다. 그들은 다음과 같이 보고했다. "토끼 6마리, 주머니쥐 3마리, 라쿤 1마리, 메추라기 3마리, 아메리카올빼미 1마리, 홍관조 10마리, 멧종다리 20마리, 큰어치 2마리, 앵무새 1마리, 갈색지빠귀 1마리, 휘파람새 1마리, 붉은배 딱따구리 1마리, 목화쥐 2마리, 흰발생쥐 1마리가 죽거나 죽어가는 상태로 발견되었다. 이 지역을 가르는 배수로에서는 상당수의 물고기와 개구리가 폐사하거나 죽어가고 있었다.… 새와 짐승들의 사체를 실험실에서 분석한 결과, 치사량에 해당하는 탄화수소가 검출되었다."[34] DDT 같은 탄화수소 살충제가 주범이었다. 다른 하나는 불개미 방제에 사용된 미렉스로, 이 살충제는 위, 창자 같은 기관에 해로운 영향을 미쳤다.

이는 개별적인 사건이 아니었다. 당시 사람들은 이런 사건들이 곳곳에서 일어나고 있음을 알게 되었다. 가축과 야생 생태계에 미치는 살충제의 치명적인 효과에 대한 보고가 신문과 과학 잡지에 실렸다. 1945년 2월 7일 자 〈월스트리트 저널Wall Street Journal〉의 머리기사에는 "전문가들에 따르면, 새로운 슈퍼 살충제는 농부에게 유익하기도 해롭기도 하다. 유해 동물을 죽이는 한편, 양들을 마비시켰다"라는 표제가 달렸다.[35]

게다가 살충제는 야생동물을 죽이는 직접적인 영향에서 더 나아가 간접적인 효과로도 이어졌다. DDT를 비롯한 유사 살충제의 특징, 즉 물에 녹지 않는 성질과 지방에 쌓이는 성질로 인해 살충제의 화학물질 농도는 먹이사슬의 윗단계로 올라갈수록 더욱 높아진다. DDT는 물에 녹지 않고 쉽게 분해되지 않아 나뭇잎이나 씨앗에 오래 남아 있는다. 호수와 강의 침전물에는 여러 해 동안 남아 있다. 이곳에서부터 DDT는 수월하게 먹이사슬을 이동한다. DDT가 살포된 이파리를 애벌레가 먹으면, 작은 새가 수백 마리의 애벌레를 먹고, 맹금류인 매나 독수리가 수십 마리의 작은 새들을 잡아먹는다. 또는 DDT가 쌓인 침전물이 밭에서 호수로 흘러들어 간다. DDT가 조류 속으로 침투하면, 결국에는 조류를 먹은 플랑크톤, 플랑크톤을 먹은 작은 물고기, 작은 물고기를 먹은 큰 물고기, 큰 물고기를 먹은 새나 인간의 몸속까지 DDT가 유입된다. 지방 친화성이 있는 DDT는 지방 조직에 장기간 저장된다. DDT가 먹이사슬의 가장 윗단계에 도달하면, 농도는 수백만 배 더 증가할 수 있다.

캘리포니아의 클리어호는 새로운 살충제가 먹이사슬을 따라서 축적된다는 사실을 입증한 최초의 지역 중 하나이다. 클리어호의 휴양 지역은 작은 물고기와 수중 생물을 먹이로 하는 서부논병아리가 둥지를 트는 곳이다. 1949년 각다귀 방제를 위해 살충제가 뿌려지고 나서 서부논병아리들은 번식에 어려움을 겪었다. 그러더니 얼마 후 개체 수가 줄어들기 시작했다. 살충제 살포가 중단된 이후에도 새들의 개체 수는 계속 감소했다. DDT 농도는 땅과 물에서보다 새의 지방에서 8만 배나 더 높았다. 새의 알 껍질은 DDT의 마지막 살포 후 20년이 지난 1970년대까지도 정상 상태보다 얇았다. 새들은 번식하지 못했다. 먹이사슬을 거치면서 천문학적인 수치로 살충제가 농축되는 사례는 다른 지역과 다른 동물에서도 나타났는데, 그중에는 새크라멘토 계곡의 꿩과 캘리포니아 클래머스 분지에 서식하는 물고기를 먹는 펠리컨과 가마우지가 있다.[36]

생물학자이자 작가인 레이첼 카슨Rachel Carson은 새로운 화합 살충제가 생태계를 파괴하고 있다는 증거를 수집하는 데 관심이 있었는데, 이는 매사추세츠에 사는 친구의 호소 때문이었다. 조수 보호구역의 새들이 비행기로 살포된 살충제 때문에 죽어가고 있다는 내용이었다.[37] 그 결과물이 1962년에 출간된 《침묵의 봄Silent Spring》이다. 인류가 대대적인 규모로 자연을 인위적으로 변형시키고 있다는 사실을 일반 국민들에게 일깨운 이 책의 영향력은 아무리 강조해도 지나치지 않다. 《침묵의 봄》은 환경운동을 촉발하는 데 큰 공을 세웠다. 카슨은 살충제의 무모한 사용으로 인해 인간과 야생동물 모두 치명적인 독성 화학물질에 노출된 것에 대한 책임을 화학업계와 정부의 탓으로 돌렸다. 그녀는 다소 과장된 어조로 "세계 역사상 최초로 인류가 탄생의 순간에서 죽음에 이르기까지 위험한 화학물질과 접촉하게 되었다"고 썼다.[38] 또한 광범위한 맥락에서 살충제 열풍이 조화로웠다고 추정되는 자연에 대한 인류의 공격이라 규정했다.

"인간은 자연을 정복하겠다는 목표를 달성하기 위해 자신이 살고 있는 대지뿐 아니라 다른 생물들까지 마구잡이로 살상했다. 최근 몇 세기 동안의 역사를 살펴보면 서부 평원에 사는 버펄로의 도살, 시장에 내다 팔려는 사냥꾼들의 바닷새 남획, 깃털을 얻기 위한 해오라기 포획 등의 사례가 보여주듯 어두운 길을 걸어왔다. 그런데 여기에 무차별적으로 대지에 뿌려지는 화학 살충제에 의한 새, 포유류, 물고기, 모든 종류의 야생동물 살해라는 새로운 국면의 위협이 추가되고 있다."[39]

이 책은 출간되자마자 큰 반향을 일으키며 수 주간 베스트셀러 순위에 올랐다. 1962년 7월 22일자 〈뉴욕타임스〉는 "3억 달러 규모의 살충제 업계가 조용한 여성 작가로 인해 뿔났다"라고 썼다.[40] 극과 극으로 나뉜 평이 뒤따랐다. 〈타임Time〉지는 이 책을 두고 "지나친 단순화와 완전한 오류"라며 비판했다.[41] 비판하는 쪽에서는 카슨을 "새와 토끼 애호가"라고 폄하했다.[42] 몬산토의 회장은 "자연의 균형을 숭배하는 광적인 수호자"라고 비난했다.[43] 〈뉴요커The New Yorker〉의 특집기사와 주요 인기 TV 프로그램이 저자에 관해 다루면서 카슨의 메시지는 대중의 관심을 더욱 끌어모았다.

당시 미국 대통령인 존 케네디John Kennedy는 1962년에 살충제 남용에 관한 조사를 지시했다. 평이한 어조로 작성된 보고서는 카슨의 연구가 정당하다는 것을 입증하며 "환경에 쌓이는 잔류 살충제로 인한 피해는 분해하기 어려운 살충제 사용을 점진적으로 줄이는 방안을 통해서만 막을 수 있다"라고 결론지었다.[44] 카슨은《침묵의 봄》을 계기로 변화된 결과를 다 목격하지 못한 채 1964년 56세에 암으로 사망했다.

새롭게 구성된 환경 운동가들은 뉴욕 롱아일랜드의 물수리 개체수 감소를 근거로 DDT 사용을 금지하는 소송을 제기했다.[45] 1969년 미시간호에서 잡은 은연어에서 잔류 DDT가 발견되자 미시간 주정부는 DDT 사용을 전면 금지했다. 한 신문은 다음과 같은 부고 기사를 실었다. "부고: DDT, 향년 95세, 쉽게 분해되지 않는 살충제, 한때는 인도주의적 목적에서 사용. 제2차 세계대전의 가장 위대한 영웅 중 하나로 여겨졌으나, 그 명성은 작가 레이첼 카슨에 의해 살해 혐의를 받고 추락함. 오랜 병고 끝에 미시간에서 6월 2일 끝내 사망."[46] 스웨덴과 노르웨이는 DDT를 금지한 초기 국가들로, 1970년에 DDT 사용을 불법화했다. 미국은 1972년에 공중 보건과 관련된 유사시를 제외하고 DDT 사용을 전면 금지했다. 많은 산업화된 국가들도 그 뒤를 따랐다.

과학자, 정부관리, 화학업계 대표들 간의 열띤 논쟁은 자연을 변형하는 방법으로 이용하는 위험한 화학물질을 둘러싼 복잡다단한 문제를 고스란히 드러냈다. 자기들의 제품을 팔려는 화학업계의 의도는 뻔히 보이지만, 이 문제는 과거에나 지금이나 완전히 흑백논리로만 볼 수는 없다. 물론 살충제의 대유행은 화학물질의 남용으로 이어졌다. 그로 인해 해충을 통제하는 무해한 방법들이 갑자기 경시되고 새로운 방법들이 인간과 야생동물 모두를 위험에 빠뜨렸다. 그러나 화학물질의 신중한 사용은 나름대로 효용가치가 있다. 특히 열대지방에서 화학 살충제는 수많은 인명을 앗아간 말라리아를 퇴치하는 데 사용되고 있다. 또한 살충제는 식량 생산량을 늘려 식품 가격 하락에도 일조했다. 노먼 볼로그Norman Borlaug는 개발도상국의 식량 생산량을 늘리기 위해 기술의 장점을 전파하는 데 노력한 주요 과학자로서, 살충제의 인도주의적 사용을 주장하며 목소리를 높였다. 그는 DDT 금지에 대해 "화학 독성물질이 전 세계를 파멸로 이끌 것이라 예측함으로써 공포를 부추기는 히스테리 상태의 강력한 로비집단에 의한 어리석은 법"이라 비난했다. 또한 DDT 금지에 대해 "전 세계가 화학적 독성물질이 아니라 기아로 인해 파멸에 이르게 될 것"이라고 경고했다. 그에게 화학 살충제의 진정한 목적은 "늘어나는 인구수를 부양하기 위해 농업 생산량을 증가시키는 것"이었다.[47]

금지 법안 제정 이후 화학 살충제에 대한 노출이 줄어들기는 했으나, DDT와 관련된 이야기는 전혀 끝날 기색이 없었다. 1970년대에 들어 과학자들은 잔류성 화학물질이 화학 살충제를 살포한 농지와 숲에서부터 장거리로 이동할 수 있다는 보고서를 내놓기 시작했다. DDT는 증발 과정을 통해 혹은 미립자에 붙어 대기 중으로 올라갔다. 이후 바다나 사막, 심지어 극지방에까지 DDT 성분이 발견되었다. DDT는 먹이사슬을 올라갈수록 농축되기 때문에 극지방의 물고기, 바다표범, 고래뿐 아니라 이러한 동물을 사냥해 먹는 원주민들도 고농도의 화학물질에 노출되었다.[48] 지금껏 북극 지방에서는 DDT를 살포한 적이 없었는데도, 이누이트족의 모유에 함유된 DDT 농도는 세계에서 가장 높다.[49]

DDT의 장거리 이동과 암 발병 가능성과 관련되어 수집된 증거에 따르면, 한 나라에서 살포된 DDT는 멀리 떨어진 다른 나라 국민의 건강에 영향을 미칠 수 있다. 이 문제는 국가적 관심에서 국제적 관심으로 떠올랐다. 90개국 이상의 나라가 2000년에 스톡홀름 협약에 가입해 잔류성 유기오염물질persistent organic pollutants, 줄여서 POPs라고 분류된 12종의 화학물질dirty dozen의 제조와 사용을 규제하는 데 합의했다. POPs는 분해되지 않은 채 장기간 환경에 머물며 먼 거리까지 전파되고, 동식물의 지방조직에 축적되어 인간과 야생동물에 치명적인 영향을 미친다. 사용이 규제된 12종으로는 DDT를 비롯해 농지, 잔디밭, 정원, 가성에서 사용되는 유사한 살충제와 공업용 화학물질, 내연제가 포함되어 있다. 스톡홀름 협약은 2004년 5월 17일에 발효되었다.[50] 미국을 비롯한 일부 국가들은 이 글을 쓰고 있는 시점에도 여전히 협약을 비준하지 않고 있다.

말라리아가 시민의 건강과 농업 생산성을 좀먹는 열대 지역은 스톡홀름 협약으로 인해 딜레마에 빠졌다. 건강에 미치는 장기적인 악영향을 줄이기 위해 DDT를 금지한다면, 질병을 옮기는 모기를 방제하는 DDT를 포기해야 한다. 혹은 모기를 방제하기 위해 DDT를 살포한다면 그로 인해 장기적으로 건강에 미치는 악영향을 감수해야 한다. 당연히 수많은 개발도상국은 후자를 택했다. 일부 국가들의 경우 말라리아 억제를 이유로 DDT 사용 금지 면제를 신청해 승인받았다. 오늘날 아시아와 아프리카를 중심으로 한 여러 나라의 가정에서 모기를 억제하기 위해 DDT를 살포하고 있지만 살충제 내성 문제는 질병의 창궐을 억제하려는 노력에 찬물을 끼얹고 있다.

과학자들은 고농도의 독성 화학물질이 위험을 초래한다는 판단에서 신중하게 접근하고 있지만, DDT와 유사 살충제가 인간 건강에 미치는 정확한 장기적인 효과에 대해 아직까지 완벽하게 파악하지 못했다. 점차 늘어나고 있는 일련의 증거에 따르면, 먹는 음식이나 호흡하는 공기를 통해 다량의 합성 화학물질에 접촉한 사람들에게서 암, 호르몬 불균형, 선천적 기형, 발달 이상들이 나타날 수 있는 것으로 사료된다. 환경에 존재하는 수천 종의 합성 화학물질이 인간의 건강에 미치는 영향과 관련해서 아직 명확하게 밝혀지지 않은 불확실한 점들이 많이 있으며, 이러한 화학물질 중 상당수가 농해충을 억제하기 위한 목적으로 사용되는 살충제에 들어 있다.[51]

해결책을 찾기 위한 끊임없는 노력

농지와 채소밭에 들어와 농작물에 해를 입히는 곤충 및 야생동물과의 기나긴 싸움에서 얻게 된 분명한 교훈 하나가 있다. 유해생물을 박멸하는 마법의 탄환은 없다는 것이다. 하늘에서 살포한 가장 강력한 독성 화학물질도 내성을 갖게 된 개체 수가 늘어나기 전까지만 일시적으로 밭에서 유해생물을 몰아낼 수 있을 뿐이다. 로키산맥메뚜기 떼가 우연히 멸종된 사건을 제외하면, 잡초, 곤충, 설치류, 박테리아, 균류 등 작물을 먹어치우는 온갖 종류의 생물들이 여전히 가까이에 존재한다.

합성 살충제가 널리 활용되며 인류의 유용한 수단으로 자리 잡으면서 말라리아를 옮기는 모기, 작물을 망치는 메뚜기 떼, 아일랜드 감자와 미국 옥수수 농사를 초토화시킨 마름병 같은 병충해의 습격 앞에서 속수무책이었던 과거로 회귀할 가능성은 없어졌다. 1970년대에 DDT 열풍은 사그라들었지만, 농작물을 먹어치우는 해충을 방제할 필요는 어느 때보다도 컸다. 오랫동안 잔류하지 않고, 먼 거리를 이동해 예상치 못한 곳에 나타나시도 않고, 인간의 모유에 독성 물질을 축적하지도 않는, 환경과 인체에 덜 해로운 살충제를 개발하기 위한 연구는 계속되었다. 해충을 통제하기 위한 더 나은 방법을 연구하면서 독성 화학물질의 무차별적인 사용에 대해 의문을 제기하던 호스킨스 같은 곤충학자들에게 DDT 열풍이 불던 몇 해 동안은 암울한 시기였다. DDT에 대한 부작용이 제기되며 열풍이 식고, 독성 화학물질로도 해충을 박멸할 수 없다는 현실이 드러나면서 과학자들은 다시 한 번 오랜 세월 해충에 맞서 왔던 인류의 경험에 기반을 둔, 전 세계 문화권의 전통적인 해충방제법에 눈을 돌렸다.

호스킨스의 '자연 자체의 균형'에 관한 연구가 다시 주요 의제로 떠올라 해충을 박멸하기보다는 관리하는 쪽으로 방향으로 트는 것이 기본 신조가 되었다. 당시 미국 대통령이던 리처드 닉슨Richard Nixon은 1972년 연두교서를 통해 새롭게 활기를 띠기 시작한 과학연구에 동의하며 "환경에 피해를 입히지 않고 환경 친화적인 방식으로 농지와 임지의 생산력을 유지하도록 병해충을 종합적으로 관리하는 새로운 기술을 개발해야 한다"고 밝혔다. 또한 "병해충 종합관리란 비화학적 물질과 방제법을 결합하여 화학 살충제를 선택적으로 분별력 있게 사용하는 것을 뜻한다"고 말했다.[52] 과테말라나 아프리카 농민들의 방식처럼 천적을 이용하고, 단일재배 대신 혼합경작을 하는 등, 현지에서 효과가 좋은 방제법들을 동원하는 것이 이러한 접근법의 요지이다.

병해충 종합관리는 산업화된 국가의 농지에서 주로 사용되는 방식과는 거리가 멀다, 하지만 DDT 열풍이 식은 이후로 이러한 관리방식은 변방을 중심으로 확산되고 있다.[53] 일례로 아프리카의 농작물을 초토화시키던 남아메리카 원산의 카사바깍지벌레의 경우, 이 해충을 먹이로 삼는 작은 말벌을 들여와 통제했다.[54] 동물의 상처에 알을 낳는 검정파리의 경우, 수백만의 수컷 검정파리에 X선이나 감마선을 이용해 불임 처치하여 암컷 파리들이 무정란을 낳게 하는 방식을 도입한 이후로 미국 동남부 목축업자들의 골칫거리가 사라졌다.[55]

화학업계도 DDT보다 치명적이지 않은 대안 화학물질에 대한 요구에 부응했다. 국화꽃에서 추출한 피레트린pyrethrin 같은 살충제는 햇빛에 분해가 되어 환경에 오래 잔류하지 않는다. 새로운 살충제들은 무차별적으로 생물을 공격하는 DDT와는 달리 특정 해충에 국한해 독성 효과를 내는 것을 목표로 한다. 진드기를 방제하는 살비제, 설치류를 죽이는 쥐약, 달팽이와 민달팽이을 없애는 살패제를 비롯해 특정 목표 동물의 이름이 들어간 약은 다른 생물에 영양을 미치지 않고 유해동물의 생활주기를 교란하도록 제조된다. 피해가 적은 살충제 개발에 관한 연구 중 일부는 1세기 전에 로우스와 길버트가 화학비료를 실험했던 로담스테드 연구소에서 진행되었다. 시장에 나온 화학물질 종류는 수천에 달한다. 해충에 생기는 내성과의 끝없는 싸움으로 인해 회사들은 계속해서 새로운 화학물질을 추가하는 수밖에 없다.

DDT가 크게 각광받던 농안 사람늘은 DDT를 몸에 직접 뿌리고, 비행기로 살포하고, 농부들은 밭에서 필요한 적정량보다 많이 살포했다. 아이들은 DDT를 내뿜으며 달리는 소독트럭 뒤를 자전거를 타고 달렸다. DDT 사용에 관한 안전 예방책은 경시되었고, 그로 인한 우발적인 죽음이나 중독 사건도 드물지 않았다. 오늘날 개발도상국에서는 여전히 매년 수백만의 화학물질 중독 사건이 일어나고,

위험한 취급관행으로 인해 살충제가 일으킨 사망이 수십만에 달한다.[56] 살충제의 위험에서 벗어나기 위한 전환의 목적은 분명히 불필요한 인명손실을 예방하는 데 있다.

독성 살충제 문제를 해결하기 위한 가장 중요한 방법은 제2차 세계대전 이후 DDT 시대가 열리기 전에 찾아낸 방법으로 회귀하는 것일지도 모른다. 뮐러가 DDT의 강력한 위력을 발견하기 수십 년 전에 일본 과학자들은 토양에서 바실러스 튜링겐시스Bacillus thuringiensis, 짧게 Bt균이라 부르는 세균을 발견했는데, 이 Bt균에는 독성물질이 들어 있어 Bt균이 묻은 잎을 먹은 곤충은 사멸되었다. 과학자들은 곤충에 치명적인 세균의 포자를 배양해 살균제에 가미한 뒤, 이를 식물에 살포했다. Bt균을 활용한 살충제는 다른 포유동물과 새에게 피해를 주지 않고 해충만을 죽일 수 있는 안전한 방식이었다. 그러나 DDT와 다른 합성 화학물질이 수년 동안 각광을 받으면서 Bt균은 해충 관리에서 큰 비중을 차지하지 못한 채 남아 있었던 것이다.

1990년대에 들어 생명공학이 발달하면서 Bt균은 유전자 변형 작물에서 중요한 역할을 하게 되었다. 과학자들은 Bt균의 독소단백질 유전자를 감자, 옥수수, 목화에 주입해 유전자를 변형시켰다. 이를 통해 농작물이 해충으로부터 스스로 보호하기 위해 적당한 때에 독소를 생산하게 했다. 유전자 변형 작물의 잎을 먹은 곤충은 죽게 될 터였다. 잠재적 이점들이 분명해 보였다. 농부들은 작물에 무차별적으로 독성 살충제를 살포하지 않고, 대신 식물들이 특정 해충을 상대로 독성을 생성할 수 있었다.

몇 년이 채 안 되어 농부들은 북미를 중심으로 수백만 에이커에 이르는 땅에 Bt 옥수수와 Bt 목화를 심었다. 독소가 야생으로 흘러 들어 감에 따라 Bt균이 환경에 미치는 부정적인 영향으로 인해 큰 대가를 치르게 될 것인지에 대해 논하기는 아직 이르다. 일각의 보도에 따르면, 근처 Bt 옥수수의 꽃가루가 떨어진 유액분비식물의 잎을 삼킨 모나크나비 유충이 피해를 입은 것으로 보인다. 바람에 실려 날아간 Bt 옥수수의 꽃가루가 목표 대상이 아닌 곤충에 악영향을 미칠 수 있는 가능성이 제기된 것이다.[57] 또한 내성의 문제를 감안하면 이러한 방법이 장기적으로 얼마나 효과가 있을지도 의문이다. 이미 Bt균의 독성 효과에 내성을 가진 해충이 생겨날 조짐이 보이고 있다.[58] 인류는 유사 이래로 여러 방식으로 자연을 변형해 식량을 생산해왔지만 가장 최근에 진행된 실험의 결과는 앞으로 지켜봐야 한다.[59]

과거를 돌이켜보면 이러한 새로운 형태의 유전자 변형에도 앞으로도 전개될 이야기가 남아 있을 것이다. 실제로 인류가 곤충, 균류, 설치류를 비롯한 유해생물과 벌인 싸움에는 결코 끝이 있을 수 없다. 수천 년에 걸쳐 인류가 고안해온 일련의 인상적인 방제 수단담배 잎에서 추출한 니코틴이나 국화꽃에서 추출한 비소 같은 독성 화학물질, DDT 같은 합성 화합물, Bt 같은 미생물에도 불구하고 지구에서 함께 살아가는 수백만의 동물과 박테리아, 균류는 앞으로도 계속 인류가 거둔 풍요로운 수확물을 나눠 먹으려고 할 것이다.

자연을 조작하는 일환으로서 합성 살충제는 산업적 규모로 단일 작물을 재배할 수 있는 기반이 되었다. 해충을 통제하는 효과적인 방법이 없었다면, 잡초, 바구미, 벌레로 인해 피해가 막대해서 한 작물에 공을 들일 엄두를 내지 못했을 것이다. 단일재배를 유지하기 위한 일환으로 1960년에서 2000년 사이 살충제 사용량은 세계적으로 15배에서 20배 가까이 증가했다.[60] 제2차 세계대전 이후 DDT의 영광은 금세 끝나버렸다. 자연선택과 환경의 반작용으로 인해 얼마 안 있어 도끼가 내리쳐졌다. 그러나 독성이 효력을 발휘하던 그 짧은 시기는 살충제에 의존해 식량의 공급량을 늘리기에 충분했다. 환경에 덜 해로운 살충제로의 전환은 가까이에서 새와 야생동물이 죽어가는 모습을 목격한 대중들의 강력한 항의에서 비롯된 결과임이 분명하다.

　카슨은 새들의 알 껍질을 얇아지게 하고, 야생동물을 죽이고, 지방조직에 독성 화학물질을 쌓이게 하는 살충제의 부작용에 주목한다. 환경에 피해를 덜 주는 대체 살충제들도 위험에서 완전하게 자유로운 해결책은 아니다. 볼로그는 말라리아를 옮기는 모기를 방제해 사람의 목숨을 구하는 효과는 말할 것도 없고 수확물을 엄청나게 먹어치우는 해충을 박멸하는 살충제의 경이로운 이점에 대해 설파한다. 한쪽은 살충제를 악으로 규정하고 다른 한쪽은 결점을 보완하고도 남는 장점을 주장한다. 두 견해 모두 각각의 시각에서 살펴보면 다 옳다. 그러나 현실은 인류가 자연과 복잡하게 연결되어 있는 더 큰 현실처럼 단순한 이분법적 관점이 암시하는 것보다 훨썬 더 복잡하다. 해법은 수월하게 양자택일할 수 있는 게 아니라 극단적인 두 견해 사이 어딘가에 존재한다.

유용한 수단이었던 살충제 도입과 함께 전후에 화학비료를 생산하기 시작한 공장들, 기계에 동력을 제공한 풍부한 석유자원, 생명력이 강한 잡종 종자, 맺은 알곡의 무게에도 잘 쓰러지지 않는 짧고 튼튼한 줄기, 충분히 물을 공급받는 작물, 더욱 발달한 유전자 기술이 20세기 후반을 위해 준비되어 있었다. 이제 그로 인한 파급효과가 전 세계로 퍼져나갔다.

9장

녹색혁명이 전 세계로 확장되다

제2차 세계대전 이후 새로운 발상과 혁신적인 방법으로 사람들이 먹는 음식의 종류와 양을 폭발적으로 증가시키는 데 기여한 모든 이들 중에서 특히 눈에 띄는 인물이 있다. 미국 중서부 출신의 노먼 볼로그로, 그는 레이첼 카슨의 화학 살충제에 대한 비난을 반박했다. 일각에서는 볼로그를 박애주의자로서 존경한다. 다른 한편에서는 그가 개발도상국 전역에 가져온 막대한 변화를 이유로 비판한다.

볼로그가 자신의 분야에서 능력을 펼칠 준비가 되었을 무렵은 거대한 톱니바퀴 시대의 모든 조각들이 제자리를 찾은 뒤였다. 전쟁 중의 군수공장들은 질소 결합을 해체해 농부들에게 충분한 비료를 제공했다. DDT도 있었다. 인회석 공급은 무한할 것처럼 보였다. 석탄과 석유는 풍부했고 가격도 저렴했다. 댐은 물을 저장해 농지에 물을 댔다. 키가 작은 품종의 밀은 예전보다 무거워진 알곡에도 쓰러지지 않았다. 잡종 종자 덕분에 수확량은 급증했다. 자연을 변형하는 인류의 축적된 능력도 대단히 커져 전대미문의 규모로 돌아가는 톱니바퀴의 회전을 막는 제약들은 거의 없었다.

볼로그는 이스트와 에머슨이 잡종 옥수수 종자에 대한 실험을 진행하고 있을 무렵인 1914년에 아이오와주의 노르웨이계 미국인 공동체 농장에서 태어났다. 그는 8학년이 될 때까지 교실이 하나밖에 없는 학교에서 공부했다. 훗날 대공황 시절 볼로그는 대학 등록금을 마련하기 위해 연방정부의 실업대책프로그램에 참여해 실업자들과 함께 일했다. 그의 지인들 주장에 따르면, 그가 처음으로 영양실조의 피폐한 상황에 대해 맞닥뜨렸던 이 경험이 생의 목적, 즉 배고픈 이들의 식탁에 음식을 올려놓겠다는 목표를 품게 된 계기가 되었다.[1] 볼로그는 미네소타대학교의 식물 병리학자인 엘빈 스타크먼Elvin Stakman의 지도 아래, 농부들에게 재앙을 가져오는 식물 병해와 싸우기로 마음먹었다.

듀폰 사에서 DDT와 기타 살충제를 실험하는 연구를 잠시 맡아 진행하던 볼로그는 1944년, 멕시코에 관심을 갖게 되었다. 당시 멕시코의 농작물 수확량은 형편없이 낮았다. 땅의 양분은 고갈되고 밀녹병이 여러 차례 작물을 덮쳐 농민들의 사기를 꺾었다. 바람에 날리는 포자로 전파되는 끔찍한 진균성 질병은 이 병에 걸린 식물의 줄기와 이파리에 붉은 병변을 일으켜 줄기를 약하게 하고, 식물의 생장을 돕는 양분을 빼앗았다. 녹병 때문에 밀알이 쪼글쪼글해지고 밀 줄기는 땅바닥으로 쓰러졌다. 멕시코는 밀 수요량의 절반 이상을 수입에 의존했다. 당시 미국의 부통령이던 월리스는 멕시코를 방문해 멕시코 정부 관리들과 가능한 해결책을 논의한 뒤 록펠러 재단이 멕시코 정부와 협력하여 연구 및 연수 프로그램을 설립하도록 장려했다. 이 프로그램의 자문을 맡은 스타크먼의 요청에 따라 볼로그는 밀 연구 프로그램의 수장을 맡게 되었다.[2]

볼로그는 그의 연구 근거지로 지대가 평탄하고 새롭게 물을 댄, 멕시코 북서부의 야키강 유역을 택했다. 최우선 과제는 스타크먼이 "교활하게 전파되고 끊임없이 변화하며 진화하는 적"[3]이라 여긴 녹병균에 저항성이 있는 품종을 육성하는 것이었다. 녹병균은 지난 몇 년 사이 야키강 유역의 밀농사를 망쳤다. 볼로그는 버려진 농업 실험소에서 지내면서 휴대용 침대에서 자고 불을 피워 음식을 해 먹으며 실험을 진행했다. 전기도 들어오지 않았고 차량도 없었으며 현지 농민들이 기증한 장비를 사용했다.

볼로그의 추산으로는 적어도 8년은 걸려야 여러 세대를 거쳐 녹병균에 저항성이 있는 품종을 육성할 수 있었다. 그러나 그는 그렇게 오래 기다리고 싶지 않았고, 속도를 높이기 위해 식물 육종의 원칙을 어기기로 결심했다. 그는 야키강 유역에서 밀의 성장 시기에 종자를 육성한 다음, 남동쪽으로 700마일 떨어진, 멕시코시티 근처의 고도가 높아 기후가 서늘한 지역에 종자를 심어, 남은 해 동안 밀을 재배했다. 두 지역을 옮겨 다니며 1년 내내 종자를 육성한 덕분에 녹병균에 저항성이 있는 품종을 생산하는 데 필요한 기간을 반으로 단축했다. '왕복육종shuttle breeding'으로 알려지게 된 이 방식은 또 다른 이유 때문에 뜻하지 않은 성공을 거두었다. 왕복육종은 다른 기후대와 각각의 지역에 존재하는 질병에 노출된 개체에서 종자를 얻었기 때문에 이러한 종자에서 성장한 밀은 여러 병해를 잘 견딜 뿐 아니라 각기 다른 일조량에도 적응했다. 볼로그는 그를 가르쳤던 교수들과 식물을 육종하는 동료들이 "왕복육종을 미친 짓이라고 생각했지만 …. 우리 팀은 밀어붙였고 그 결과가 어떠한지 보라"며 목소리를 높였다.[4] 비료 도입 및 잡초 방제와 함께 녹병균 저항성 품종 덕분에 야키강 유역에서 진행한 볼로그의 연구는 밀의 수확량을 늘리는 데 성공했고 농민들도 관심을 보였다.

밀녹병 문제가 수그러들자 이번에는 또 다른 문제가 고개를 들었다. 비료의 도입으로 매우 잘 자란 밀이 키가 커지자 쓰러지기 시작한 것이다. 미국에서는 키가 작은 품종을 활용해 일찍이 밀농사에서 성공을 거두었기 때문에 볼로그는 키가 작고 줄기가 더 단단하면서 녹병균에 저항성이 있는 품종 육성에 나섰다. 볼로그는 일본의 키 작은 품종 종자를 은밀히 보관하고 있던 동료학자 오빌 보겔Orville Vogel에게 연락했다. 워싱턴주립대학교에 재직하며 식물 육종 연구를 하는 보겔은 제2차 세계대전 동안 일본의 주둔군 기지에서 일했던 연구 과학자인 새뮤얼 새먼Samuel Salmon에게서 이 종자를 받아두었었다. 새먼은 일본인 과학자들이 농업연구소에서 줄기가 짧은 밀 품종에 대해 실험하는 것을 목격했다. 그는 16종의 품종을 미국으로 가져와 보겔에게 주었다. 그중 하나가 '노린 10Norin 10'이라는 품종이었다. 노린 10은 포니와 위치타 품종처럼 작기만 한 게 아니라 왜성dwarf 유전자를 가지고 있어 키는 더 작으면서 수확량은 더욱 많았다. 보겔은 1950년대 초반 볼로그에게 노린 10의 씨앗을 보냈다.

노린 10의 왜성 유전자를 도입한 지 8년이 넘는 시간이 흐르자 볼로그와 그의 동료 과학자들은 쓰러지지 않는 왕복육종 품종을 얻을 수 있었다. 키가 큰 품종을 재배할 때보다 수확량은 두 배 이상 뛰었다.[5] 보겔 또한 태평양 연안 북서부의 워싱턴주립대학교에서 노린 10을 현지 품종들과 교배해 반왜성 품종을 육성했고, 관개 밀 작물의 수확량은 증가했다. 보겔이 육종한 발목 높이까지 자라는 신품종인 게인스Gaines는 1960년대 초반 태평양 연안 북서부 전역에 전파되었다.[6]

밀, 그리고 훗날 등장한 쌀의 반왜성 품종은 이미 진행 중이었던 혁명의 또 하나의 동력이 되었다. 새로운 왜성 품종들은 20세기 전반기에 육종학자들이 육성한 키 작은 품종들보다 훨씬 작았다. 그러나 혁명적인 변화의 핵심은 단지 유전학과 육종에 국한된 것만이 아니었다. 자연 전반을 변형했다는 데 변화의 핵심이 있었다. 훗날 볼로그는 60년간 지속된 기아 퇴치 운동을 회고하며 이렇게 썼다. "모든 요인들품종, 비료, 시기적절한 잡초 방제, 최적의 관개일정이 결합해 큰 변화를 만들어낸 것이다. 품종 하나만으로 이루어낸 마법이 아니었다. 지대한 효과를 거두기 위해서는 모든 요소들이 결합해 제 역할을 해야 한다."[7]

록펠러재단과 멕시코 정부의 협력하에서 프로그램이 시행된 이후로 20년 만에 밀 수확량은 치솟았다. 더 많은 땅에서 밀을 재배하게 되었고, 멕시코는 더 이상 밀을 수입할 필요가 없었다. 야키강 유역은 멕시코의 곡창 지대가 되었다.

멕시코에서 인도까지

멕시코에서 보여준 볼로그의 대단한 성공에도 불구하고, 맬서스가 예언한 기아의 망령이 여전히 1960년대의 세계를 뒤덮고 있었다. 개발도상국에 백신과 위생 시설이 널리 도입되고 생명과 직결된 공공 건강 정책들이 실행되면서 전 세계 인구가 급증하고 있었다. 안타깝게도 인구의 급성장으로 식량 수요가 공급량을 추월하는 방향으로 나아가고 있었다. 아이들의 생존율이 높아졌고 수명도 늘어났다. 늘어난 인구 모두가 먹어야 했다. 인구밀도가 높은 아시아에는 더 이상 농지를 확대할 땅이 남아 있지 않았다. 비관적인 미래를 전망하는 학자들 중에는 생물학자인 파울 에를리히Paul Ehrlich가 있었다. 1968년에 베스트셀러가 된 그의 저서 《인구폭발The Population Bomb》[8]에서는 미래에 대한 종말론적인 시각을 밝히고 있다. "인류를 먹여 살리기 위한 싸움에서 인간은 이미 패배했다. 우리는 향후 10

년 후쯤에 닥칠 거대한 규모의 기근을 막지 못할 것이다."[9] 에를리히는 인도에 대해 가장 비참한 미래를 예측했다. "인도의 상황에 정통한 이들 중에 설사 인도가 식량을 자급할 수 있다 해도 1971년까지 그럴 가능성이 있다고 생각하는 이들은 아직까지 단 한 번도 만난 적이 없다."[10]

실제로 당시 인도의 미래는 암울해 보였다. 인도의 초대 총리이자 거대한 댐의 예찬자였던 네루는 1964년에 이미 사망한 뒤였다. 20년 전의 기근에 대한 기억이 여전히 생생하던 시절이었다. 당시 발생한 기근으로 남자, 여자, 아이 할 것 없이 약 300만 명이 목숨을 잃었다. 1960년대 중반 평소보다 저조한 강우량으로 농산물의 수확량은 형편없었다. 인구 증가로 농작물에 대한 수요가 밀과 쌀의 공급량을 추월하기 시작했다. 기아가 만연했고, 인도는 상당량의 곡물을 수입했다.[11]

그러나 인도의 상황에 정통한 이들과 대화를 나누던 당시, 에를리히는 볼로그에 대해서는 들어보지 못한 게 분명하다. 1965년에 인도 정부와 협의하여 볼로그의 제자들이 200톤의 다수확 종자를 멕시코에서 인도로 가져왔다. 이듬해에는 1만 8,000톤의 종자와 함께 막대한 양의 비료를 수입했다. 인도의 식물 육종학자들은 인도 정부 소속의 유전학자 M. S. 스와미나탄M. S. Swaminathan의 주도 아래 현지 품종과 노린 10 품종의 왜성 유전자를 가진 멕시코 품종을 교배했다. 불과 몇 년 사이에 밀 수확량은 두 배로 증가했고 심각한 기근에 대한 우려는 수그러들었다. 수확량이 크게 증가한 곳은 인도 북서부의 편자브로, 농기계 도입과 지하수를 이용한 관개시설로 농부들의 역량이 확대되었다. 에를리히의 걱정과 달리 1980년대에 인도는 곡물을 수출하기에 이르렀다.[12] 다수확 품종이 전파됨에 따라 파키스탄과 터키를 포함한 다른 나라에서도 수확량이 증가했다.

기적의 쌀

볼로그는 밀의 수확량을 증대하는 데 큰 성공을 거두었지만, 모든 지역의 주요 작물 수확량을 충분히 늘린 것은 아니었다. 수확량을 증대하지 못한 작물 중 하나는 쌀이었다. 쌀은 아시아 전역의 주식으로, 문화의 영혼 같은 역할을 했다. 아시아의 식당이나 길가의 식품 가판대, 가정의 주방 할 것 없이 그릇과 접시 위에는 쌀밥이 수북이 올라간다. 인구밀도가 높은 아시아에서 쌀은 에너지 공급원의 대부분을 차지한다.

부양해야 할 인구수가 증가하는 추세 속에서 진행된 '녹색혁명'의 일환으로 여러 나라들은 새로운 송자를 육성해 농부들에게 보급하기 위한 국제연구센터를 설립했다.[13] 멕시코에는 밀과 옥수수 연구센터가 들어섰다. 쌀 연구센터는 필리핀의 로스바뇨스에 자리 잡았다. 인도와 그 밖의 나라에서 육종학자들은 이미 다양한 품종을 교배해 키가 작은 벼를 생산해내고 있었다. 밀의 수확량 증가로 왜성 유전자를 보유한 품종의 이점들이 널리 알려졌다. 이제는 벼의 왜성 품종을 육성할 차례였다.

다양한 품종들을 여덟 차례 교배한 끝에 'IR 8'이라는 이름을 붙인 가능성 있는 품종이 로스바뇨스 연구소에서 나타났다. IR 8은 키가 크고 생명력이 강한 품종인 인도네시아의 페타와 왜성 품종인 타이완의 DGWG를 교배한 잡종이었다. 잡종 1세대의 벼는 모두 키가 컸다. 2세대에서는 키가 큰 품종과 작은 품종의 개체 수가 3대 1로 나타났다. 멘델이 완두콩에서 발견한 것과 동일한 비율이었다. 필리핀의 벼 종자 육종 연구에 참여한 식물 육종학자인 헨리 비첼 Henry Beachell은 이렇게 회고한다. "그때가 바로 우리가 원하는 품종을 얻게 될 것임을 직감한 순간이었다. … DGWG를 활용해 개선된 반 왜성 품종을 육성할 수 있었다."[14] 멘델의 비율에 따라 유전되는 왜 성 유전자 덕분에 반왜성 품종을 상업적으로 생산하는 것이 가능해졌다.

그로부터 불과 몇 년 만에 육종가들은 '기적의 벼'를 육성해 농부들에게 배포했다. 신품종은 볼로그의 왕복육종 품종과 마찬가지로 튼튼한 줄기에 키가 작고 일조시간에 민감하지 않았다. 농부들이 다량의 비료를 뿌리는 경우, 수확량은 기존 벼보다 몇 배나 많았다. 그러나 IR 8 품종이 보통 사람들 눈에 그 즉시 기적으로 보인 것은 아니었다. 이 품종은 윤기가 흐르지 않고 질감도 거칠었으며 쌀 알도 쉽게 부서졌다. 밥을 한 뒤 식으면 유난히 딱딱해졌다. 게다가 맛도 형편없었다. 비첼은 필리핀 젊은이가 "IR 8은 목을 할퀴는 느낌이 들어 싫다"고 말했던 걸 회상한다.[15] 그 뒤로 개량을 통해 질감과 맛을 개선했고, 한 해에 더 많은 수확을 거둘 수 있도록 해충에 대한 저항성, 빠른 성장 속도와 같은 특성들을 더했다. 기적의 벼는 필리핀, 중국을 비롯해 아시아 전역의 쌀 수확량을 증대시켰다.[16]

왜성 유전자만이 아시아의 쌀 수확량 증대에 기여한 것은 아니었다. 처음에 벼 육종가들은 잡종 종자의 강한 생명력을 활용해 대규모로 종자를 생산할 엄두를 내지 못했다. 그도 그럴 것이 밀이나 완두콩처럼 벼도 자가수분을 하기 때문이다. 그러나 훗날 '잡종 벼의 아버지'로 알려지게 되는 육종학자인 위안룽핑Yuan Longping은 이에 굴하지 않고 실험을 이어갔다.

수년이 흘러 잡종 종자를 육성한 성공 요인을 묻자, 이 중국인 식물 육종학자는 네 단어로 답했다. "지식, 노력, 영감, 그리고 우연."[17] 위안룽핑에게 찾아온 우연은 동료를 통해서였다. 그의 동료가 우연히 하이난섬에서 흔하게 보이는 야생 벼의 불규칙한 모양을 한 노란색 꽃가루가 불임성이라는 것을 발견했다.[18] 수꽃이 피는 포기가 불임성인 경우, 상업적으로 잡종을 육성하는 데 유용하다는 것은 양파와 사탕무를 통해 밝혀졌다. 이 같은 유전적 특성이 있으면 같은 작물의 꽃가루로 난세포가 수분할 일이 없어서, 수삭업으로 수분을 하게 되기 때문이다. 불임성 수꽃은 미국의 농부들이 옥수수의 수꽃이삭을 떼어내지 않아도 되게 해주기도 했다. 다만 이 혁신은 1970년대의 옥수수마름병 유행이라는 역효과를 낳았다.[19] 위안룽핑으로서는 벼가 자가수분을 하지 못하도록 하는 데 수꽃의 불임성이 좋은 기회가 되었다. 불임성 꽃가루를 가진 벼의 난세포와 다른 벼의 꽃가루를 수분시킬 수 있는 길이 마련된 것이다.

그는 야생 벼의 불임성 꽃가루를 가지고 수년에 걸쳐 다양한 쌀 품종을 교배했다. 1970년대 초반에 교배에 성공한 잡종 종자nan-you 2, nan-you 6, shan-you 6, wei-you 6를 중국 농부들에게 배포했다.[20] 쌀 수확량은 평소보다 3분의 1가량 증가했고, 20년이 채 안 되어 잡종 종자가 중국 전체 쌀 수확량의 절반 이상을 차지했다.[21] 잡종 벼는 인도네시아, 베트남, 인도를 비롯해 아시아의 다른 국가들과 전 세계로 퍼졌다. 육종학자들은 해충, 질병, 고온에 강한 더 나은 품종을 찾아 교배를 계속했다.

수확량 증가는 녹색혁명의 상징이 되었다. 녹색혁명이란 개발도상국에서 다수확 품종, 특히 밀과 쌀의 경이로운 생산량 증대를 가리키는 용어이다. 미국 국제개발처USAID의 책임자였던 윌리엄 고드 William Gaud는 냉전 시대를 배경으로 1968년 워싱턴 D.C.에서 열린 회의에서 녹색혁명이라는 용어를 처음 만들어 사용했다. 그는 기록적인 수확량을 언급하며 이렇게 주장했다. "농지에서 확인된 수확량 증가와 그 밖의 발전에는 새로운 혁명의 요소들이 담겨 있다. 이는 소련의 혁명과 같은 폭력적 적색혁명도, 이란혁명과 같은 백색혁명도 아니다. 나는 이를 녹색혁명이라 부르겠다. 이 새로운 혁명은 150년 전에 일어난 산업혁명에 버금갈 정도로 인류에게 대단히 중요하고 큰 혜택을 줄 수 있다."[22]

실제로 혁명이나 다름없었다. 식물 육종학자들은 왜성 유전자와 불임성 꽃가루를 20세기 인류의 유용한 수단목록에 추가했다. 많은 국가에서 곡물의 생산 증가율은 인구 증가율을 앞질렀다. 도시나 농촌 모두에서 식품 가격은 저렴해졌다. 볼로그는 "전 세계 굶주린 인구를 먹인" 인도주의적 노력을 인정받아 1970년에 노벨 평화상을 받았다.[23]

하지만 볼로그조차 이러한 성공이 일시적이라고 간주했다. 그와 에를리히가 인류의 운명에 대해 동일한 생각을 하지는 않았지만, 그들은 한 가지 지점에서 일치했다. 볼로그가 "인구 괴물"이라부르는, 곧 닥칠 재앙이었다. 녹색혁명이 기아에서 벗어나기 위한 인류의 싸움에 종지부를 찍은 것은 아니었다.[24] 지구의 인구수는 1950년 약 25억에서 1960년에 30억, 1980년에는 45억까지 증가했다. 늘어난 인구수의 대부분이 개발도상국에서 비롯되었다.[25]

녹색혁명이 자리 잡은 지역에서는 밭을 갈던 물소를 트랙터가, 손으로 일일이 잡초를 뽑던 인력을 제초제가 대신하게 되었다. 20세기 초 북미 사람들이 그러했듯이, 이러한 지역의 사람들도 농촌을 떠나 공장과 사무실의 일자리를 찾아 도시로 몰려들었다. 1950년에는 10명 중 3명이 도시에 살았다. 뉴욕은 세계에서 가장 큰 도시로, 당시 인구는 1,200만 명이었다. 녹색혁명의 주요 추진력이 서서히 약해지던 1980년 무렵에는 도쿄, 멕시코시티, 상파울로가 뉴욕 인구수를 뛰어넘었고,[26] 10명 중 4명이 도시에 살았다.[27] 이 사람들 모두가 먹어야 할 터였다.

녹색혁명의 이면

    녹색혁명에 대한 비판도 매우 거세다. 물론 기아를 퇴치하려는 훌륭한 목표에는 비난의 여지가 있을 수 없다. 문제는 녹색혁명이 과연 건강한 식단을 영위할 수 없는 전 세계 수많은 인구의 비극을 퇴치하는 최선의 방법이냐 하는 것이다. 왕복육종, 잡종 종자, 왜성 유전자 같은 경이로운 기술에도 불구하고 녹색혁명은 이러한 기술과 농자재를 모두 포함한 패키지, 즉 기적의 종자, 화학비료, 관개 시설, 농기계를 도입할 수 있는 농부들에게만 혜택을 주었다. 수백 만의 농민들은 식물 육종학자들의 창의성에서 비롯된 혜택을 누리지 못했다. 녹색혁명은 미국식 영농모델을 도입함으로써 20세기 전반기에 잡종 옥수수 재배가 미국의 풍경을 변화시킨 것 같은 양상을 띠었다. 대형 농장, 늘어난 단일재배, 트랙터와 콤바인, 화학비료, 살충제가 수확량을 늘리는 방법이었다. 그러나 수확량이 증가했다고 해서 그만큼 기아가 줄어드는 것은 아니다. 작은 땅에서 농사를 짓는 가난한 농부는 이러한 농자재에 투자를 할 경제적 여력이 없어서 아무리 농업 기술이 정교하게 발달할지라도 기술의 이점을 활용하지 못한다. 새로운 기술과 농자재를 도입할 여력이 있는 운이 좋은 농부의 경우에도, 엄청난 수확량에 대한 기대로 눈이 멀어 대대로 전해 내려온 병해충 대처법과 지역 고유의 품종을 재배하는 방법을 너무 쉽게 버리고 있다.

    멕시코에서 연구를 진행한 적이 있는 미국의 지리학자 칼 사우어

Carl Sauer는 이 프로그램의 초기부터 록펠러 재단에 우려를 제기하며 다음과 같이 주장했다. "뛰어나고 적극적인 일단의 미국 농학자와 식물 육종가들이 미국의 상업적 자원을 밀어붙여 현지의 자연 자원을 영구히 망칠 수 있다. 멕시코의 농업이 소수의 상업적 영농 모델로 일원화될수록 현지 경제와 문화는 속수무책으로 흔들린다. 아이오와의 농업 모델을 멕시코에 그대로 적용하는 것이야말로 가장 위험하다. 미국의 영농학자들이 이를 이해하지 못한다면 멕시코에서 완전히 발을 빼야 할 것이다."[28] 1970년대 말 멕시코 농업에서 녹색혁명의 열기는 식었다. 야키강 유역은 고도로 기계화된 다수확 밀 생산의 중심지가 되었지만, 기술의 혜택을 받지 못한 멕시코의 다른 지역 농민들은 번영을 누릴 수 없었다.

20년 후에 녹색혁명이 추진되었던 인도의 펀자브 곡창 지대에서도 비슷한 상황이 펼쳐졌다. 밭에 물을 대기 위한 관우물이 농지 곳곳에 생기고 화학비료 사용량이 치솟았다. 그 지역 사람들은 번영을 누렸다.[29] 하지만 오늘날에도 다른 지역의 수많은 농민들은 나무 쟁기로 일하고, 비료라고는 쇠똥이 전부이며, 비가 오지 않으면 그 해 농사를 망친다. 이러한 대조적인 상황은 관찰력이 둔한 방문객의 눈에도 극명하게 드러난다.

역사를 되돌려 볼로그와 동료 학자들이 고갈된 토양과 빈농들의 전통적인 작물, 혹은 새로운 문물의 혜택을 받지 못하거나, 식량을 살 돈이 없는 더 불우한 사람들에게 열정과 창의성을 더욱 쏟았다면 어떠했을지 확인하는 것은 불가능하다. 볼로그는 스스로를 변호라도 하듯 가난이 계속해서 사람들을 굶주리게 하며, 멀리 떨어진 지역의 높은 수확량과 풍부한 식량으로도 해결할 수 없는 비극이라 인정했다. 실제로 노벨 평화상 수락 연설 말미에 그는 이렇게 덧붙였다. "식량 구매력이 거의 없거나 전혀 없는 방대한 소외계층에 추가 식량을 배분하는 효율적인 방법을 찾는 것과 관련한 사회적·경제적 문제가 해결되지 못한 채 여전히 남아 있다. 이는 경제학자, 사회학자, 정치 지도자들이 지금 당장 맞서 해결해야 하는 거대한 문제이다."[30]

녹색혁명의 혜택을 입은 이들에게도 그림자가 드리웠다. 농민들은 상업용 종자와 비료, 살충제를 비롯한 농자재를 사전에 구입해야만 했다. 수확한 농산물에 대한 제대로 된 값을 받지 못하면 농부들은 빚더미에 앉게 된다. 펀자브와 다른 지역에서 과도한 빚에 시달려 농약을 마시고 스스로 목숨을 끊은 농민들의 기사가 심심치 않게 보도되었다.[31] 저명한 작가이자 볼로그를 비난하는 주요 인사인 반다나 시바Vandana Shiva는 이렇게 썼다. "녹색혁명은 실패작이 되었다. … 녹색혁명의 수혜자는 농기계 제작사와 댐 건설업자, 대지주였다."[32]

녹색혁명은 많은 양의 물에 의존했다. 물을 얻기 위한 방법으로 화석연료를 동력으로 하는 기계를 이용해 땅을 파고 관우물을 설치했다. 오늘날 인도는 세계에서 지하수를 가장 많이 퍼 올리는 국가이다. 지하의 소중한 수자원이 얼마나 오래 지속될지 의문이다. 지하수를 끊임없이 사용하다보니 지하수면은 낮아지고 있다.[33] 농민들은 작물이 마르지 않도록 관우물을 파고 더 많은 에너지가 들어가는 강력한 양수기로 물을 끌어다 쓴다. 고대 메소포타미아와 세계 각지에서 그러했듯, 인도에서도 물을 댄 토양의 열악한 배수로 인해 땅 표면에 염류가 집적되어 비옥한 논밭이 불모지로 바뀌고 만다.[34]

녹색혁명의 영향은 한 국가 안에서만 차이를 보이는 게 아니라 국가들 간에도 다르게 나타났다. 사실상 사하라 남부의 아프리카 지역에는 녹색혁명이 미치지 못했다. 어려움이 산재해 있었던 까닭이다. 수백만의 가난한 농부들은 북아메리카의 대다수 교외지역에 자리 잡은 주택의 잔디밭보다도 작은 땅에서 농사를 짓는다. 도로망도 열악하기 짝이 없다. 관개시설을 마련할 여건도 되지 않는다. 무엇보다 아프리카 국가의 정부들은 녹색혁명에 참여할 의지가 없었다. 볼로그는 말년에 미국 전 대통령 지미 카터Jimmy Carter와 협력하여 멕시코와 아시아의 여러 나라에서 수확량을 증대시킨 기술을 아프리카에 전수하기 위해 애썼다.[35] 그러나 아프리카에서의 노력은 다른 지역에서와 같은 성공을 거두지 못했다. 볼로그는 95세의 나이로 임종을 맞이하던 순간, 필요한 게 없는지 묻는 말에게 이렇게 답했다. "아프리카, 아프리카, 아프리카에서 내 임무를 완수하지 못했구나."[36]

녹색혁명이 환경에 득이 되었는지, 해가 되었는지에 대해서는 첨예한 논쟁이 존재한다. 볼로그는 수확량 증대가 환경에 득이 된다면서 1950년의 수확량과 동일한 곡물을 생산하려면, 녹색혁명 이

전에는 땅이 두 배나 더 많이 필요했을 것이라고 주장했다. 이는 더 많은 숲과 초원이 개간되고 더 많은 야생동물이 멸종될 수 있다는 뜻이었다.[37] 녹색혁명에 부정적인 부류는 농부들의 화학비료 사용량이 극적으로 증가했다는 데 주목한다. 질소를 고정하는 공장들은 화석연료를 태우고 밭에 뿌려진 비료는 온실가스인 아산화질소를 배출해 기후 위기의 원인으로 작용한다. 농지에서 발생한 과도한 질소는 연근해로 흘러들어 생물들이 살지 못하는 데드존을 형성한다. 녹색혁명으로 야기된 그 밖의 환경문제들로는 단일재배 농지에 살포되는 과도한 살충제, 지하수가 있는 지층의 고갈, 현지 토양에 적합한 전통 작물의 소멸 등이 있다.

볼로그는 이러한 비난을 묵묵히 견디는 쪽은 아니었다. 그는 한 기자에게 이렇게 토로하기도 했다. "서구의 일부 환경 로비스트들은 지구에 소금과 같은 존재다. 그러나 상당수는 엘리트 계급에 속한다. 그들은 굶주림의 감각을 육체적으로 경험한 적이 없다. 워싱턴의 안락한 사무실에 앉아 로비를 펼칠 뿐이다. 내가 지난 50년간 그랬듯이 그들이 일부 개도국의 비참한 상황에서 단 한 달만이라도 살아본다면, 그들 또한 트랙터와 비료와 관개수로의 필요성을 목놓아 외치고, 부유한 엘리트 계층이 이러한 것들의 필요성을 부정한다는 사실에 분노할 것이다."[38]

인도 녹색혁명의 아버지라 불리는 스와미나탄은 이와는 다른 견해를 가지고 있다. 그는 '상록혁명Evergreen Revolution'이라는 새로운 용어를 만들었다. 인구수는 계속 증가해 먹여야 할 입은 늘어나는데,

사실상 농지로 확대할 땅은 없는 상황에 처한 아시아에서 수확량 증대의 필요성은 부인할 수 없는 사실이다. 그러나 녹색혁명의 경험은 인류가 생태계에 피해를 주지 않는 쪽으로 방향을 선회해야 함을 보여준다고 그는 주장했다. 스와미나탄이 그리는 차세대 혁명의 구상에 따르면, 빈농들이 직접 농사와 관련된 결정에 참여하고, 비료와 물 사용의 효율성을 개선하고, 생명공학을 통해 가능해진 진보된 기술의 혜택을 빈농들도 누리게 된다.[39]

스와미나탄의 구상과 볼로그의 구상 중에서 미래가 어느 쪽을 향해 흘러가든 간에 한 가지 메시지만은 분명하다. 녹색혁명 또한 인류를 먹이기 위한 수많은 실험들 중 하나라는 사실 말이다. 다른 모든 실험들과 마찬가지로 종착점은 없다. 자연은 그 어떤 해결책도 영원하지 않다는 것을 확인시키는 방법을 찾아내니 말이다.

자연으로 돌아가다

농작물을 초토화시키는 진균성 질병에 저항성이 있는 품종을 육성했던 볼로그의 노력 덕분에 전 세계 밀은 녹병균에서 안전한 것으로 보였다. 그러나 볼로그의 스승이었던 스타크먼의 생각이 옳았다. 녹병균은 교활하게 전파되는 적으로 판명이 났다. 1998년 우간다의 밀에 붉은 혹들이 나타났다. 볼로그가 밀녹병과의 싸움에서 승리를 거둔 지 50년 만에 다시 나타난 녹병균이었다. 바람에 날리는 포자를 통해 녹병은 케냐와 에티오피아, 이란 동부까지 전파되었다. 얼마 후 녹병균은 예멘에도 나타났다. 오래전 녹병균의 창궐로 벌어진 참사를 기억하는 과학자나 농부는 거의 없었다. 다시 녹색혁명 당시 멕시코에 설립된 국제 연구소의 연구진이 녹병균에 저항성이 있는 밀을 육성하기 위해 나섰다.[40] 볼로그는 치명적인 녹병균이 언젠가 다시 나타날 것이라고 경고했었고, 그 경고는 사실로 드러났다. 한때 퇴치되었다고 믿었던 식물 병해의 재등장은 인간의 호불호에 따라 유전자를 변형하는 데에 종착역은 없다는 것을 상기시켰다.[41] 자연의 다른 모든 것들과 마찬가지로 변화는 끊임없이 지속되며 진화는 쉬지 않고 일어난다.

지질학적 시간의 관점으로 보면, 야생의 식물과 동물은 환경의 변화에 충분히 빠르게 적응하지 못하면 멸종되기 마련이다. 우리가 식량으로 삼는 동식물 종에도 이와 동일한 과정이 적용된다는 것을 생각할 때, 이는 그다지 위로가 되는 결과는 아니다. 해충에 저항성이 있거나 가뭄에 잘 견디는 재배종을 유지하는 것은 자연이 아니라 사람의 손에 달려 있다. 사람들이 먹기에 좋은 신품종을 만들어낸 것도 바로 사람의 손이었다. 브로콜리와 콜리플라워를 교배한 브로코플라워the broccoflower, 자두와 살구를 교배한 플럼콧the plumcot이 단적인 예이다. 그러나 인간에게는 재료가 되는 유전자들이 필요하다. 작물의 근연종들은 육종가들이 조정할 수 있는 유전자의 보고이다. 그러나 야생종이 여전히 존재한다는 전제 아래에서만 인간은 야생 근연종the relatives of species의 유전자를 실험하고 활용할 수 있다.[42]

적절한 예로 토마토가 있다. 토마토 재배종은 먼 옛날에 심각하게 근친교배되었고, 시장에 내놓는 다양한 종류의 색깔과 모양에도 불구하고 질병에 취약한 편이었다. 그러다 토마토의 원산지인 칠레, 페루, 에콰도르의 비탈에서 자라는 보잘 것 없게 생긴 작은 야생 토마토가 재배종의 단점을 보완하는 데 일조했다. 육종학자들은 질병에 강한 토마토를 육성하기 위해 20세기 중반부터 적어도 20종의 야생종에서 추출한 유전자들을 교배했다. 연구진은 작고 쓴 맛이 나는 야생 토마토의 견본을 수천 가지나 보유하고 있으며 전 세계 식물 육종가들과 종자를 공유하고 있다. 그러나 유전자 풀을 유지하기 위해 야생종에 의존하는 것은 쉬운 일이 아니다. 야생종을 찾아 안데스 산맥을 누벼야 하는 탐험에 가까운 일이다. 또한 야생종이 자라는 땅이 포장도로가 되거나 개간되기 전에 야생종을 구해야만 하는 경쟁이기도 하다.[43]

누군가는 인류의 식량원이 되는 식물과 동물의 야생종을 보존하는 일이 사회의 우선순위로 주목받아야 한다고 생각할지 모른다. 그러나 실상 자연공원으로 지정된 공원들의 목적은 주로 멋진 풍경이 있는 곳, 휴양지로 적합한 곳, 혹은 호랑이나 마코앵무새 같은 희소성이 높은 동물을 보존하는 데 초점을 둔다. 갈릴리 지방의 야생 에머밀이나 워싱턴주의 야생 양파, 모리셔스의 야생 커피처럼 최초의 농부들이 길들인 야생 근연종을 보호할 수 있도록 지정된 자연공원은 드문 편이다. 수많은 다른 야생 근연종의 상황에 대해서는 알려져 있지 않다. 어쩌면 기후변화에 견디지 못하거나 인간의 영향력이 끝없이 확대되는 가운데 희생물이 될지 모른다.[44] 혹은 이미 멸종되었을 수도 있다.

한 가지 해결책이 노르웨이의 우표에 그려져 있기는 하다. 우표에는 북극과 맞닿아 있는 노르웨이 북부 외딴 언덕의 눈 내린 단조로운 풍경이 묘사되어 있다. 하얗게 쌓인 눈 사이로 거대한 지하 저장고가 툭 튀어나와 있다. 저장고 속에 보관된 보물은 은행금고에 보관된 돈이나 보석보다 훨씬 값지다. 저장고 속에는 전 세계에 포진한 수백 개의 종자 은행에서 보내온 종자들이 보관되어 있다. 종자를 공유하는 관행은 적어도 고대 이집트와 바빌로니아 시대로 거슬러 올라간다. 그러나 정부와 과학자들은 20세기가 되어서야 종자들을 모으기 시작했다. 전 세계에 흩어져 있는 종자 저장고에 화재 같은 불상사라도 일어난다면 유전자의 보고는 소실되고 말 것이다. 소위 '최후의 날 저장고doomsday vault'라 불리는 이 종자 저장고는 만일의 사태를 대비한 궁극적인 예비책인 셈이다. 우리 인간이 문명을 부양하기 위해 의존하는 밀과 옥수수를 비롯한 각종 식물의 수백만 가지나 되는 품종의 씨앗들이 미지의 질병을 극복하고 변화하는 기후에 적응하기 위한 미래의 품종을 육성할 바탕으로 지하 저장고에 냉동되어 있다. 야생에서 자라거나 농부들의 밭에서 재배되는 품종의 씨앗들 중에는 아직 종자 은행에 보관되지 못한 것들도 많다. 2008년에 노르웨이 본토와 북극 중간에 설치된 종자 저장고는 인류의 과거를 담고 있을 뿐만 아니라, 어쩌면 인류의 미래를 보장해줄 지도 모른다.[45]

차세대 유전자 변형

　인류의 창의성은 우리 종을 먹여 살리기 위해 자연의 유전자를 변형하는 데서 특히 빛을 발한다. 채집인들은 극적인 변화의 길을 거쳐 농사를 짓는 종으로 변모했다. 식물과 동물 육종가들은 수천 년에 걸쳐 종자의 크기, 가축의 유순함, 그 밖에 사람들이 가치 있게 여기는 형질에 있어서만큼은 자연을 개량했다. 잡종 옥수수를 만든 육종가는 미국의 풍경을 변화시켰고, 잡종 쌀을 만든 육종가는 중국의 풍경을 변화시켰다. 왜성 유전자를 주입한 밀과 쌀의 품종들은 화학비료와 관개시설 덕분에 알곡의 무게가 증가했음에도 쓰러지지 않았다. 녹색혁명을 계기로 자연의 유전적 변형은 새로운 정점에 도달해 개발도상국의 급등한 곡물 생산 증가율은 20세기의 폭발적인 인구 증가율을 앞질렀다. 현재는 차세대 중심축이 될 기술이 한창 펼쳐지고 있다.

　멘델의 실험이 잡종 종자의 새 장을 열었듯이, 훗날 노벨상을 수상하게 된 1953년 제임스 왓슨James Watson, 프랜시스 크릭Francis Crick, 모리스 윌킨스Maurice Wilkins, 로절린드 프랭클린Rosalind Franklin이 공동으로 밝힌 DNA 이중나선 구조는 유전자 변형 기술의 새로운 전기를 마련했다.[46] DNA에는 모든 유전형질의 청사진, 모든 생명의 코드가 담겨 있다. 단지 외형만이 아니라 DNA 구성에 따라 식물을 육종하고, 변형시킨 유전자를 접합하는 오늘날의 방식과 과거 채집인들이 야생 토마토를 따던 방식 사이에는 엄청난 간극이 존재한다. 그러나 근본적인 원리는 동일하게 남아 있다. 우리 인간의 기호에 맞춰 종을 변화시키는 것이다. 그리고 자연선택을 우회한다.

강력한 토양박테리아의 유전자를 주입한 Bt 옥수수와 목화는 새로운 기술의 위력을 잘 보여주는 사례이다. '라운드업레디Roundup Ready'라는 이름의 콩에도 같은 기술이 적용되었는데, Bt 작물과는 반대되는 효과를 가진다. 라운드업레디는 살충제 효력에 저항하도록 유전자가 조작되어 농부들이 제초제를 뿌려도 피해를 입지 않는 콩이다. 또 다른 유전자 변형 작물로는 황금쌀Golden Rice이 있다. 기존 벼에 수선화와 박테리아에서 추출한 유전자를 접합해 유전적으로 비타민 A와 철이 풍부하도록 만든 신품종이다. 황금쌀은 전 세계 주요 작물 중 하나인 쌀의 영양가를 높일 수 있지만, 이 글을 쓰는 시점에서 유전자 변형 작물의 위험에 관한 이념적인 논쟁에 휘말려 종자의 보급이 중단된 상태다.[47] 신생 기술은 앞으로 야생종에 퍼져 있는 유전자 보고의 도움을 받아 가뭄에 강하고 새로운 질병에 저항성을 가진 작물을 육성하는 방법들을 찾아낼지 모른다.[48]

생명공학기술은 일각에서 보이는 크고 작은 두려움에도 불구하고 높은 기대치 속에서 농업의 유용한 수단 목록에 추가되었다.[49] 어떤 사람들은 자연을 뛰어넘는 이러한 기술이 인류에게, 특히 굶주린 인구에게 식량을 공급하겠다는 20세기 식물 육종학자들의 열정을 가지고 있다고는 볼 수 없는 기업의 CEO들 같은 민간 부문에 과도한 권한을 부여한다고 주장한다. 볼로그를 비롯한 다른 일각에서는 이와 반대로 생명공학기술을 차세대 유망 기술로 여기며 생명공학지식을 바탕으로 식물 육종가들이 녹색혁명 기술의 일시적인 해결책을 뛰어넘게 될 것이라고 예측했다. 볼로그는 그의 표현으로 '열성적인 반과학주의자'들의 반대에 맞서 싸웠다.[50] 생명공학기술에 대한 반감에도 불구하고 우리의 기호에 맞게 생물 종을 빠르게 변화시키는 위업이 우리의 창의성에서 비롯된 경이로운 산물임은 인정할 수밖에 없을 것이다. 최초의 농부들이 시행착오를 겪으며 식물을 길들이기까지 수천 년이 걸렸다. 우리 선조들은 수 세대를 거쳐 밀과 옥수수를 비롯한 재배종을 기호에 맞게 변형시켰다. 기존의 식물 육종 과정을 통해 새로운 품종을 탄생시키려면 못해도 수십 년이 걸린다. 그러나 생명공학기술을 활용하면 그 시간은 눈 깜짝할 사이로 줄어든다. 생명공학기술이야말로 자연의 경이로운 산물을 변형해온 인류의 끝없는 실험들 가운데 아직 탐험되지 않은 영역이다. 인류의 창의성은 대단히 짧은 시간 동안에 엄청난 발전을 이루었다.

이것이 바로 거대한 톱니바퀴 시대이다. 즉, 거대한 성장의 톱니바퀴가 돌아간 20세기 후반 동안, 자연을 변형한 모든 방식들토양에 양분을 주고 고대 태양에너지를 추출하고 해충을 퇴치하고 유전자를 변형한 방식이 서로 연관되며 축적되었다. 화학비료를 기반으로 한 중심축은 공장과 기계의 동력이 되는 석탄과 석유가 없었다면 가능하지 않았을 것이다. 이와 마찬가지로 화학비료와 농지에 물을 대는 관개시설이 없었다면 왜성 유전자를 보유한 작물과 생명력이 강한 잡종 종자를 육성하는 유전자 변형 기술은 가능하지 않았을 것이다. 유전자 변형이 불가능했다면 전 세계적으로 농산물 수확량이 치솟지도 못했을 것이다.

풍부한 쌀, 밀, 옥수수는 현대 문명의 주요 작요작물로서 우리가 현재 살아가는 경이로운 시대의 토대를 마련하는 데 일조했다. 현대 문명의 기나긴 역사 속에서 우리 시대는 지구에 큰 변화를 가져온 채집인에서 농부로 변모하던 시대에 버금간다. 물론 이 시대 변화의 핵심은 농부에서 도시인으로 변모하는 과정에 있다.

IO장

농부에서 도시인으로

빨간 사과, 푸른 배, 녹빛의 참마, 갈색 감자가 놓인 진열대. 수북이 쌓인 복숭아와 아티초크에서 주키니호박에 이르는 다양한 채소. 선반에 잔뜩 쌓인 빵들. 온갖 종류의 시리얼 상자. 플라스틱 용기에 포장된 부위별로 사른 닭고기와 스테이크용 고기. 우유병과 달걀 상자들. 냉동식품들. 전 세계의 향신료들.

네루가 거대한 콘크리트 댐을 현대의 신전이라 묘사했듯이, 슈퍼마켓은 인류가 자연을 지배하게 된 오늘날의 세상에서 또 다른 현대의 신전이라 할 만하다. 슈퍼마켓은 인간이 평범한 포유류에서 세계를 지배하는, 도시에 사는 종이 되기까지 지나왔던 길고도 험했던 여정의 산물들을 품고 있다. 이 여정은 드넓은 우주에서 복권에 당첨된 것이나 다를 바 없는 경이로운 지구 시스템, 이를테면 판구조 운동, 재순환 시스템, 그리고 식물과 동물과 미생물의 다양한 번성에서 시작되었다. 인류의 친척이었던 침팬지와 갈라진 우리 선조들은 문화를 형성하는 역량을 통해 빠르게 지식을 축적하고 한 세대에서 다른 세대로 지식을 전파하며 진화했다. 수천 년 후에는 최초로 작물을 재배하기 시작하면서, 식량을 채집하던 생활에서 정착해 농사 짓는 생활로 서서히 변모했다. 도시, 교역, 새로운 비료를 비롯해 수많은 혁신적인 사상과 방법들이 도입되면서 자연으로 인한 제약 조건들은 하나씩 사라졌다.

모든 업적의 정점에 서 있는 20세기에 이르러 인류는 차고 넘치는 식량을 생산하게 되었다. 거대한 톱니바퀴가 돌아가기 시작한 이후, 농촌에서 공급되는 충분한 잉여 식량 덕분에 사람들은 도시로 몰려들어 현대 문명의 암묵적 합의 속에서 농사가 아닌 다른 일에 종사할 수 있게 되었고, 실제로도 그렇게 했다. 이 합의에 따르면, 계속해서 줄어드는 소수의 농업 종사자가 나머지 인구에 식량을 공급하고, 농업에 종사하지 않는 이들은 공장이나 사무실, 가게에서 일하거나 다른 방식을 통해 현대 경제에 기여한다. 지금 이 순간 우리는 역사상 그 어느 때보다 훨씬 많은 사람들이 농업이 아닌 다른 분야에 종사할 수 있는 시대의 기원을 열고 있다. 20세기 초만 하더라도 전체 인구수는 20억이 되지 않았고, 100명당 15명 정도가 도시에 살며 농업이 아닌 분야에서 일했다. 그러나 20세기 말이 되자 인구수는 60억을 돌파했다. 20세기 말까지도 이들 중 절반이 채 안 되는 인구가 도시에 살았지만, 몇 년 지나지 않은 2007년 5월에는 세계 인구의 절반 이상이 도시에 살게 되었다.[1] 그 무렵 지구의 전체 육지 면적 가운데 100에이커당 35에이커에 가까운 면적이 도시에 살게 된 단일한 종을 위한 식량을 생산하는 데 사용되었다.[2] 20세기를 보내며 우리 행성과 우리 종은 혁명에 가까운 변화를 겪었다. 우리는 더 많은 식량을 생산할 수 있었고, 많은 에너지를 소비해야 생산할 수 있는 식단을 영위하게 되었다. 그리고 그 과정에서 식단이 변하면서 우리의 성취에서 비롯된 문제들이 발생하고 있다. 즉, 새로운 도끼들이 내리쳐질 준비를 하고 있는 것이다. 우리 시대는 다시 한 번 새로운 중심축을 기반으로 톱니바퀴를 돌리기 위한 인류 전체의 집단적 창의성을 요구하고 있다.

더 기름지게, 더 달콤하게

누가 한여름에 즐기는 부드러운 아이스크림을 마다하겠는가? 아이스크림의 풍부하고 진한 맛은 오래오래 혀끝에 남는다. 콘, 선디 sundae, 아이스크림 튀김, 막대 아이스크림, 파이 위에 얹은 아이스크림, 초콜릿, 딸기, 플레인, 바닐라, 형형색색의 이국적인 과일 맛 아이스크림들. 아이스크림이 누구에게나 사랑받는 특별한 음식이 된 것도 당연해 보인다. 하지만 우리의 혀가 사랑할 수밖에 없는 아이스크림의 두 가지 요소는 사실 지방과 설탕에서 온다. 아이스크림은 칼로리를 기준으로 1온스당 엄청난 양의 지방과 당분이 들어 있기 때문에, 어려운 경제와 부족한 식량 때문에 다음 끼니를 걱정해야 하는 시기에 진화했던 종에게는 완벽한 식품이다. 지방과 설탕을 좋아하는 성향을 선천적으로 타고난다는 가설도 그리 놀랍지 않다. 지방과 설탕에 대한 선호는 아기를 어르는 문화처럼 전 세계 문화에서 공통적으로 나타난다.[3]

오늘날 언제든지 쉽게 구할 수 있는 아이스크림은, 지방과 설탕을 얻을 수 있는 다수의 다른 식품과 함께, 거대한 톱니바퀴 시대의 양면적인 속성을 보여준다. 우리 선조가 채집인에서 농부로 운명적인 전환을 겪을 때도 오늘날과 유사한 식단의 변화가 있었다. 물론 지방과 설탕이 아닌, 저장 가능한 곡물을 충분히 얻게 되면서 일어난 변화였지만, 그 또한 당시 식단에 큰 타격을 입혔다. 채집을 하던 선조들이 정확히 무엇을 먹었는지 알 수는 없지만 최초의 정착민들이 곡물을 더 많이 먹고, 고기와 과일, 씨앗, 채소는 채집인들보다 더 적게 먹었다는 것이 남겨진 유골과 치아를 통해 밝혀졌다.

미국의 지리학자 베넷이 1930년대에 발표한 바에 따르면, 유사 이래로 동물성 식품고기, 유제품, 달걀의 섭취 빈도는 각각의 재산 정도에 따라 달랐다. 그러나 거대한 성장의 시대가 열리면서 동물성 식품을 충분히 섭취하기 위해 지출해야 하는 금액은 크게 떨어졌다. 인류 역사상 최초로 콩과 옥수수가 풍부하게 생산됨에 따라 고기를 얻기 위한 소와 돼지, 닭을 사육하는 데 소모되는 막대한 에너지가 대규모로 충당될 수 있었다. 가축에게 사료로 먹일 곡물이 저렴해지면서 고기는 적당한 가격에 살 수 있는 식품이 되었다.

베넷의 법칙이 가장 잘 들어맞는 나라는 중국이다. 1980년대 후반 중국인 5,000명 이상을 대상으로 조사한 결과, 10년 사이에 쌀과 밀이 차지하는 비중은 줄고 과일과 채소의 비중은 증가했다. 같은 기간에 달걀과 가금류의 비중은 두 배 가까이 증가했다. 또한 돼지고기와 생선 소비량도 늘었다. 중국 경제가 성장함에 따라 음식은 전반적으로 더 기름져지고 고기가 늘어났으며 곡물 섭취량은 감소했다. 굶주리는 사람들 수는 줄어든 반면, 비만인 사람들의 수는 급격히 증가했다. 이러한 변화는 농촌보다 도시에 거주하는 중국인에게서 더 빠르게 나타났다.[4] 이와 유사한 변화가 전 세계 여러 나라에서 펼쳐지고 있다. 일찍이 산업화를 겪은 나라들의 경우, 동물성 식품 섭취가 늘고 곡물 섭취가 줄어드는 식단 변화는 오늘날에 비해 서서히 나타났다. 당시만 해도 톱니바퀴가 완만하게 돌고 있을 때였다. 최근에 경제가 성장하기 시작한 여러 나라대표적으로 중국과 브라질의 경우, 식단 변화는 매우 빠르고 격렬하게 일어났다.[5]

탄수화불 중심에서 지방 함유가 많은 동물성 식품을 중심으로 변화하는 식단에 대한 베넷의 관측은 옳았다. 채집인에서 정착민으로 진화해 곡물 위주의 음식을 먹게 되면서 잃었던 영양을 되찾을 수 있는 가능성도 이러한 변화 속에 엿보인다.[6] 하지만 베넷은 최근에 나타난 상황을 더욱 복잡하게 만드는 또 다른 전개 양상에 대해서는 예측하지 못했으니, 바로 지방의 섭취원이었다. 1930년대에 그가 관측한 바에 따르면, 식단에 파고든 지방은 우유, 버터, 라드 lard(돼지비계를 정제하여 하얗게 굳힌 것 - 옮긴이), 쇠기름, 붉은 고기의 마블링이었다. 그러나 20세기 중반 이후 지방을 더욱 손쉽게 얻는 방식이 생겨났다. 목화, 대두, 옥수수 씨앗을 압착하는 기계를 통해 저렴한 방식으로 기름을 추출할 수 있게 되었다. 씨앗을 분쇄해 고형화한 것에서 석유를 원료로 한 화학물질을 이용해 기름을 추출하는 것이다.[7] 갑자기 사람들은 씨앗과 식물에서 짜낸 저렴한 식물성 기름으로 익히고 굽고 튀기는 요리까지 할 수 있게 되었다.

얼마 후, 또 다른 기술이 개발되면서 지방이 다량 함유된 고칼로리 식단으로의 전환이 더욱 빨라졌다. 공장에서 새로운 형태의 기름인 마가린과 식물성 쇼트닝을 생산하기 시작했다. 이 식물성 경화유지는 실온에서 고체 상태이기에 더 오래 보관할 수 있었고 냉장을 할 필요가 없었다. 동물성 기름과 유사한 점도 요리사들의 마음을 끌었다. 미국에서 판매되는 쇼트닝의 제품 이름은 '크리스코 Crisco'였다. 인도에서의 이름은 '달다Dalda'였다. 경이로운 식물성 경화유지의 이면에는 액상의 유지에 수소를 첨가하는 공정이 있다. 이 기술을 처음 개발한 프랑스 화학자 폴 사바티에Paul Sabatier는 1912년에 노벨상을 수상했다. 그가 개발한 공정 덕분에 식물성 경화유지는 버터와 라드의 값싼 대체품이 되었다.[8] 수십 년이 흐른 뒤에는 이토록 큰 변화를 이끈 공정이 건강에 좋지 않을 수 있다는 가능성이 전면에 제기되었지만 말이다.

거대한 톱니바퀴 덕분에 각종 기름의 활용도가 급증했다. 미국과 남아메리카에서 재배하는 대두에서 추출한 기름을 비롯해 동남 아시아가 주요 원산지인 팜유가 널리 사용되고 있으며, 해바라기씨 유, 홍화유, 면실유도 더 이상 부유층만의 전유물이 아니다. 유럽, 남북 아메리카, 아시아, 오세아니아의 85개국 국민들의 식단에 관한 1969년 UN 보고서에 따르면, 견과유나 현지에서 압착한 종자유가 아닌 상업적으로 가공된 식물성 기름이 생기면서, 음식을 삶거나 데쳐 먹는 대신 튀겨 먹는 조리법이 성행하게 되었다. 또한 감미료를 저렴하게 구입할 수 있게 되면서 설탕 등의 감미료가 들어간 음식이 차지하는 비중이 급증했다.[9] 더 나아가 1970년대 초에 더욱 저렴하게 당분을 만들어내는 기술이 등장했다. 일본 과학자들은 산업적 공정을 통해 전분에서 과당을 분리하는 '새로운 액상과당 생산 공정'을 개발했다며 특허를 신청했다.[10] 사탕수수나 사탕무 대신, 옥수수를 원료로 공장에서 생산한 고과당 옥수수 시럽이 유산균 음료에서 시리얼, 설탕 함유 음료에 이르기까지 가공식품에 사용되는 주요 감미료가 되었다.[11] 그로 인해 미국인들은 음료, 특히 당분을 함유한 음료를 통해 1965년 대비 2002년에 평균 222칼로리 이상을 더 많이 섭취했다.

식물성 기름과 당분이 저렴하게 공급되면서 고지방, 고칼로리 식단이 보편화되었다. 부유한 국가에서 지방과 당분을 선호하는 경향은 모든 경제 계층 사이에 퍼져나갔고, 상대적으로 빈곤한 국가의 국민 식단에도 깊숙이 파고들었다.[12] 도시일수록 이러한 식단은 더욱 가파르게 계층 전체로 퍼졌다.[13] 그 무렵 비만 인구가 치솟았는

데, 전혀 예상하지 못한 지역에서도 비슷한 현상이 나타났다. 브라질의 경우, 비만 인구가 1975년 여성 100명당 24명에서 2003년에는 38명으로 증가했다. 방글라데시의 경우는 1996년에 100명당 3명에서 2007년 12명으로 증가했다. 케냐에서는 1993년에 인구 100명당 15명에서 2003년 26명으로 증가했다.[14] 거대한 성장의 시대에 이누이트족의 식단에도 변화가 일어나서 말코손바닥사슴, 카리부 같은 짐승을 사냥하고 다양한 식물을 채집해 먹거리를 마련하던 전통적인 식단에 흰 빵, 설탕, 마가린, 햄버거가 파고들었다.[15]

세계 전역의 극빈층을 줄이기 위해 노력하는 이들의 시각에서 보면, 이러한 대대적인 식단의 변화는 반가운 소식이 될 수도 있을 것이다. 고된 노동으로 간신히 가족을 부양하는 가난한 소작농의 식단을 낭만적으로 바라보는 것은 아무런 소용이 없다. 그들의 식단은 단조롭다못해 건강을 유지해주는 다양한 영양소가 부족하다. 주식이라고 해봐야 곡물과 카사바 나무뿌리로 만든 거친 죽이다. 우유나 고기는커녕 과일과 채소도 드물다. 식단이 다양하고 풍부해지고, 홍수나 가뭄으로 힘든 시기가 닥쳐와도 식량을 구입할 수 있다면 그건 당연히 좋은 소식이다. 하지만 식단이 변화하는 과정에서 자칫하면 목욕물을 버리려다 아기까지 버리는 잘못을 범할 위험이 있다. 흰 빵, 정제된 백미, 가공식품이 영양가가 더 높은 전통적인 통곡물을 대체하는 경우가 많아졌다. 참으로 아이러니한 것은, 산업화를 이룬 국가의 상류층은 퀴노아, 아마란스 같은 통곡물에 많은 돈을 지불하는 반면_{나 역시 통곡물을 선호한다}, 식단에서 차지하는 영

양소의 비중이 이제 막 변하기 시작한 이들은 전통적인 건강한 식단에서 멀어지고 있다.[16]

거의 전 세계적으로 확산되고 있는 비만과, 전통적인 영양식품이 사라지는 현상은 거대한 톱니바퀴 시대의 나쁜 소식으로 특히 눈여겨볼 만하다. 오늘날 10억 명이 되지 않은 인구가 일상에서 식량 부족을 겪고 있는 동안, 다른 한편에서는 10억 명이 넘는 인구가 비만 상태이다.[17] 굶주리는 인구는 줄어들고 있지만 비만 인구는 증가하고 있다. 2000년대 말에는 만성적인 굶주림을 겪는 인구 5명당 비만 인구수가 8명이었다.[18] 고칼로리 식품을 저렴한 가격에 쉽게 구할 수 있는 환경과 도시에서의 좌식 생활은 거대한 성장의 시대에 큰 흠집을 냈다. 슈퍼마켓을 가득 채운 간식용 음식, 설탕 함유 음료, 가공식품과 패스트푸드 체인점의 고칼로리 메뉴들은 트랙터, 비료, 살충제 못지않게 큰 결과물이다.[19] 미국에서는 2030년 무렵, 성인 인구 절반 이상이 비만, 86퍼센트 이상이 과체중이 될 수 있다고 예측한다.[20] 더욱 건강한 식단으로 돌아가는 중심축이 나타나지 않는다면, 심혈관 질환, 당뇨를 비롯해 비만과 관련된 수많은 질병이 거대한 톱니바퀴 시대의 성공을 실패로 몰아갈 위험이 있다. 실제로 도끼는 이미 등장할 기미를 보이고 있으며, 세계의 부유한 지역에만 국한된 것도 아니다. 개발도상국 전역에서 사람들의 허리둘레가 점점 더 늘어나고 있으며, 저체중으로 인한 질병만큼이나 과체중으로 인한 질병이 많아지고 있다.[21]

지구의 반격

우리가 농부에서 도시인으로 바뀌는 과정에서 인류의 식단에 미친 영향력은 채집인에서 농부로 전환하며 우리 종이 겪은 영향력만큼이나 지대할 것이다. 하지만 그 영향력은 허리둘레와 인류의 건강을 뛰어넘어 훨씬 많은 영역에서 힘을 발휘한다. 전 세계적으로 증가한 고기와 식용유의 섭취에 대해 환경 운동가들은 걱정을 감추지 못하고 있으며 그럴 만한 타당한 이유가 있기도 하다.[22] 한때 폭발적인 인구 증가는 대단히 위협적인 문제로 다가왔다. 지구의 생명 유지 시스템이 끝없이 공급을 하다가 마침내 더는 버티지 못해 큰 반동이 닥칠 것으로 생각되었다. 20세기 중반에 부양해야 할 인구수가 수십억이 증가한 게 사실이나, 이제 인구의 급성장은 어느 정도 진정세를 보이고 있다. 핵가족을 지향하는 문화와 함께 20세기의 인구 증가 속도가 둔화되면서 인구수는 안정세를 보이고, 계속된 성장에 따르는 불안감도 약화될 전망이다. 그러나 인구 증가 추세 못지않게 큰 부담감을 주는 또 다른 추세가 전 세계를 휩쓸고 있다. 식량이 크게 증가하면서 더 많은 음식과 동물성 식품에 대한 수요가 충족될 수 있었다. 하지만 점점 더 많은 사람들이 양적·질적인 면에서 음식에 대한 열망을 키운 결과, 생명체가 주거할 수 있는 행성이 되기 위해 필요한 세 가지 근본적인 요건, 즉 안정적인 기후, 행성의 재순환 시스템, 다양한 생물의 향연을 뒷받침하는 기반이 흔들리며 혼란이 야기되고 있다.

먼저, 대기 중의 온실가스 농도가 증가하면서 첫 번째 요건을 충족할 가능성이 줄어든다. 농업이야말로 기후에 즉각적인 위험을 야기한다. 농업 부문에서 만들어내는 온실가스는 상당하다. 그중에는 비료와 거름으로 인한 아산화질소, 소와 염소처럼 위가 네다섯 개인 반추동물과 물을 댄 논에서 배출되는 메탄가스, 농산물을 경작할 땅을 개간하기 위해 숲에 놓는 불에서 발생하는 이산화탄소가 있다. 농업 관련 온실가스를 모두 합치면 현시대의 에너지 동력원인 화석원료로 인한 온실가스는 포함하지 않았음에도 불구하고 인간이 배출하는 전체 온실가스 중 4분의 1 이상을 차지한다.[23] 소는 가장 심각한 온실가스 공급원이다. 소고기 1파운드를 생산하는 과정에서 배출되는 온실가스 양은 닭고기 1파운드를 생산하는 데 배출되는 온실가스 양보다 몇 배나 많으며, 감자 1파운드를 생산하는 데 배출되는 온실가스 양과 비교하면 훨씬 큰 차이를 보인다.[24]

인간의 활동으로 생긴 온실가스 증가로 인한 기후변화가 우리 인간 종에게 실제로 큰 재앙으로 다가올지에 대해서는 앞으로 더 지켜봐야 한다. 그럼에도 불구하고 안정적인 충적세 인류가 농부가 된 이후로 지속된 기후가 지속되리라는 전망은 더 이상 유효하지 않다. 대기의 온실가스 농도가 높아짐에 따라 농부들이 파종과 수확 시기를 전망하는 데 혼란을 겪기 시작했다는 것은 틀림없는 사실이다.[25] 음식에 대한 요구 수준이 높은 사람들이 늘어날수록, 온실가스 배출량을 증가하는 부담 없이 식량을 생산해야 할 필요성은 더욱 분명해 보인다.

식물에 물과 양분을 지속적으로 공급하는 재순환 시스템은 지구에 생명체가 살 수 있게 하는 두 번째 요건이다. 이 부분에 대해서도 인간은 더 많은 식량을 생산하기 위해 자연을 변형하며 지구의 시스템에 개입하고 있다. 하버가 개발한 공정은 공기 중의 질소를 식물이 양분으로 흡수할 있는 상태로 변화시켰지만, 누구도 잉여 고정 질소를 다시 대기로 돌려보내는 반대 과정의 공정을 발명하지는 못했다. 그리하여 고정 질소는 물줄기를 타고 흘러가 호수와 바다에 큰 피해를 입히고 있다. 현대의 하수 처리 시스템은 인이 밭에서 음식으로, 그리고 다시 밭으로 돌아가는 순환 구조를 단절시켰다. 인간은 대규모 광업이나 하천의 물을 끌어다 쓰는 행위로 구름, 강, 바다로 이어지는 물의 순환에 개입하고 있다. 이런 활동이 향후 물 부족 사태를 불러일으키지 않을까 우려된다.[26] 거대한 톱니바퀴 시대에 이르러 인간은 지구의 순환 시스템에서 큰 역할을 맡게 되었다. 하지만 여전히 새로운 역할을 어떻게 수행할지에 대해 배우고 있는 중이다.

세 번째 요건은 지구에서 생명체가 거주할 수 있는 가장 중요한 조건에 해당된다. 그러나 수백만 년에 걸쳐 진화한 다양한 생물의 향연은 거대한 톱니바퀴 시대 동안 가장 큰 위협을 당한 것이 분명해 보인다. 인류는 이미 전 세계의 초원과 사바나 지역, 그리고 유럽과 북아메리카의 수많은 숲을 밭과 목초지로 개간했다.[27] 나무가 쓰러지고 초원이 개간될 때마다 점점 더 많은 수의 식물과 동물이 서식지를 잃는다. 들소 살육과 인도사자의 멸종 위기는 한 종의 먹을거리 때문에 다른 종의 터전을 빼앗은 가장 눈에 띄는 사례이다. 남아메리카, 동남아시아, 중앙아프리카의 무성한 열대우림만이 개간과 벌목에 사라지지 않고 남아 있는 상황에서 수천, 어쩌면 수백만이 되는 생물 종의 미래는 암울해 보인다.

1980년대에 성장이 절정에 이르면서, 미국의 패스트푸드 체인점에서 소비되는 소고기를 공급하기 위해 중앙아메리카 열대림이 대규모로 파괴되는, 악명 높은 '햄버거커넥션hamburger connection' 현상이 일어났다.[28] 실제로 점점 더 많은 사람들이 기름진 식단을 찾아 타격이 두 배가 되어 멀리 떨어진 지역끼리 엮이는 현상이 여러 방면에서 일어나고 있다. 인도와 중국으로 인해 동남아시아의 숲이 사라지는 '팜유커넥션palm oil connection', 유럽과 아시아에서 키우는 닭, 돼지, 소의 사료로 인해 아마존 열대우림이 개간되는 '대두커넥션soy connection'이 있다.[29] 한데 얽혀 서로 깊은 영향을 주고받는 현상은 이러한 숲에서 살아가는 생물 종들에게 악재로 작용한다.

식량을 찾는 활동만 지구에 영향을 미치는 것이 아니다. 옥수수, 기름야자, 설탕수수를 원료로 생산된 바이오연료는 화석연료를 대체하는 것이 가능하다. 과거에는 바이오연료가 훌륭한 대체연료로 여겨졌다. 화석연료 사용 감소로 온실가스가 감소할 뿐 아니라 석유와 가스를 둘러싼 지정학적 문제에서도 자유로울 수 있을 터였다. 하지만 늘 그렇듯이 바이오연료에도 불리한 면이 있었고, 시행착오를 겪었다. 바이오연료의 원료 작물을 경작하기 위한 농지 수요가 생겨나 경쟁이 일어나게 되면서 덩달아 식량 가격이 상승한

것이다.[30]

2000년대의 첫 10년이 끝날 무렵 균열이 나타나기 시작했다. 카이로, 포르토프랭스, 다카, 모가디슈에서는 쌀에서 식용유에 이르는 식품의 가격 상승에 반발해 폭동이 일어났다. 홍수, 사이클론, 바이오연료 작물 경작을 위한 미국과 유럽의 농지 전환이 동시다발적인 원인이 되어 최악의 상황이 벌어졌다. 주요 작물의 가격은 치솟았다. 가정에서는 식탁에 제대로 된 음식을 올릴 수가 없었다.[31] 당시 신문은 식량 폭동을 알리는 표제로 아우성이었다. "2008년 흔들린 식량 안보",[32] "폭동 조짐",[33] "이집트인들이 빵 가격 상승에 폭동을 일으키다",[34] "아이티인들의 폭동이 확대되다",[35] "식량 폭동 퍼질 전망",[36] 등이 대표적인 사례이다. 현재 시점에서 식량 공급 추세를 판단하는 것은 시기상조이지만 값싼 식량의 시대는 곧 저물지도 모른다.[37] 배, 비행기, 철도를 통해 전 세계적으로 식량을 실어 나르는 연결망은 그중 하나가 흔들리면 카드로 쌓은 집처럼 무너질 수 있다.

지금 시대의 풍요는 모순 그 자체이다. 거대한 톱니바퀴 시대의 슬로건은 '더 많이, 더 많이'였지만 많다는 게 반드시 더 좋다는 것을 의미하지는 않는다. 수십 년 사이 몇몇 도끼들이 나타난 게 분명했다. 기적의 살충제 DDT를 발견한 공로를 인정받은 뮐러의 노벨상 수상은 새들마저 독성에 죽어가고 살충제에 내성이 생긴 해충이 나타나면서 빠르게 그 의의가 무색하졌다. 더 안전한 살충제를 지향하는 새로운 중심축이 그 뒤를 이었다. 사바티에에게 노벨상을 안겨준 식물성 경화유지의 경우, 수십 년이 지나서야 건강에 좋지 않다는 문제가 있다는 것이 밝혀졌다. 지금은 사람들이 선택가능한 선에서 더 건강한 쪽을 고르는 방향으로 전환이 이루어지고 있다.[38]

거대한 성장의 시대에 생겨난 지구 차원의 도끼가 곧 내려쳐질 전망이다. 그로 인한 타격을 피할 수 있는 새로운 중심축이 나타날 전망은 불확실하다.[39] 국가들마다 공통의 목표를 세워 합의에 이르는 것도 쉽지 않다. 인간은 지구에 큰 비용을 치러야 하는 식단을 선호하는 성향을 가지고 있다. 이러한 문제들에는 쉬운 해결책이 존재하지 않는다. 과거가 미래에 대한 지침이 되어준다면, 우리는 인간의 창의성을 동력으로 하여 성장과 위기, 전환점으로 이어지며 반복되는 주기 속에서 난관을 헤쳐나가야 할 것이다. 그러나 거대한 톱니바퀴 시대에 의해 촉발된 거대한 변화가 과거의 사건들과는 매우 다른 결말로 이어지지 않을지에 대해서는 지켜봐야 한다.

지금까지 이룬 성취들이 진정한 의미의 성취인지, 혹은 너무 비싼 대가를 치른 그저 미봉책에 지나지 않았는지에 대해서도 속단하지 말고 지켜봐야 한다. 분명한 사실은 거대한 톱니바퀴 시대에 우리 종이 지금껏 목격한 그 어떤 사건 못지않게 대단히 큰 변혁을 이루었다는 것이다. 거대한 톱니바퀴 시대 저 너머에서 과거를 되돌아보면, 우리가 20세기의 중심축이 작동하기 전과는 근본적으로 다른 종이 되었음을 확인할 수 있을 것이다. 우리는 자연을 변형해 식량을 얻는, 도시에서 살아가는 종이 되었다.

새로운 흐름들

인류의 여정을 거시적인 시각에서 멀리 조망해보면 우리 종의 전형적인 특징이 나타난다. 수많은 장소에서 수많은 사람들이 떠올린 생각을 바탕으로 자연을 변형하는 창의적인 방식들이 축적되어 형성된다. 인류가 대단히 거대한 규모로 자연을 인위적으로 조작하는 역량을 얻게 된 역사는 거대한 톱니바퀴가 돌아가기 이전의 아주 먼 시대까지 거슬러 올라간다. 그 기나긴 여정에서 인류의 진화에 기여한 사건과 사람들, 주요 동기의 목록은 길고 다양하다. 하버-보슈법의 기밀을 빼돌린 스파이, 오랫동안 묻혀 있던 DDT를 세상에 알린 화학자, 새로운 종자를 찾아 나서고 특이한 지질학적 퇴적물을 발굴한 탐사들, 붓에 꽃가루를 묻혀 수천의 완두콩을 수분시키는 고생을 자처한 지적 호기심, 명성을 얻기 위한 경쟁, 정복, 교역, 한 사람에서 다른 사람에게로 전파된 기발한 생각들, 권력자들의 요구, 북아메리카의 메뚜기 멸종 같은 우연한 사건들, 그리고 화학비료, 살충제, 다수확 종자가 소수의 손아귀에 들어가게 되면서 19세기와 20세기에 더욱 힘을 발휘하게 된, 당연히 빠질 수 없는 경제적 동기 등 대표적인 것들만 꼽더라도 넘쳐난다. 이러한 모든 요인들이 자연을 대상으로 실험하는 인류의 집단적 능력을 전파하는 데 기여했다.

고대에 동물의 힘을 빌리던 것에서 현대식 기계에 이르기까지 자연을 조작하는 새로운 방법 중에 시행착오 없이 이루어진 것은 하나도 없다. 현대식 농업을 통해서 도시에 사는 종을 부양하는 것은 가장 최근 우리가 하고 있는 새로운 시도이다. 지금까지 인류는 시행착오 전략에서 겪는 오류를 만회하며 성장해왔다. 현대식 농업이 인류나 지구가 더 이상 견뎌내지 못할 정도로 대단히 큰 오류인지 아닌지 여부를 알 수 있는 길은 미래를 보는 렌즈를 통해서만 가능하지만, 이러한 렌즈는 흐릿한 상만을 보여줄 따름이다.

거대한 톱니바퀴 시대를 이끈 중심축들은 식량의 공급을 늘리는 쪽으로 작동했다. 이제는 성공의 역설이 펼쳐지고 있다. 우리는 제2차 세계대전 이후 등장한 해결책들로 인한 문제가 불거지는 시대에 살고 있다. 전 세계에 걸쳐 거의 모든 나라와 모든 사회계층에 비만 문제가 심각해지는 상황에서 지방과 설탕이 많이 함유된 식단은 어쩌면 가장 분명하고 즉각적인 문제로 제기되고 있다.[40] 지구의 반격은 눈에 확 띄지는 않지만 심각하지 않은 것은 아니다. 한때 무한할 것으로 보였던 일부 자원은 몇몇 지역의 수자원과 어쩌면 비료의 재료로 사용되는 인회석 또한 과도한 수요와 충분하지 않은 공급이라는 불가피한 한계와 맞닥뜨리고 있다. 질소와 화석 에너지 같은 자원에서 기인한 반작용은 너무나 심각해서, 이전의 방식을 그대로 유지하는 것은 선택지가 아니다. 비만과 자원 감소 문제에 이은 세 번째 유산은 너무 많은 것을 누리는 세상 속에 너무도 가진 것이 없는 빈곤층의 비극이다. 거대한 톱니바퀴가 성장을 향해 작동하는 동안, 더 많은 결과물을 생산하기 위해 노력한 이들의 시야에는 이러한 세 가지 문제점이 그다지 들어오지 않았다.

거대한 톱니바퀴와 떨어져서, 이전의 해결책들로 인해 생겨난 새로운 문제의 해결책을 찾기 위해 세계의 관심이 바뀌고 있다. 새로운 해결책은 의심의 여지없이, 그 자체에 내재된 보이지 않는 새로운 문제를 야기할 것이다. 이는 정착사회의 영원한 난제이다. 이 시점에서 새로운 해결책을 위한 중심축들은 적어도 부분적으로 우리가 무엇을 먹기로 결정하느냐, 그리고 사회가 식량을 생산하기 위해 자연을 어떻게 변형하느냐에 달려 있다.

그러한 중심축을 기반으로 새로운 톱니바퀴가 돌아가기 시작했다. 도시 거주민의 식량을 생산하는 농촌에도 도시화가 전개되면서 향후에는 단순히 '더 많이'가 아니라 '더 좋게', 즉 양뿐만 아니라 질에도 초점을 맞춰야 한다. 한편 도시에 사는 사람들은 옥상에 밭을 일구고, 빌딩 사이의 좁은 땅에서 채소를 키우고 있다. 일부 도시와 지역사회에서는 인분을 하수관으로 흘려보내는 대신, 고대 중국인들이 터득했던 방식을 본떠서 인분을 양분으로 재활용하기 위한 순환 고리를 연결하고 있다.[41] 농부들은 풍요로웠던 지난 시대보다 물과 비료를 더욱 효율적으로 사용하는 방식에 대해 배우고 있다.

선진국과 개발도상국 모두에서 낭비되고 있는 엄청난 양의 식량을 줄이는 것도 이전 시대의 문제점을 완화하는 또 하나의 방법이다. 선진국에서는 냉장고와 식품 저장실은 물론 식당과 식료품점에서도 과일과 채소, 고기가 상해서 버려지고 있다.[42] 개발도상국에서는 10톤 중 4톤에 이르는 식량이 냉장 시설의 부족으로 썩거나 사람들이 가게에서 구매하기도 전에 해충으로 피해를 입는다.[43] 선진국에서 음식 낭비를 줄이는 습관을 정착시키고 개발도상국에서는 저장 시설을 개선한다면, 농산물이 밭에서 식탁에 오르기까지 사용되는 물과 에너지, 비료를 아낄 수 있을 것이다.

도시인들은 농사가 아닌 다른 일에 종사한다고 해서 식량이 생산되는 곳은 물론 생산되는 방식과도 아무런 관련을 맺지 않은 채 살아가는 것이 아님을 깨닫고 있다. 사람과 지구 모두에 더 건강한 식단을 지향하는 초기 단계의 운동들은 새로운 중심축들이 돌아가기 시작했음을 보여주는 조짐일 수 있다. 세계 여러 지역에서 고기와 동물성 식품 소비가 증가하고 있으나, 일각에서는 채식 중심의 식단으로 방향을 틀고 있다. 이러한 변화는 건강에도 유익할 뿐 아니라 동물성 식품 섭취에 따른 에너지와 물의 과도한 소비량을 줄여나가는 데도 도움이 된다. 채식 중심의 식단은 온실가스 배출을 줄이는 데도 기여할 수 있다. 구체적으로는 소 등의 반추동물에게서 나오는 메탄, 사료용 곡물을 생산하기 위해 사용되는 화학비료의 아산화질소, 목초지를 만들기 위해 숲을 개간할 때 나오는 이산화탄소 등을 줄여준다.[44]

모든 중심축들이 예상한 대로 문제를 해결하는 것만은 아니다. '푸드마일food miles'(식품이 생산지로부터 생산, 운송, 유통 단계를 거쳐 소비자의 식탁까지 이르는 거리를 뜻함—옮긴이)을 기준으로 식품을 구매하자는 좋은 의도에서 시작된 운동을 사례로 들어보자. 놀랍게도 현지에서 생산된 식량을 구매하기 위해 먼 거리를 운전하는 것은 현관 앞까지 배달되는, 먼 지역에서 상업적으로 생산한 식량을 구매하는 것보다 에너지 면에서 비효율적일 수 있다.[45] '푸드마일' 계산법은 가난한 농부들이 멀리 떨어진 해외시장의 소비자들에게 높은 값을 받고 농산물을 판매하는 활로가 되어 생계에 도움을 줄 수 있다는 이점을 간과하기도 한다.[46] 그러나 현지에서 생산된 농산물을 먹고자 하는 오늘날의 기류에는 좋은 점이 있기도 하다. 훨씬 신선하면서 가공을 많이 거치지 않은 건강한 음식을 먹을 수 있고, 지역사회의 연대도 더욱 탄탄해진다. 유기농 초콜릿이나 그늘재배 인증 커피(대량 생산을 위해 햇볕에 강한 종으로 개량한 뒤 화학비료를 사용해왔던 방식에서, 전통적 방식인 그늘재배를 통해 생태계를 회복하자는 움직임의 일부 – 옮긴이) 같이 자연 친화적인 방식으로 생산된 인증 식품에 더 많은 돈을 주고도 기꺼이 구매하는 소비자들이 있다는 것은 오늘날 인류가 걸어온 여정이 암시하는 것과는 다른 미래로 전환하는 것이 가능함을 보여주는 또 하나의 새로운 흐름이라고 하겠다.[47]

이러한 흐름들은 모두 작은 시작단계에 불과하다. 새로운 흐름은 전 세계를 휩쓰는 거대한 추세에 비하면 미미한 영향력을 발휘하며 선진국을 중심으로 일어나고 있을 뿐이다.[48] 하지만 거대한 톱니바퀴 시대의 반동에서 회복하기 위해 사회가 필요로 하는 중심축들에 대한 집단적인 의식을 일깨우고 있다.

우리는 우리의 먹는 행위가 자연과 근본적으로 연결되어 있다는 사실을 새로이 터득하고 있다. 거대한 톱니바퀴 시대 이전만 해도 먹을거리의 선택이 자연에 얽매여 이루어진다는 것은 반박할 수 없는 사실이었다. 자연은 제약을 가했다. 사람들은 자연 안에서 살아가는 수밖에 없었다. 거대한 톱니바퀴 시대 이후로는 그러한 제약을 잊어버리기가 너무도 쉬웠다. 하지만 이제 도시의 삶 또한 자연과 연결되어 있다는 생각은 더 많이 소비하라고 부추기는 역풍에 맞서 대중의 인식 속으로 파고들고 있다.

전환점들은 천천히, 아주 드물게 나타날 수 있으므로, 우리 모두 이후로 생겨나는 위기들이 지나치게 위협이 되지 않도록 더 많은 노력을 기울일 필요가 있다. 그러나 변화의 조짐은 분명 보이고 있다. 새로운 중심축들이 돌아가기 시작한 것이다. 지속 가능한 미래 여기저기서 지나치게 많이 사용되는 용어이지만 그럼에도 불구하고 강력한 개념을 담고 있는 표현으로, 우리 종이 건강한 행성에서 미래에도 번성하기 위해 창의성을 발휘할 수 있다는 생각 로 향한 움직임은 평범한 포유류에서 도시인으로 진화한 우리 종의 놀라운 여정이 앞으로 나아갈 새로운 발걸음이 될 것이다.

도시의 소음 속으로

인도 델리에 번쩍이는 새 지하철이 개통된 지 얼마 되지 않았을 무렵, 나는 당시 근무하던 대학에서 친구를 만나기로 한 시내까지 나가기 위해 지하철을 탔다. 지하철은 성장하고 있는 인도의 활력 넘치는 경제를 고스란히 보여주고 있었다. 차려입은 사람들이 지하철로 분주하게 사무실을 오가고, 영화 포스터를 비롯해 기술학교와 각종 시험 준비와 관련된 광고들이 줄지어 붙어 있고, 노점상들은 간단하게 먹을 수 있는 포장된 비스킷과 감자칩을 팔았다. 데님으로 멋을 낸 십대부터 사리를 입은 나이가 지긋한 여자들에 이르기까지 다양한 부류의 사람들이 지하철 안으로 밀려 들어왔다. 내가 자리에 앉던 순간, 한 가족이 지하철 안으로 들어왔다.

햇볕에 거칠어진 손과 얼굴, 발에 신은 고무 슬리퍼, 무릎 위에 올려놓은 옷 보따리를 보건대, 인도의 수십만 개나 되는 마을 중 하나에서 이제 막 도시에 도착한 사람들이라는 것을 알 수 있었다. 그들은 한눈에 봐도 불편해 보였다. 지하철이 흔들릴 때 어떻게 균형을 유지할지, 군중들 속에서 어떻게 처신해야 하는지도 전혀 모르는 눈치였다. 지하철이 속도를 줄이며 그들이 내려야 할 정류장에 다가서자 부모가 짐을 챙기는 사이, 가장 나이가 많아 보이는 여자아이가 막내 아기를 들어올렸다. 우리는 같은 역에서 내렸다. 그 가족은 에스컬레이터 앞에서 주저하더니 움직이는 계단에 올라탄 채 초조하게 난간을 꼭 붙들었다. 나는 그들을 따라 지하철 역사 밖으로 나왔다. 얼마 후 그 가족은 차들이 뒤얽힌 채 경적을 울려대는 도시의 소음 속으로 사라졌다.

그들이 마을을 떠나온 것은 작은 밭에서 충분한 식량을 재배할 수 없었기 때문인지 모른다. 어쩌면 마땅한 일자리를 찾아 성장하고 있는 중산층에 합류할 수 있는 기회를 노리는지도 모른다. 이유가 무엇이든지 그들은 급성장하고 있는 도시로 몰려드는 수백만 가구들 중 하나이다. 생활 방식의 기반이 농촌에서 도시로 빠르게 변하고 있는 다수의 대열에 합류한 것이다. 그들은 씨앗을 심기 위해 비가 오기를 기다리는 대신 쌀과 렌틸콩을 구매할 것이다. 어쩌면 채소도 구매할지 모른다. 도시에서 자란 아이들은 훗날 두세 명의 자녀를 낳는 데서 그칠 것이다. 힘들게 일하고 다행히 운이 따라준다면 아이들은 학교에 들어가고 보수가 좋은 직장을 잡아 암묵적인 합의 속에서 형성된 현대 문명의 시스템 속에서 살아가게 될 것이다. 가난에서 벗어날 만큼 운이 따라준다면, 그들도 매일 우유를 마시고 식탁에 닭고기나 염소고기를 올릴 수도 있을 것이다. 어쩌면 설탕이 함유된 청량음료를 많이 마시거나 기름진 튀김을 과도하게 먹게 될지도 모른다. 그리하여 당뇨병이나 심장병 같은 도시생활이 초래한 질병의 희생자가 될지도 모른다. 좋든 싫든 간에 그들은 우리 인간 종이 도시 거주자로 살아가게 된 거대한 변화의 흐름에 합류하게 될 것이다.

21세기가 중반에 이를 무렵이면, 전 세계 인구 10명 중 8명에 가까운 사람이 도시에서 살게 될 전망이다.[49] 빠른 성장세를 보이고 있는 전 세계 도시들라고스, 다카, 선전, 카라치, 델리, 베이징, 광저우, 상하이, 마닐라, 뭄바이 등은 계속해서 더욱 커질 것이다. 개발도상국 전역의 사람들이 끊임없이 수백만 개가 넘는 도시와 읍으로 몰려들 것이나.[50] 이러한 도시 거주자들 모두 식료품 가게에서 식품을 구매하고, 많은 이들이 식당에서 음식을 주문할 것이다. 하지만 도시인들도 북극의 이누이트족이나 아마존의 카야포족 못지않게 자연과 연관을 맺고 살아갈 것이다. 도시인들 또한 태양에너지를 식탁 위의 음식으로 전환하기 위해서는 계속해서 지구의 놀라운 시스템에 의존할 수밖에 없을 것이다. 미생물도 여전히 오물을 재순환시킬 것이다. 깊은 땅속에 자리 잡은 거대한 컨베이어 벨트는 앞으로도 대륙을 움직일 것이고, 화산은 대기 중으로 가스를 분출할 것이다. 도시의 아침과 점심, 저녁은 높은 곳에서 내려다보면 한눈에 펼쳐지는 식량 생산지에서 여전히 공급될 것이다. 인류의 축적된 지식은 끊임없이 쌓일 것이고, 자연을 변형하는, 혹은 변형된 자연을 원래대로 복원하는 더욱 창의적인 방식들이 새로 등장할 것이다.

　우리 인류가 채집인에서 정착민으로 바뀌기 시작한 이후 1만 2,000년이 흘렀다. 이러한 변화가 거의 마무리되기까지 수천 년에 걸쳐 지식이 쌓이고 문화가 형성되었다. 인류의 창의성을 바탕으로 고안해낸 자연을 변형하는 방식들은 식량을 재배하게 된 인류가 지구에 미치는 영향력을 확대시켰다. 이제 우리는 농부에서 도시인으로 변해가고 있다. 우리 인류의 가장 새로운 실험소수의 노동으로 얻은 식량으로 막대한 수의 사람들을 부양하는 시스템은 이제 막 시작 단계에 있다. 그 결과는 아직 미지수로 남아 있다. 우리 인간 종이 지구의 산물을 변형해온 끝없이 반복되는 주기 속에서 앞으로도 틀림없이 더 많은 한계와 해결책이 나타날 것이다. 인류는 지금도 우리의 창의성에서 비롯된 거대한 변화들과 함께 살아가는 법을 배우고 있으며 앞으로도 계속해서 그러할 것이다.

감사의 글

앞에서 논의한 혁신적인 방법들과 마찬가지로 이 책 또한 오롯이 개인 한 사람만의 힘으로 완성된 것은 아니다. 이 책의 방향을 결정하는 데 특히 지대한 도움을 준 세 사람이 있다. 진 V. 나가르 출판 에이전시의 엘리자베스 에번스Elizabeth Evans는 초기 단계부터 예리한 통찰력으로 이 책의 출판 방향을 제시해주었다. 베이식북스의 편집자 토머스 켈러허Thomas Kelleher는 뛰어난 안목과 조언으로 이 책을 훨씬 좋은 책으로 거듭나게 해주었다. 동료 교수인 에이미 콘Amy Kohn은 깊이 있는 시각으로 성실하게 매 장을 여러 번 읽고 의견을 들려주어 더할 나위 없이 큰 도움이 되었다.

또한 전체 원고를 다 읽는 아량을 베풀어 의견을 나눠준 동료학자이자 친구이기도 한 환경역사학자 존 맥닐John Mcneill과 생태학자 그레그 아스너Greg Asner에게 고마운 마음을 전한다. 이 책의 삽화를 그려준 레이첼 브리에타 벨Rachel Brietta Bell은 여러 번 수정을 거듭하며 예술적 재능과 멋진 유머감각을 유감없이 발휘해주었다.

이 책에서 다루는 주제가 워낙 광범위하다보니 불가피하게도 오류가 존재할 수 있을 것이다. 다양한 분야의 동료학자들이 관대하게도 각 장을 읽고 몇몇 오류를 알려주기도 했다. 엘레나 베넷Elena Bennett, 다나 코델Dana Cordell, 조엘 크라크래프트Joel Cracraft, 다나 댈림플Dana Dalrymple, 얼 엘리스Erle Ellis, 제임스 갤러웨이James Galloway, 린 골드먼Lynn Goldman, 헬무트 하벌Helmut Haberl, 로버트 해리스Robert Harris, 테드 히모위츠Ted Hymowitz, 키스 클라인Kees Klein, 에릭 램빈Eric Lambin, 제프리 록우드Jeffrey Lockwood, 존 머스터드John Mustard, 존 무터John Mutter, 샤히드 나임Shahid Naeem, 폴 올센Paul Olsen, 케니스 올슨Kenneth Olson, 매튜 팔머Matthew Palmer, 배리 팝킨Barry Popkin, 피터 리처슨Peter Richerson, 더스틴 루베슈타인Dustin Rubenstein, 질 샤피로Jill Shapiro, 찰스 보로스마티Charles Vorosmarty에게 감사드린다. 그럼에도 불구하고 오류가 남아 있다면, 그 책임은 전적으로 필자에게 있다.

조엘 코헨Joel Cohen과 마이크 디프리스Mike DeFries는 일부 장의 경우, 막 시작한 초고 단계부터 평을 해주어 큰 도움이 되었다. 기획 단계부터 출간에 이르기까지 도움을 아끼지 않았던 베이식북스의 부서들과 진 V. 나가르 출판 에이전시에도 감사한 마음을 전한다.

마지막으로 가장 가까운 사람들, 가족의 도움이 없었다면 이 책은 완성되지 못했을 것이다. 그들 모두에게 깊은 감사의 마음을 전한다. 남편이자 인생의 동반자인 지트 바즈파이Jit Bajpai는 곁에서 늘 격려해주고 인내심을 보여주었다. 트리베니 디프리스Triveni Defries는 세상을 더 나은 곳으로 만드는 데 영감을 주고 본보기가 되어주었다. 아비 바즈파이Avi Bajpai는 평범한 것도 다시 바라보게 만드는 특별하고 예리한 시각을 언제나 발견했다. 그리고 미국과 인도에 살고 있는 나의 대가족, 그들의 이름을 쓰는 것만으로도 몇 페이지를 채울 모두에게 고마움을 전한다.

주석

들어가며

1 산림 벌채와 자유 시장 방식을 제한한 정책이 발효되면서 2000년대 초반 이후 마토 그로소주의 산림 벌채율은 대폭 줄었다(Macedo et al. 2012).
2 Posey 1985.

1장 높은 곳에서 내려다본 풍경

1 Plato, translated by B. Jowett, 1909-1914, Para. 605. 플라톤의 글에서 자주 인용되는 구절은 다음과 같다. "인간은 지구 위로, 구름 넘어서까지 올라가 내려다볼 수 있을 때야 자신이 사는 세계를 완전하게 이해할 수 있다"(French and Burgess 2007, 127).
2 인간이 지표면에 미친 영향력과 관련 지도에 대해서는 Sanderson et al.(2002).
3 신맬서스주의자와 낙관적 미래파 사이의 논쟁에 관한 상세한 내용은 Chenoweth and Feitelson(2005) 참조.
4 Simon 1981. 사이먼의 저서 3장 제목은 다음과 같다. "천연자원의 공급-특히 에너지 자원-이 정말 무한할 수 있을까? 그렇다!(Can the Supply of Natural Resources-Especially Energy-Really Be Infinite? Yes!)". 천연자원의 미래에 관해 줄리언 사이먼과 파울 에를리히 사이의 논쟁에 대해서는 Sabin(2013) 참조. 에를리히의 견해는 이 책의 뒷장에서 다루고 있다.
5 Meadows et al. 2005.
6 Rockström et al. 2009.
7 록스트룀(Rockström et al. 2009, 472)에 따르면, 인류는 "세계 대부분 지역에서 유해하거나 심지어 재앙에 가까운 결과를 초래했다".

8 농산물 생산량에 관한 데이터는 유엔식량농업기구(FAOSTAT) 온라인 데이터베이스(http://faostat.fao.org) 참조.

9 Rosegrant et al. 2012. 가계소득에서 식품 구입비가 차지하는 비중이 변하는 현상은 엥겔의 논문 발표 이후 '엥겔법칙'으로 알려져 있다. 1850년대에 발표한 논문에 따르면, "저소득층 가계일수록 식료품비가 차지하는 비율이 높다"(Zimmerman 1932, 80).

10 선진국과 개발도상국의 기대수명과 영아 사망률 변화 관련 수치는 Bloom(2011) 참조.

11 블룸(Bloom 2011)에 따르면, 출생률 하락은 보편적인 현상이지만 전 세계 지역 사이, 그리고 한 지역 내에서도 상당한 차이가 있다.

12 경제발전 과정에서 그리고 생활 수준이 향상될수록 사회는 일반적으로 인구학적 천이를 겪는다. 아이의 생존율이 낮은 상황에서는 대가족이라 해도 상당수 아이가 성인이 되지 못한 채 죽는다. 출산율, 사망률 모두 높다. 시간이 흐르면, 출산율과 사망률이 모두 안정되면서 인구수도 안정세를 보이고 인구의 평균 연령은 젊어진다. 이는 대부분의 역사에서 사실이었다. 그 후 건강증진이 이뤄지면서 사망률이 감소했다. 이후 출산율도 뒤따라 하락했다. 사망률 하락 시기와 출산율 하락 시기 사이에 시간 격차가 생기면서 그 시기에 영아 생존율이 크게 높아진다. 이 아이들이 자라 성인이 되어 아이들을 낳으면서 인구는 급증한다. 시간이 흐를수록 사망률과 출산율이 비슷해지면서 다시 한 번 사회의 인구는 안정세를 보이고 심지어 인구가 줄기도 하나 인구의 평균 연령은 높은 편이다. 사망률 하락 시기와 출산율 하락 시기 사이의 기간이 부양해야 할 새로운 인구수를 결정한다. 인구학적 천이의 원인과 역사에 관한 논의는 Lee(2003), Galor and Weil(2000), Galor(2012) 참조.

13 1950년대 이후 인구 수치 출처는 United Nations, Department of Economic and Social Affairs(2012), 1950년 이전 수치는 Livi-Bacci(1992).

14 United Nations 2012. 이러한 인구수 증가는 거의 대부분 개도국에서 일어날 것으로 예상된다. UN(2012), Millennium Ecosystem Assessment(2005) 참조.

15 1인당 칼로리 섭취량으로 환산한 식량 공급량 출처는 FAOSTAT. 일인당 식량 소비량 추세는 Kearney(2010), FAOSTAT(2013) 참조.

16 천년 생태계 평가(Millennium Ecosystem Assessment 2005)의 도표 A.1에 따르면, 1970년 개발도상국에서는 9억 1,800만 명이 영양 결핍을 겪었고, 2000년에는 7억 9,800만 명이 영양 결핍이었다(2000년, 세계 영양 결핍 인구는 8억 5,200만 명). 최근 분석에 따르면(UN FAO et al. 2013), 9억 5,700만 명(세계 인구의 15.5%)이 2000~2002년 사이에 영양 결핍이었으며, 이 중 개발도상국 인구는 9억 3,890만 명이었다. 1990~1992년 사이에는 10억 1,500만 명(세계 인구의 18.9%)이 영양 결핍이었다. 수치(8억 4,200만 명)와 비율(12.1%)은 2011~2013년 사이를 보면 지속적으로 감소하는 추세다.

17 남부 아프리카 칼라하리 사막의 !쿵 산족(!Kung San) 같은 몇몇 수렵채집 부족은, 전통적으로 야생의 먹을거리를 채집하는 데 드는 비교적 적은 노동량에 적합한 식단을 보유했다(Cohen 2000). 고대 예리코와의 차이는 잉여 식량의 저장 여부에 있다.

18 농사를 짓는 곤충에 관한 연구는 Aanen et al.(2002), Farrell et al.(2001), Mueller and Gerardo(2002), Schultz and Brady(2008), Sen et al.(2009) 참조.

19 Dawkins 1976.

20 유럽의 감자 도입 역사와 아일랜드 감자 대기근에 대한 출처는 Brown(1993), Curran and Froling(2010), Fraser(2003), Langer(1975), Nunn and Qian(2011).

21 Nunn and Qian(2011)에서 보고.

22 Nunn and Qian(2011)에서 보고.

23 Kinealy 1997, 5.

24 Butzer and Endfield 2012.

25 Boserup 1965; Turner and Fischer-Kowalski 2010. 기어츠(Geertz 1963)는 인도네시아에서 인구가 증가하자 노동집약도를 높여 수확량을 늘린 현상을 예로 들며, 이를 인도네시아의 농업 방식을 기반으로 한 농업의 내향적 정교화(agricultural involution)라고 해석했다. 엘리스(Ellis et al. 2013)는 보스럽, 기어츠, 맬서스의 개념을 결합해 토지이용 강화라는 일반적인 농업모델을 제시했다.

26 Schopenhauer 2005, 37.

2장 지구에서 시작된 이야기

1 Fermi 1946.

2 Jones 1985.

3 워드와 브라운리(Ward and Brownlee 2000)는 이해하기 쉽고 통찰력이 돋보이는 《희귀한 지구: 왜 우주에는 복잡한 생명체가 없을까 *Rare Earth: Why Complex Life is Uncommon in the Universe*》에서 희귀한 지구 가설을 제시했다.

4 거주 가능한 행성의 특징에 관해서는 Broecker(1985), Kasting and Catling (2003), Lenton and Watson(2011) 참조. 지구 시스템의 기능에 관해 전반적으로 참고한 문헌은 Smil(2003), Steffen et al.(2004).

5 생명체가 살지도 모르는 다른 행성을 찾는 분야에 관한 연구는 Seager(2013), Howard(2013), Segura and Kaltenegger(2010) 참조.

6 생명체가 거주 가능한 영역에 관한 개념 설명은 Lammer et al.(2009) 참조.

7 Schroder and Smith 2008.

8 Gaidos et al. 2005.

9   Caitling and Zahnle 2009.

10   Kass and Yung 1995.

11   Laskar et al. 1993.

12   Touma and Wisdom 1993. 금성의 자전축 기울기는 180도에 가깝고 역자전하는데, 극지방은 태양과 거의 평행해서 여름에는 극지방이 적도보다 더 뜨겁다. 화성의 두 위성은 자전축을 안정적으로 유지할 정도로 질량이 충분히 크지 않다.

13   1980년대에 이러한 풍화작용에서 시작된 탄소 순환주기를 처음 설명한 문헌은 Walker et al.(1981).

14   인용 문장은 제임스 허턴(Hutton 1975)의 저서 1장의 마지막 부분이다.

15   생물 다양성의 기능에 관한 논의는 Cardinale et al.(2012), Naeem et al(2012) 참조.

16   생물 다양성에 관한 전반적인 설명은 Cardinale et al.(2012) 참조.

17   생물학적 종이란 일반적으로 번식을 하고 생식이 가능한 자손을 낳는 유기체 집단을 뜻한다. 그러나 이러한 개념이 반드시 현실 세계와 일치하는 것은 아니다. 일례로 갈라파고스의 핀치처럼 다른 속에 속하는 종들끼리 교배가 가능한데, 이때 태어난 자손은 겉으로는 생물학적 종으로 보이나 생식능력이 없다(Grant and Grant 2010).

18   진화적 전환에 관한 주요 논의는 Szathmary and Smith(1995).

19   Schopf and Kudryavtsev 2012, 35.

20   유황 함유 습지에 사는 가장 단순한 생명체는 습지의 황화수소에 든 수소와 태양 에너지를 사용해 초기 광합성 과정의 형태로 당을 만들어 양분으로 삼았다.

21   새로운 광합성 과정 또한 태양에너지와 어디에나 있는 탄소를 당으로 전환했지만, 이번에는 물이 주요 역할을 했다. 수소를 공급하는 황화수소 대신에 물이 공급원이 되었다. 물 분자를 수소와 산소로 분리하는 새로운 시스템 덕에 광합성은 물과 햇빛, 공기의 탄소만 있으면 일어날 수 있었다. 물을 이용하는 광합성은 초기 광합성이 황화수소가 함유된 습지에서만 일어났던 것과 달리, 물이 발견되는 지표면 어디에서나 일어났다.

22   물을 이용한 광합성은 부산물로 산소를 발생시켰다. 처음에 증가한 산소는 바다에 녹아 있는 철과 결합했다. 이렇게 만들어진 철 산화물은 해저에 가라앉아 마침내 암석 표면에 줄무늬 모양의 갈색 녹이 나타나기 시작했다. 약 25억 년 전, 바닷속 철이 고갈되었다. 산소는 대기를 제외하고는 더 이상 갈 곳이 없었으므로 오존층을 형성하게 되었다.

23   해면동물, 해파리, 산호, 평형동물 같은 현대 생물군이 탄생해 진화한 시대를 캄브리아 폭발기라고 한다. 일부 생물학자는 생물군이 폭발적으로 늘어난 원인을 대기 중의 산소에서 찾는다. 산소로 인해 양분을 효율적으로 에너지로 전환하는 게 가능해져 큰 몸집의 생물이 발달할 수 있었다. 다른 학자들은 혜성의 충돌이나 다른 재앙으로 기존의 대다수 생명체가 소멸되며 새로운 기회가 마련된 것이라고 말한다.

24 대륙이 확장되어 지리적으로 격리되면서 하나의 생물 집단이 나른 방향으로 진화해
새로운 종으로 분리되는 과정을 '이소적 종분화'라고 한다. 판구조운동, 조산운동, 지
리적 장벽으로 오랜 세월 멀리 떨어진 다른 환경에서 서식하다보면, 한때 동일했던 종
이 다른 종으로 분리될 수 있다. 캥거루, 코알라, 주머니곰과 기타 유대목 동물이 오
스트레일리아에서 주요 포유동물이 된 것도 이소적 종분화 방식을 통해서였다. 1억
3,000만 년 전에는 수많은 포유동물이 곤드와나 대륙이라는 초대륙에서 살았다. 판
구조 운동으로 곤드와나 대륙이 두 개의 땅으로 갈라지면서 각 대륙에서 다른 종류의
포유동물이 발생했다(Springer et al. 1998). 어미가 새끼를 육아낭 속에 넣어 기르
는 포유강 유대목은 외떨어진 오스트레일리아 대륙에서 번성했다. 오직 한 종류의 유
대목만이 남아메리카의 공통 선조에서 진화했는데, 바로 주머니쥐다.

25 새로운 서식지나 먹이를 이용하게 되면서 생식적 격리가 발생해 종이 분리되는 것을
'동소적 종분화'라고 한다. 한 종의 집단 내에서 일부 개체들이 먹이, 물, 온도, 토양
상태가 다소 다른 근처의 다른 개체들과 짝을 지으면서 발생할 수 있다. 시간이 흐르
면 커다란 지리학적 장벽 없이도 새로운 종이 나타날 수 있다. 산사나무 열매를 먹이
로 하는 파리 집단 중 일부가 사과로 기어들어가면서 사과과실파리로 분리된 것이 동
소적 종분화의 사례라 하겠다(Feder et al. 2003). 암컷 사과과실파리는 자신이 태
어난 익숙한 사과에 알을 낳는 것을 선호하고, 수컷 또한 자신이 태어난 사과를 먹이
로 하는 암컷파리를 짝으로 찾는다. 유럽 이민자들이 19세기 아메리카 대륙에 사과를
가지고 오면서 사과과실파리는 서식지와 먹이에 대한 선택지가 늘어났다. 아메리카
대륙이 원산지인 산사나무 열매나 새롭게 유입된 사과나무에 알을 낳을 수 있었다. 그
이후로 산사나무 열매를 먹이로 하는 집단과 사과를 먹이로 하는 집단이 나뉘면서 서
로 다른 종으로 분리되는 과정을 겪었다. 동소적 종분화의 교과서적인 이 같은 사례는
Forbes et al.(2009), Jiggins and Bridle(2004), 그리고 이 논문들의 참고문헌에
서 밝혀졌다.

3장 인간의 창의성이 발현되다

1 Cavell(2009, 25)에서 인용. "에스키모"는 당시 북극에 거주하는 원주민을 칭하는
용어였다.
2 프랭클린 원정대가 싣고 간 식량 목록과 무게는 Cookman(2000)의 부록 1에 수록.
3 해군성이 여러 번 수색대를 보냈으나 별다른 소득이 없었다. 1854년에 존 레(John
Rae)가 이끄는 북극 원정대가 "훼손된 여러 구의 시신"을 발견했다는 소식을 전했다.
그의 보고에 따르면, "우리의 비참한 영국 동포들이 생명을 연장하고자 최후의 수단인
식인행위까지 동원했다." 그의 말은 Cavell(2009, 31)에서 인용.
4 McClintock 1861, 13.

5 Richerson and Boyd (2010, 6)에서 인용.

6 Dobzhansky and Montagu 1947, 590.

7 Richerson and Boyd 2005, 7.

8 기후변화에 따라 각기 달라지는 핀치의 부리 크기에 대한 이 놀라운 결과는 로즈마리 와 피터 그랜트(Rosemary and Peter Grant 1993)의 장기적인 연구와 수많은 논문에 기록되어 있다.

9 Plotnik et al. 2011.

10 Cornell at al. 2012.

11 포츠(Potts 2011)의 연구에 따르면, 뇌 조직이 성인 체중의 2퍼센트만 차지한다고 해도 전체 에너지 요구량의 20~25퍼센트를 소비하고, 아기의 경우 약 65퍼센트를 소비한다.

12 환경의 변동성과 관련해 개별적 학습, 사회적 학습, 문화의 득실을 대조한 수학적 모델은 Boyd and Richerson(2009), Enquist and Ghirlanda(2007), Henrich and McElreath(2003), Strimling et al.(2009) 참조.

13 일본원숭이 연구의 역사는 Yamagiwa(2010)에 수록.

14 인간 이외의 생물 종에서 나타나는 사회적 학습의 사례로는 꼬리로 바다 수면을 내리치는 사냥법을 전파하는 혹등고래(Allen et al. 2013)와 먹이를 구할 때 다른 원숭이들의 행동을 모방하는 식으로 일종의 사회규범에 따르는 버빗원숭이(van de Waal et al. 2013)가 있다.

15 두뇌가 커지고 대뇌피질 구조가 더욱 복잡해지는 뇌의 진화에 관한 설명은 Holloway (2008), Blazek et al.(2011).

16 Potts 2011.

17 여러 요인들의 상호 작용은 홀러웨이의 연구(Holloway 2008)에서 제기되고 있다. 영장류와 새의 종들을 통해 뇌의 크기와 학습 사이의 연관성이 밝혀졌다(Reader and Laland 2002; Sol et al. 2005).

18 Wrangham 2009, 43.

19 사회지능 가설에 관한 논의는 Aiello and Wheeler(1995), Reader and Laland (2002), Herrman et al.(2007), Navarrete et al.(2011).

20 켈로그 부부의 실험에 관한 이야기는 Henrich and McElreath(2008) 참조.

21 딘(Dean et al. 2012)이 실험을 진행했다.

22 유인원에서 나타나는 기술의 누적 사례는 Pradhan et al.(2012).

23 Richerson and Boyd 2005, 5.

24 랠런드 등(Laland et al. 2010)과 피셔와 리들리(Fisher and Ridley 2013)는 문화-유전자의 공진화, 그리고 어떠한 방식으로 공진화가 인간 게놈을 형성하게 되었는지 개관하고 있다.

25 유당 내성과 관련된 진화적 설명은 Gerbault et al.(2011).

26 최근 유전학적 증거는 야생 유인원과 인간이 갈라져 나온 때가 이전에 보고된 시점보
다 더 앞서 일어났음을 시사한다(Langergraber et al. 2012).

27 이 문장에서 "인류의 계보"라는 용어는 호모(Homo) 속에 속한 종을 뜻한다.

28 이와 관련한 문헌들에 나오는 연도는 제각각 다르다. 이 정보의 출처는 deMenocal
(2011), Potts(2012), Stewart and Stringer(2012), https://humanorigins.si.
edu/evidence//human-evolution-timeline-interactive 참조.

29 Semaw et al. 1997.

30 McPherron et al. 2010.

31 도구의 정의를 정확하게 규정하기는 어렵다. 널리 사용되는 정의는 베크(Beck
1980)가 말한 "다른 물체, 생물, 혹은 사용자의 형태, 위치, 상태를 변경하기 위해 사
용자가 손에 쥐고 사용하거나 사용 전에 들고 다니는 물체"이다. 도구를 사용하는 것
과 동일한 행위, 일례로 둥지를 짓거나 물을 뿜어 먹이를 잡는 것은 이러한 정의에 포
함되어 있지 않다(Bentley-Condit and Smith 2010; Seed and Byrne 2010,
Brown 2012).

32 Seed and Byrne 2010; Boesch et al. 2009; Bentley-Condit and Smith
2010.

33 Rutz and St Clari 2012.

34 Diamond 1997.

35 불을 길들인 증거인 불에 그슬린 뼈와 식물이 타고 남은 재의 추정년도는 Berna et
al.(2012)에서 밝혀졌다.

36 카스트로와 토로(Castro and Toro 2004)는 자손의 행동에 대해 찬성하고 반대하
는 능력이 인류의 문화 전파에 대단히 중요함을 보여준다.

37 언어 진화에 관한 논의는 Fitch(2005, 2010), Knight et al.(2000).

38 '퀴푸스'라는 잉카 문명의 매듭은 Christensen(2002)에서 다뤄지고 있다.

39 밀의 재배과정에 대한 설명은 Peng et al.(2011), Puruggana and Fuller(2010).

40 Tanno and Willcox 2006; Fuller 2007; Lev-Yadun et al. 2000; Diamond
2002.

41 Burger et al. 2008; Price 2009.

42 Sweeney and McCouch 2007; Yang et al. 2012.

43 Ranere et al. 2009; Piperno and Flannery 2001.

44 스페인 정복 이후 15세기에 배를 통해 토마토 재배종이 유럽에 유입되었다. 그로부터
지금까지 몇 세기 동안, 식물 육종가들은 마법을 부리기라도 한 것처럼 전 세계에서
다양한 모양과 크기, 색깔을 가진 토마토를 육성했다. 이러한 모든 품종들의 기원은
신대륙의 야생종으로 거슬러 올라간다. 야생종과 재배종의 유전자가 혼합된 방울토마

토는 예외일 수 있다(Bai and Lindhout 2007; Estabrook 2010).

45 Diamond 2002.

46 Larsen 2006; 2009.

47 충적세의 기후변동과 인간 진화 사이의 관계에 대해서는 Boyd and Richerson (2009), Richerson et al.(2001), Potts(2007), deMenocal(2011) 참조.

48 Richersen et al. 2001.

49 가장 현실적이고 균형 잡힌 시각은 Zeder(2006)에서 제시되었다.

50 Gignoux et al. 2011.

51 Livi-Bacci 2007, 31-38.

52 Puruggana and Fuller 2010.

53 소빙하기의 원인은 분명하지 않다. 최근 분석은 화산 폭발을 원인으로 본다(Miller et al. 2012). 소빙하기가 유럽의 농업과 발달에 미친 영향은 Fagan(2000) 참조.

4장 정착생활의 난제들

1 Leigh 2004, 109.

2 Leigh 2004.

3 질소와 관련된 주요 역사적 사건들을 밝힌 문헌은 Galloway et al.(2013).

4 아시모프(Asimov 1974)의 말은 Lougheed(2011) 인용.

5 브란트의 제조법은 Ashley et al.(2011) 인용.

6 인의 흥미로운 역사는 Emsley(2000)에서 상세하게 다루고 있다.

7 Williams, 2006, 41.

8 비트포겔(Wittfogel 1957)은 물을 다스릴 필요로 건조한 지역에서 발생한 "치수문명"이 중앙집권적 지배체제로 이어졌다는 가설을 제시했다. 이 이론은 결함이 있는 것으로 확인되었다. 주요 치수시설 공사가 착수되기 전부터 중앙집권적 국가가 등장했다는 것이 실증되었기 때문이다. 이 가설에 관한 상세한 논의는 Hassan(2011), Bagg(2012) 참조. 그럼에도 큰 강 유역에서 발달한 관료국가는 관개시설을 중앙에서 관리할 필요성이 있었기 때문에 발달했다는 설명이 부분적으로는 가능하다.

9 메소포타미아의 관개시설과 관련한 환경문제는 Khan et al.(2006)에서 논의되고 있다.

10 Rashed 2002.

11 테베는 기원전 1360년 당시 인구가 10만 명이 넘는 유일한 도시였다(United Nations 1980).

12 뉴기니의 화전농민들이 농사를 통해 소모하고 생산하는 에너지를 열량으로 분석해본 결과, 농산물을 생산하기 위해 소비되는 인간의 에너지 1칼로리당 수확물로 얻는 에너지는 16칼로리인 것으로 추산되었다(Rappaport 1971).

13 1970년대 에너지 위기를 발단으로 산업형 농업에서 소모되는 에너지 필요량에 대한 연구가 촉발되었다(Pimentel et al. 1973; Steinhart and Steinhart 1974). 농업 시스템에서 에너지 투자 대비 수확물에서 얻는 에너지에 대한 개념은 마르티네스-알리에(Martinez-alier 2011)의 글에서 개관하고 있다. 다른 연구에서는 인간에 의해 사용되는 순일차생산성 형태로 에너지양을 수량화하거나(Vitousek et al. 1986; Haberl 1997) 다양한 농업 시스템의 에너지양을 계산했다(Haberl 2001, 2006; Pimentel 2002; Smil 2008).

14 Sherratt 1983.

15 Smil 2004.

16 린데만(Lindemann 1942)은 영양단계를 거치면서 일어나는 에너지 전환에 관한 연구를 개척했다. 오덤(Odum 1968)은 생태계의 에너지 흐름에 관한 사상사를 서술했다. 커즌스(Cousins 1987)는 영양단계 개념에 대해 비판을 제기했다. 바시(Vasey 1992)는 농업 시스템의 에너지 흐름을 다루었다. 10퍼센트 규칙은 대략적인 것에 불과하며 스밀(Smil 2002, 207-209)이 설명했듯이 일반화하기는 어렵다.

17 Leigh(2004, 109) 인용.

18 Ashley et al.(2011, 739)에서 인용.

19 고대 중국의 농업에 대한 논의는 Leigh(2004), Ellis and Wang(1997), King(1911).

20 Ellis and Wang 1997.

21 중국 청두의 평원을 비옥하게 한 두장옌의 급수시설은 관개의 중요한 역할을 잘 보여주는 사례이다. 스카버러(Scarborough 1991)는 산업화되지 않은 복잡 사회의 물관리 전략을 개관하고 있다.

22 고대 이후 중국의 천공 기술에 관한 상세한 내용은 Kuhn(2004), Zhou et al.(2011) 참조.

23 기근 시기에 중국에서 벌어진 식인행위에 대한 논의는 Mallory(1928), Prentice(2001), Yates(1990).

24 고대 중국에서 창궐한 주혈흡충증과 콜레라에 대한 논의는 각각 Elvin(1993), Marks(2011) 참조.

25 United Nations 1980.

26 Thorp 1940.

27 Smil 2004, 553; Gimpel 1976.

28 Mazoyer and Roudart 2006, 281.

29 McNeill 1985; Smil 2004; Lal et al. 2007.

30 14세기에 발생한 북유럽의 기근에 대한 논의는 Jordan(1996) 참조.

31 Mazoyer and Roudart 2006, 293.

32 Mokyr 1993.

33 Turner 1982.

34 Malthus 1798, 4.

35 Smil 2002, xxvii.

5장 멀리서 찾아온 성장의 동력

1 로(Law 1967)는 19세기 도시와 농촌 인구수에 대한 다양한 수치를 제공했다. 잉글랜드와 웨일스의 인구조사 결과는 1851년 조사 때까지만 해도 도시와 농촌 지역 간의 차이가 크지 않았다. 일반적으로 읍은 1만 명 이상, 도시는 10만 명 이상의 인구수를 보유할 때로 정의한다. 이 수치에 따르면 1801년에 잉글랜드와 웨일스 인구의 약 30퍼센트가 읍과 도시에 살았다.

2 Dickens 1838, 94.

3 Tien et al. 2011.

4 *London Times* 1858.

5 고대 문화권의 하수 처리에 관한 논의는 Russel and Williams(1977).

6 런던 하수관 시스템의 역사에 관한 상세한 논의는 Halliday(1999).

7 Goddard(1996, 274)에서 인용.

8 Marald(2002, 66)에서 인용.

9 Marald 2002, 70.

10 Humboldt and Bonpland 1822, 1:xii.

11 Leigh 2004, 81.

12 영국에서 비료로 사용된 다양한 오물의 유용성에 대한 설명은 Hall(1915).

13 United States Code 1856.

14 미국의 구아노섬 법안에 따라 섬의 소유권을 주장한 정치적 역사에 관한 개관은 Orent and Reinsch(1941), Nichols(1933), Burnett(2005).

15 Leigh 2004, 81.

16 *New York Daily Times* 1855, 4.

17 Clark and Foster(2009, 315)에서 인용.

18 Brown 1963.

19 아프리카의 전통적인 주요 곡물에 관한 상세한 설명은 National Research Council (1996).

20 해들리는 "태양의 작용이 이러한 바람의 근본적인 원인이라는 것에 모두가 동의할 거라 생각한다"라고 쓰며 더 나아가 "지구의 일주 운동에서 비롯된 도움 없이는 항해, 특히 동서 방향의 항해는 매우 지루할 것이며 어쩌면 지구를 일주한다는 것 자체가 불가

능할지 모른다'라고 추정했다(Hadley 1735-1736, 62).

21 Columbus et al. 1991, 93.

22 Crosby 1972(2003), 3. 만(Mann 2011) 또한 콜럼버스 교환에 관한 상세하고 흥미로운 내용을 다루고 있다.

23 Barrera-Osorio 2006.

24 매독이 신대륙에서 유입되었다는 주장에 관한 논쟁은 Nunn and Qian(2010).

25 Thorpe 1909, 1829.

26 Thorpe 1909, 1828-1829.

27 Winthrop 1634.

28 신대륙의 작물이 중국의 인구 증가에 얼마나 기여했는지에 관한 논쟁은 Li(1982).

29 Nunn and Qian 2010.

30 La Rochefoucauld 1995, 23; Macfarlane and Macfarlane 2003 인용.

31 Hersh and Voth 2009, 특히 표 2.

32 Barrera-Osorio 2006, 24.

33 Nunn and Qian 2010.

34 Van Ommen 2009.

35 Hoekstra and Hung 2005.

36 가상수 개념은 1990년대 초반에 아랍 중동과 북아메리카의 수자원에 대해 논한 앨런의 글(Allan 1994)에서 처음 등장했다.

27 Zhou et al. 2011, 1108.

38 Nace 1974, 43.

39 지구의 물은 대부분이 해수이다. 그중 작물을 비롯한 식물과 동물, 도시에 필요한 물을 대는 담수는 3퍼센트가 채 되지 않는다. 3퍼센트의 담수 중에서도 3분의 2 이상은 빙하와 빙원에 갇혀 있다. 결국 인간이 사용할 수 있는 호수와 강, 지하에 저장된 액체 상태의 물은 지구 전체의 물 중 극히 일부에 불과하다. 지구의 물 보유량에 관한 상세한 수치는 Gleick and Palaniappan(2010) 참조.

40 고대 이후 중국의 천공 기술에 관한 상세한 설명은 Kuhn(2004), Zhou et al. (2011).

41 이란 고나바드의 카나트는 유네스코 세계문화유산이다(Hassan 2011).

42 인구수, 도시/농촌 관련 수치 출처는 United Nations(1980). 총 인구수와 지역별 분포에 관한 다양한 수치는 네덜란드 환경영향평가청 자료 History Database of the Global Environment, "Population," http://themasites.pbl.nl/tridion/en/themasites/hyde/basic-drivingfactors/population/index-2.html.

43 United Nations(1980)의 표 1에서 기원전 1360년부터 서기 1925년까지 전 세계 도시 규모 순위를 확인할 수 있다.

6장 병목을 타파하다

1 United Nations 1980.

2 Crookes 1898, 564.

3 Crookes 1898, 570.

4 Crookes 1898, 562, 573.

5 Feller et al. 2003; T. 1941.

6 Liebig 1840. 출간 이후 평가에 대해서는 Browne(1944).

7 리비히가 처음 주창한 것으로 알려진 최소량의 법칙은 독일의 농학자인 카를 슈프렝겔이 1820년대에 발표한 잘 알려지지 않은 논문에서 차용한 것으로 보인다는 설이 있다(Van der Ploeg et al. 1999). 고대부터 현대까지 농화학에 관한 오랜 역사에 관한 추적은 Browne(1944) 참조.

8 Moulton 1942, 6. 인용은 의사이자 식물학자인 후고 폰 몰(Hugo von Mohl)이 1843년에 말한 것이다(Aulie 1974).

9 농화학에 관한 브라운의 1944년 저서 서문에서 인용(Browne 1944, vi). 또한 브라운의 인용은 Van der Ploeg et al.(1999)에서도 참조.

10 질소를 고정하기 위한 다양한 시도에 관한 상세한 서술은 Leigh(2004), 5장.

11 노벨상 수락 연설에서 하버는 "화학업계에서 방법을 찾아내지 못하면 현 세기의 중반부에 큰 위기를 피할 수 없을 것"이라고 밝혔다(Haber 1920).

12 Emerson 2003, 22. 또한 Daemen(2004)에서 인용.

13 하버-보슈 공정이 독일의 전쟁노선에 미친 역할에 관한 논의는 Hager(2008), Leigh (2004).

14 하버의 말년에 닥친 불운에 관한 서술은 Hager(2008), Larson(2011).

15 Keeney and Hatfield 2008; Galloway et al. 2013.

16 Erisman et al. 2008.

17 Liebig 1840, 184-185.

18 과인산염의 역사와 관련된 서술은 Hall(1915).

19 Silvertown(2005, 91)에서 인용.

20 Russel and Williams 1977.

21 Sanders 2009.

22 Morrison 1890, 262. 리비히가 비난한 대로 영국이 실제로 전장에서 유골을 수거했을 가능성은 낮다.

23 리비히의 사업에 관한 서술은 Brock(1997).

24 Daubeny and Widdrington 1844.

25 Hall 1915, 114-115.

26 Russel and Williams 1977.

27 산소 결핍의 상태가 인이 풍부한 퇴적층 형성으로 이어지는 메커니즘에 관한 설명은 Goldhammer et al.(2010).

28 Huxley 1928, 57.

29 Vaccari 2009.

30 인 생산이 최고점에 이르렀다는 주장은 Cordell et al.(2009), Vaccari(2009). 공급량이 충분하다는 주장은 Smil(2000). 인의 장기적인 생산량 확보에 관한 균형 잡힌 판단은 Cordell and White(2011). 기술적·경제적으로 채굴 가능한 나라별 인회석 보유량에 관한 정보는 Vaccari(2009). 향후에는 질이 낮은 인산염을 채굴하게 될 가능성이 높다. 인회석 고갈이 수십 년 이내에 세계적 위기로 떠오를 것인지에 대해 보유량을 분석한 학자들 간의 의견은 분분하다(Vaccari 2009; UNEP 2011; Smil 2000).

31 가장 일반적으로 거래되는 인산염 비료는 DAP(Diammonium Phosphate, 인산이암모늄), MAP(Monoammonium Phosphate, 일인산 암모늄), TSP(Triple Superphosphate, 중과린산석회)이다.

32 실험호수구역에 관한 개별적인 역사에 관한 내용은 Schindler(2009).

33 선구적인 두 과학자, 신들러와 밸런타인이 2008년에 공동 저술한 실험호수구역의 역사를 다룬 책은 이해하기 쉽고 흥미롭다.

34 신들러 등(Schindler et al. 2008)을 비롯해 실험호수구역에 관한 논문을 발표한 여러 과학자들이 같은 결과를 기록했다.

35 실험호수구역에서 연구를 진행한 선구적인 두 과학자 데이비드 신들러와 존 밸런타인 (David Schindler and John Vallentyne 2008)은 부영양화를 "천연수의 식물 영양 염류가 풍부해짐에 따라 일련의 복잡한 변화가 일어나는 현상"이라고 정의했다.

36 빅토리아호의 토종 어류 개체 수는 부영양화와 더불어 외래종인 농어목인 나일 퍼치의 개체수가 폭발적으로 증가하면서 감소했다(Verschuren et al. 2002). 나일 퍼치의 개체수 증가는 수산 회사에는 유리했지만 큰 어류를 잡는 데 필요한 배나 그물이 없는 현지 어부에게는 재앙에 가까웠다.

37 McNeill 2000, 136.

38 Kara et al. 2012; Carpenter and Lathrop 1999.

39 Franklin D. Roosevelt, "토양 비옥도를 위한 인산염에 관한 64번째 의회 연설 (64 Message to Congress on Phosphates for Soil Fertility)," 1938.5.20. American Presidency Project, http://www.presidency.ucsb.edu/ws/index.php?pid=15643#axzz1xQ3yclsK.

40 Galloway et al. 2003; 2008.

41 오랜 기간 존재하는 온실가스(이산화탄소, 메탄, 아산화질소, 할로카본)의 총 복사강

제력 1.6W/m²에 대해 아산화질소의 증가된 농도가 기여한 정도는 1750년 이후로 0.16W/m²였다(Forster et al. 2007).

42 특징은 문제에 대한 해결책이 새로운 문제를 계속해서 일으키고 확실한 끝이 없다는 것이다(Rittel and Webber 1973).

43 Pingali 2007; Ehui and Polson 1993.

44 El-Sharkawy 1993.

45 Smil 2004.

46 Rasmussen 1982.

47 Rasmussen 1982; Binswanger 1986.

48 Giebelhaus 2004; Cadman 1959.

49 Linton(2008, 12)에서 인용.

50 기후변화에 관한 가장 신뢰할 만한 정보는 기후변화에 관한 정부 간 협의체의 데이터 베이스로, 주기적으로 새로운 정보를 공개한다.

51 Arrhenius 1896.

52 기후변화와 변동성은 사회제도를 비롯해 사회에 큰 부담을 주고 적응력을 시험하는 여러 요소 중 일부이다(Butzer and Endfield 2012). 이 같은 기후변화의 압박에 굴복한 여러 문명에 관한 논의는 Diamond(2003) 참조.

7장 단일재배가 미국 중서부를 휩쓸다

1 Largent 2009; Theunissen 2012.

2 Darwin 1859, 84.

3 Darwin 1859, 13.

4 Darwin 1868, 17장 제목.

5 Berra et al. 2010, 377

6 Berra et al. 2010.

7 Darwin 1859, 96.

8 잡종의 강인한 생명력, 즉 잡종 강세와 관련된 다양한 가설에 대한 설명은 Birchler et al.(2006).

9 멘델의 일생에 관한 서술은 Weiling(1991), Zirkle(1951).

10 1865년 2월 8일과 3월 8일에 열린 회의에서 멘델의 "식물 교배 실험"의 번역 중 낭독된 부분의 출처는 Blumberg(1997).

11 멘델이 데이터를 조작했다는 주장이 제기되었으나 이러한 주장은 입증되지 못했다(Hartl and Fairbanks 2007).

12 Sclater 2006.

13 Stansfield 2009; Sandler 2000.

14 미국에서 재배하는 주요 작물의 생산량과 재배 면적에 관한 자료는 "Major Crops Grown in the United States," 2013.4.11, Environmental Protection Agency, www.epa.gov/agriculture/ag101/cropmajor.html.

15 Coe 2001.

16 Troyer 2009. 인기를 끈 품종들로는 Leaming Corn, Reid Yellow Dent, Lancaster Sure Crop, Minnesota 13이 있다.

17 Troyer 2009; Lee and Tracy 2009.

18 Crabb 1947, 318.

19 잡종 옥수수 육종이 한창이던 이 시기에 관한 설명은 Troyer(2009), Rhoades (1984), Coe (2009). 더욱 상세한 설명은 Crabb(1947), Wallace and Brown (1988).

20 Sprague 1967; Griliches 1957.

21 Troyer 2009, 도표 1

22 Duvick 2005.

23 Duvick 2005.

24 Crookes 1898, 565.

25 터키밀에 관한 상세한 설명은 Quisenberry and Reitz(1974).

26 ABA 1905, 197.

27 ABA 1905.

28 잡종 밀을 대량으로 생산하려는 시도가 여러 차례 실패로 돌아간 사례에 대한 설명은 Knudson and Ruttan(1988).

29 Dalrymple 1988.

30 USDA 1874, 369.

31 Dalrymple 1988.

32 Singh and Hymowitz 1999.

33 새롭게 수집한 콩 종자들은 잘 보존되지 못하고 상당수가 소실되었다. 초기 수집 종자 가운데 일부만이 남아 있을 뿐이다. 동아시아 농부들이 콩의 원시품종을 더 이상 사용할 수 없게 되어 소실된 귀중한 유전적 자원을 대체할 길이 없다(Hymowitz 1990).

34 미국에서 생산되는 콩과 관련된 역사 서술은 Singh and Hymowitz(1999), Hymowitz and Shurtleff (2005), Hymowitz(1984, 1987, 1990), Hymowitz and Harlan(1983).

35 신품종 육성에 뛰어든 민영 기업 부문의 발전에 관한 상세한 내용은 Duvick(2001).

36 USDA 2009.

37 Crookes 1898, 565.

38 USDA 2009.

39 미국의 산업형 식량 생산 체계에서 소비되는 에너지 비용에 관한 다양한 수치는 Schramski et al.(2011) 참조. 다른 저자들은 과거 유럽의 농업체계에서 에너지 투자 대비 수확물에서 얻는 에너지를 추산했다. 일례로 Krausmann et al.(2008), Krausmann(2004) 참조.

40 Bennett 1941, 374.

41 Bennett 1941.

42 Smil 2002; Dutilh 2004.

43 United Nations 1980. 인구 관련 수치를 모아놓은 자료는 네덜란드 환경영향평가 청의 자료 참조. History Database of the Global Environment, "Population," http://themasites.pbl.nl/tridion/en/themasites/hyde/basicdrivingfactors/population/index-2.html.

8장 수확물을 차지하기 위한 경쟁

1 메뚜기 떼로 인한 재해에 관한 서술은 Coffin(2005), Yu et al.(2009).

2 Levy(2004, 2)에서 인용.

3 로키 산맥 메뚜기에 관한 논의는 Chapco and Litzenberger(2004), Levy(2004), Lockwood and Debrey(1990).

4 Sanchis 2011.

5 Schwartz 1971. 남부 지역의 1970~1971년 사이 옥수수마름병에 관한 상세한 서술은 Ullstrup(1972).

6 Mueller and Gerardo 2002; Sen et al. 2009.

7 Norgaard 1988.

8 Haley et al. 2004.

9 Office of Technology Assessment 1993.

10 Pauly 2002.

11 외래 침입종의 위험에 관한 추가적인 정보는 Pejchar and Mooney(2009), Hulme (2009), Pysek and Richardson(2010).

12 이집트의 메추라기 떼를 잡는 방법에 관한 서술은 Hasselquist(1776, 209).

13 Peryea and Creger 1994; Ware and Whitacre 2004; Gavrilescu 2005.

14 농부의 말은 Morales and Perfecto(2000, 56)에 수록된 조사에서 인용.

15 전통적인 농업 관행에 관한 서술은 Morales and Perfecto(2000). 조사에 참여한 농부들은 주로 저장고의 해충을 쫓기 위해 합성 살충제를 사용하며, 밭에는 해충의 개체수가 높을 때 산발적으로 사용한다.

16 이 사례의 출처는 Abate et al.(2000).

17 Hoskins 1939, 120. 또한 호스킨스의 주장에 관한 논의는 Kogan(1998).

18 Hoskins 1939, 119.

19 Hoskins 1939, 122.

20 Nobel Foundation 1948b; Casida and Quistad 1998.

21 Nobel Foundation 1948a.

22 Andrews et al. 1950; Kitron and Spielman 1989; Sachs and Malaney 2002. 미국의 말라리아 발병률이 감소하는 데 기여했을 것으로 보이는 도시로의 인구 이동과 가축 수의 증가를 비롯한 여러 요인에 관한 논의는 Andrews(1948).

23 1940년대와 1970년대 사이의 DDT 생산과 사용에 관한 자료 출처는 세계보건기구(1979). 이 출처에 따르면, 이 기간의 전 세계 DDT 생산과 관련된 자료는 없다.

24 Buhs 2002.

25 Buhs(2002, 387)에서 인용.

26 불개미 박멸 계획에 관한 상세한 내용 또한 Buhs(2002) 참조.

27 Myers et al. 1998.

28 윌슨의 인용 출처는 Buhs(2004, 155-156)를 비롯해 여러 자료가 있다.

29 Liebhold et al. 1995.

30 Liebhold and McManus 1999.

31 Georghiou 1986.

32 살충제에 대한 해충의 내성은 다양한 논문과 보고서에서 논의되었으나 그중에서도 Georghiou(1986), Palumbi(2001), Carvalho(2006) 참조.

33 Rattner 2009.

34 Allen 1958, 145.

35 Davis 1945.

36 Cottam 1965; Fry 1995; Gavrilescu 2005.

37 미국 어류·야생 동식물 보호국 소속 수생생물학자로 임용된 카슨은 훗날 보호국 간행물 부서의 편집장으로 승진했다. 시간이 날 때마다 틈틈이 *Under the Sea-Wind*(1941), *The Sea Around Us*(1951), *The Edge of the Sea*(1955) 같은 자연의 아름다움을 유려하게 쓴 책들을 펴냈다.

38 《침묵의 봄》, 에코리브르(Carson 1962). 특히 3장의 서두.

39 《침묵의 봄》, 7장.

40 Lee 1962.

41 Lear 1993, 27.

42 Lear 1993, 36.

43 Lear 1993, 37.

44 Lear 1993, 39; President's Science Advisory Committee 1963.

45 DDT 사용을 금하는 소송을 제기한 이들은 아트 쿨리(Art Cooley), 찰리 워스터 (Charlie Wurster), 데니스 펄스톤(Dennis Puleston)이었다. 1967년에 이들이 설립한 '환경보호기금'은 오늘날 미국을 대표하는 환경 비정부기구이다. http://www. edf.org/about/our-mission-and-history 참조.

46 Higdon 1969.

47 Howes 1971.

48 Scheringer 2009; Sonne 2010.

49 Smith 1999; Dewailly et al. 1993.

50 Hagen and Walls 2005.

51 WHO 2011; Longnecker et al. 1997; Agency for Toxic Substances and Disease Registry 2002; Eskenazi et al. 2009; Casals-Casas and Desvergne 2011.

52 Nixon 1972.

53 병해충 종합관리의 역사에 관한 서술은 Kogan(1998), Casida and Quistad (1998).

54 Norgaard 1988.

55 Myers et al. 1998. 전 세계 다른 지역의 검정파리 유충 방제 프로그램에 관한 서술 은 Reichard et al.(1992). 외래종의 생물학적 방제에 관한 성공적인 프로그램과 실패로 돌아간 프로그램에 관한 여러 사례는 Myers et al.(1998, 2000) 참조.

56 Stephenson 2003.

57 Bt 옥수수가 모나크 나비에 미친 영향에 관한 논쟁을 촉발한 논문은 Losey et al.(1999). 이 연구는 많은 비판을 받았는데, 그러한 비판이 담긴 논문으로는 Shelton and Sears (2001), Mendelsohn et al.(2003).

58 Tabashnik et al. 2008; Gassmann et al. 2011.

59 Sanchis 2011; Romeis et al. 2006; Steinhaus 1956.

60 Oerke 2006.

9장 녹색혁명이 전 세계로 확장되다

1 Ortiz et al. 2007.

2 Ortiz et al. 2007; Borlaug 2007.

3 Ortiz et al. 2007, 3.

4 Borlaug 2007, 289.

5 Ortiz et al. 2007.

6 Socolofsky 1969; Dalrymple 1985.

7 Borlaug 2007, 292.

8 Ehrlich 1968.

9 Ehrlich 1968, 36.

10 Ehrlich 1968, 40.

11 Ortiz et al. 2007; Borlaug 2007; Herdt 2012.

12 Sanyal 1983.

13 이러한 국제연구센터들이 오늘날 국제농업연구협의그룹(CGIAR)을 구성하고 있다. 이 단체는 계속해서 농촌의 빈곤을 경감하고, 식량안보를 증진하고, 인류의 건강과 영양 상태를 개선하고, 천연자원의 지속 가능한 관리를 위해 주력하고 있다.

14 Hargrove and Coffman 2006, 37.

15 Hargrove and Coffman 2006, 38.

16 Khush 2001.

17 *Rice Today* 2012, 3. 위안룽핑은 2004년에 세계식량상을 받았다. 다음을 참조: http://www.worldfoodprize.org/en/laureates/20002009_laureates/2004_jones_and_yuan/#longping

18 Shih-Cheng and Loung-ping 1980.

19 Duvick 2001.

20 Shih-Cheng and Loung-ping 1980, 44. 잡종은 강인한 생명력 덕분에 더 잘 자라고 뿌리도 단단한 것으로 나타났다. 단단한 뿌리 덕분에 식물은 곧게 잘 서 있고 땅속 깊은 물까지 흡수해 보통의 벼보다 더욱 많은 양의 쌀을 생산한다.

21 UN FAO 2004.

22 Gaud 1968.

23 Haberman 1972.

24 Borlaug 2003; Haberman 1972.

25 United Nations 2013.

26 United Nations 1980.

27 United Nations 2012.

28 Harwood 2009, 390.

29 Ladejinsky 1970; Dasgupta 1977.

30 Haberman 1972.

31 Appropriate Technology 2002; Dutta 2012.

32 Shiva 1991, 1.

33 World Bank 2010; Rodell et al. 2009.

34 지하수와 토양의 염류화에 대한 논의는 World Bank(2010), Tyagi et al.(2012).

35 볼로그는 카터 대통령이 후원하는 사사카와 아프리카 협회의 회장이었다. 볼로그는 1986년에 농산물 생산 기술을 사하라 남부 아프리카 지역에 전수하는 프로젝트에 참여했다(Borlaug 2003).

36 Olson and Schmickle 2009.

37 Borlaug 2003.

38 Ortiz et al. 2007, 5.

39 Swaminathan 2004, 2006.

40 Stokstad 2009.

41 녹병균을 억제하는 데 필요한 투자에 관한 논의는 Pardey et al.(2013).

42 Zamir 2001.

43 Hajjar and Hodgkin 2007; Rick and Chetelat 1995; Estabrook 2010.

44 Maxted et al. 2010.

45 Fowler and Hodgkin 2004; Sachs 2009; Fowler 2008.

46 Swaminathan 2004.

47 Enserink 2008.

48 Basu et al. 2010; Federoff et al. 2010; Moose and Mumm 2008.

49 현재까지 GM 작물을 도입하고 있는 한정된 수의 나라에 관한 상세한 설명은 *Nature* (2013) 참조.

50 볼로그(Borlaug 2000)의 논문 제목은 "세계 기아의 종말: 생명공학기술의 전망과 열성적인 반과학주의자들의 위협(Ending World Hunger: The Promise of Biotechnology and the Threat of Antiscience Zealotry)"이다.

10장 농부에서 도시인으로

1 McGranahan and Satterthwaite 2003

2 Goldewijk et al. 2011. 열대 지방의 농지 면적에 관한 최근 수치는 Ellis et al. (2013).

3 지방과 설탕에 대한 선천적인 선호뿐 아니라 관련 참고문헌이 제시된 출처는 Drenowski and Popkin(1997).

4 Zhai et al. 2009. 중국인들을 대상으로 한 조사에 따르면, 농촌 지역, 특히 저임금 여성 근로자들을 중심으로 과체중 인구가 빠르게 증가하는 추세다(Jones-Smith et al. 2011).

5 개발도상국의 '영양전이'를 기록하고 논의한 배리 폽킨의 여러 저작 중에는 Popkin (2004, 2006), Drenowski and Popkin(1997)이 있다.

6 현재 서구의 식단과 구석기 수렵채집인의 식단 사이에 존재하는 진화적 부조화에 관

한 서술은 Cordain et al.(2005).

7 식물에서 기름을 추출하는 기술에 관한 서술은 Wolf(2007).

8 Nobel Lectures 1966.

9 이러한 현상을 기록한 이들은 유엔식량농업기구의 영양 전문가들인 J. 페리세(J. Périssé), F. 시자레(F. Sizaret), P. 프랑수아(P. François)이다. 인용 출처는 Perisse et al.(1969, 4).

10 White 2008; Takasaki 1972; Suekane et al. 1975. 특허에 이름을 올린 일본의 과학자들은 미키오 스에카네(Mikio Suekane), 시로 하세가와(Shiro Hasegawa), 마사키 다무라(Masaki Tamura), 요시유키 이시카와(Yoshiyuki Ishikawa)이다.

11 Duffey and Popkin 2007.

12 Drewnowski 2000; Perisse et al. 1969.

13 Popkin and Nielson 2003.

14 Popkin et al. 2011. 18~49세 사이 여성의 경우, 체질량지수(BMI)가 25~29.9일 때 과체중으로 정의하며, 30 이상일 때 비만으로 본다.

15 Kuhnlein et al.(2004) 참조. 거대한 톱니바퀴 시대가 어떻게 외딴 극지방의 식단까지 변화시켰는지에 대한 사례로 현대 이누이트족의 식단 변화와 비만을 다루고 있다.

16 이러한 아이러니에 관한 논의는 Drenowski and Popkin(1997).

17 Popkin et al. 2011.

18 2010~2012년 사이 전 세계 인구 중 약 8억 7,000명(약 12.5퍼센트)이 만성적인 굶주림에 시달렸다(UN FAO et al. 2012). 반면 2008년 기준 14억 명(전 세계 인구의 약 20퍼센트)이 과체중인 것으로 추산되었는데, 여기서 과체중은 체질량지수가 25를 초과하는 경우를 말한다(WHO 2013).

19 세계화, 농업 관행, 슈퍼마켓, 대중 매체 등과 같은 영양전이의 이면에 있는 전 세계적인 요인에 관한 논의는 Popkin(2006).

20 Wang et al. 2008.

21 Hossain et al. 2007.

22 일례로 Tilman et al.(2011), Foley et al.(2011) 참조.

23 DeFries and Rosenzweig 2010; Foley et al. 2011.

24 Fiala 2009; UN FAO 2006.

25 기후변화가 농업에 미친 영향에 관한 많은 문헌 중 일부로 Hatfiled et al.(2011), Lobell et al.(2011), Morton(2007).

26 Bogardi et al.(2012) 참조. 이 문헌에 추천 도서목록이 수록되어 있다.

27 여러 나라에서 농업과 나무 농장을 포기함에 따라 소실되었던 숲이 회복되기도 했다(Rudel et al. 2005).

28 Kaimowitz et al. 2004.

29 유엔식량농업기구에 따르면, 2010년 기준 인도네시아에서 생산되는 야자유의 최대 수입국은 인도와 중국이며, 대두의 최대 수입국은 스페인과 중국이다. http://faostat.fao.org/.

30 Fargione et al. 2008.

31 Mitchell(2008)을 비롯해 바이오 연료 생산으로 인한 농지 확보 경쟁과 식량 가격 상승에 관한 연구 논문이 여러 편 발표되었다.

32 Daily New Egypt 2008.

33 Al Bawaba 2008.

34 London Daily Telegraph 2008.

35 Associated Press 2008.

36 Cleland 2008.

37 Rosegrant et al. 2012.

38 사람들이 더 건강한 다른 식단으로 옮겨가는 영양전이의 마지막 단계에 관한 특성을 기술한 문헌은 Popkin(1999).

39 식량 생산 과정에서 환경에 미치는 영향을 줄이는 방법에 관한 논의는 Clay(2011), Foley et al.(2011).

40 1800년대 영국의 경제학자 윌리엄 제본스(William Jevons)는 석탄 사용으로 에너지 효율을 높이면 예상과 달리 에너지 수요가 줄어드는 게 아니라 오히려 에너지 수요가 높아지고 소비가 늘게 된다고 밝혔다. 이러한 현상은 "제본스의 역설"이라고 알려져 있다(Alcott 2005). 이와 유사한 역설이 식량에도 마찬가지로 적용된다. 식량 생산의 효율이 높아지면, 식량 소비 또한 생리적 소요량 이상으로 증가한다.

41 인도 뭄바이에서 멀지 않은 한 대학(Adarsh Vidya Mandir)에서 특별히 고안해 사용하는, 인분의 양분을 재활용하는 변기를 예로 들 수 있다. 이들은 이 실험으로 상을 받기도 했는데, 소변도 따로 저장 탱크에 모았다가 정원사들이 학교에서 가꾸는 식물에 비료로 쓴다(Clean India Journal 2010). 샌프란시스코 시민들은 음식물쓰레기를 퇴비화하기 위해 2009년 제정된 법에 따라 채소 껍질, 달걀 껍질, 커피 찌꺼기 등 가정용 음식물 쓰레기를 분리수거해야 한다. 분해된 음식물쓰레기는 현지 농민들에게 양분이 풍부한 토양을 만들어준다. 음식물쓰레기의 퇴비화는 쓰레기를 줄일 뿐 아니라 쓰레기 매립지에서 배출되는 메탄가스로 인한 온실가스를 감소시키며 동시에 토양에 풍부한 양분을 제공한다(Cote 2009). 네덜란드의 한 회사는 하수로 흘러가는 인을 추출해 다국적 인산염 생산업체에 판매함으로써 인을 재활용하고 있다. 코델 등(Cordell et al. 2011)은 전 세계에서 하수로 버려지는 인을 추출해 재활용하는 여러 사례를 소개한다.

42 영국에서만 채소의 거의 절반이, 그리고 과일의 4분의 1 정도가 먹지 않은 채 그대로 버려진다(Ventour 2008).

43 Godfray et al. 2010.

44 동물성 식품을 줄이는 방향으로 식단을 전환함으로써 온실가스를 감소시키는 가능성이 학계의 주요 관심사로 떠오르고 있다. 이와 관련한 연구논문으로는 Stehfest et al.(2009), Gonzalez et al.(2011), Popkin(2009), Macdiarmid et al.(2012), Carlsson-Kanyama and Gonzalez(2009).

45 콜리(Coley et al. 2009)는 현지 식료품점에서 직접 식품을 구매하는 것과 대량 분배 시스템을 이용하는 것을 비교했다. 저자들에 따르면, 구매자가 현지에서 생산되는 유기농 채소를 사기 위해 직접 다녀와야 하는 왕복거리가 6.7킬로미터를 넘어서면, 이로 인한 교통수단의 온실가스 배출량이 냉동저장, 포장, 지역 중심지, 그리고 마지막 최종 목적지인 고객의 현관까지 운송되는 전 과정에서 배출되는 온실가스 양보다 더 많을 수 있다. 현지에서 생산되는 식품과 그렇지 않은 식품을 구매하는 효과를 수량화한 연구 논문들이 늘어나는 추세다. 일반적인 결론에 따르면, 로컬푸드 이용이 온실가스를 줄이는 데 절대적으로 효과적인 것은 아니다. 식품을 생산하고 저장하고 유통하는 과정에서 나오는 배출량이 수송 과정의 배출량을 초과할 수도 있다(Edwards-Jones et al. 2008).

46 Garnett 2011.

47 다양한 종류의 커피 인증에 관한 서술은 Raynolds et al.(2007). 콘과 오-루크(Cohn and O-Rourke 2011)는 인증 시스템의 유효성에 의문을 제기했다. 가이블러(Geibler 2013)는 주요 상품으로 떠오르고 있는 야자유의 인증에 대해 검토했다.

48 Msangi and Rosegrant 2011.

49 이러한 수치 전망의 출처는 United Nations(2012a).

50 현재 도시인구 통계 자료는 Grimm et al.(2008), Montgomery(2008), United Nations(2012b) 참조.

참고문헌

들어가며

Macedo, M., R. DeFries, D. Morton, C. Stickler, G. Galford, and Y. Shimabukuro. 2012. Decoupling of deforestation and soy production in the southern Amazon during the late 2000s. *Proceedings of the National Academy of Sciences* 109: 1841-1846.

Posey, D. 1985. Indigenous management of tropical forest ecosystems: The case of the Kayapo Indians of the Brazilian Amazon. *Agroforestry Systems* 3: 139-158.

1장 높은 곳에서 내려다본 풍경

Aanen, D., P. Eggleton, C. Rouland-Lefevre, T. Guldberg-Froslev, S. Rosendahl, and J. Boomsma. 2002. The evolution of fungus-growing termites and their mutualistic fungail symbionts. *Proceedings of the National Academy of Sciences* 99: 14887-14892.

Bloom, D. 2011. 7 billion and counting. *Science* 333: 562-569.

Boserup, E. 1965. *The Conditions of Agricultural Growth. The Economics of Agragrian Change Under Population Pressure*. Earthscan, London.

Brown, C. 1993. Origin and history of the potato. *American Journal of Potato Research* 70: 363-373.

Butzer, K., and G. Endfield. 2012. Critical perspectives on historical collapse. *Proceedings of the National Academy of Sciences* 109: 3628-3631.

Chenoweth, J., and E. Feitelson. 2005. Malthusians and Cornucopians put to the test: *Global 2000* and *The Resourceful Earth* revisited. *Futures* 37: 51-72.

Cohen, J. 1995. *How Many People Can the Earth Support?* W. W. Norton, New

York.

Cohen, M. 2000. History, diet, and hunter-gatherers. In F. K. Kenneth and K. C. Ornelas, eds., *The Cambridge World History of Food*. Cambridge University Press, Cambridge Histories Online, accessed March 9, 2012.

Curran, D., and M. Froling. 2010. Large-scale mortality shocks and the Great Irish Famine, 1845-1852. *Economic Modelling* 27: 1302-1314.

Dawkins, R. 1976. *The Selfish Gene*. Oxford University Press, Oxford.

Deevey, E. 1960. The human population. *Scientific American* 203: 195-205.

Ellis, E., J. Kaplan, D. Fuller, S. Vavrus, K. Goldewijk, and P. Verburg. 2013. Used planet: A global history. *Proceedings of the National Academy of Sciences* 110: 7978-7985.

Farrell, B., A. Sequeira, B. O'ara, B. Normark, J. Chung, and B. Jordal. 2001. The evolution of agriculture in beetles(*Curculionidae: Scopytinae and platypodinae*). *Evolution* 55: 2011-2027.

Fraser, E. 2003. Social vulnerability and ecological fragility: Building bridges between social and natural sciences using the Irish potato famine as a case study. *Conservation Ecology* 7: 9.

French, F, and C. Burgess. 2007. *Into That Silent Sea. Trailblazers of the Space Era, 1961-1965*. University of Nebraska Press, Lincoln.

Galor, O. 2012. The demographic transition: Causes and consequences. *Cliometrica* 6: 1-28.

Galor, O., and D. Weil. 2000. Population, technology, and growth: From Malthusian stagnation to the demographic transition and beyond. *American Economic Review* 90: 806-828.

Geertz, C. 1963. *Agricultural Involution. The Process of Ecological Change in Indonesia*. University of California Press, Berkeley.

Kearney, J. 2010. Food consumption trends and drivers. *Philosophical Transactions of the Royal Society B* 365: 2793-2807.

Kinealy, C. 1997. *A Death-Dealing Famine: The Great Hunger in Ireland*. Pluto Press, Chicago.

Langer, W. 1975. American foods and Europe's population growth. *Journal of Social History* 8: 51-66.

Lee, R. 2003. The demographic transition: Three centuries of fundamental change. *Journal of Economic Perspectives* 17: 167-190.

Livi-Bacci, M. 1992. *A Concise History of World Population*. Blackwell Publishing, Oxford, UK.

Meadows, D., J. Randers, and D. Meadows. 2005. *Limits to Growth: The 30-Year Update*. Earthscan, London.

Millennium Ecosystem Assessment. 2005. *Ecosystems and Human Well-Being: Synthesis*. Island Press, Washington, DC.

Mueller, U., and N. Gerardo. 2002. Fungus-farming insects: Multiple origins and diverse evolutionary histories. *Proceedings of the National Academy of Sciences* 99: 15247-15249.

Nunn, N., and N. Qian. 2011. The potato's contribution to population and urbanization: Evidence from a historical experiment. *Quarterly Journal of Economics* 2: 1-58.

Plato(translated by B. Jowett). 1909-1914. The Apology, Phaedo and Crito. P.F. Collier and Son, New York.

Rockström, J., W. Steffen, K. Noone, A. Persson, F. S. Chapin III, E. F. Lambin, T. M. Lenton, M. Scheffer, C. Folke, H.J. Schellnhuber, B. Nykvis, C. A. de Wit, T. Hughes, S. van der Leeuw, H. Rodhe, S. Sorlin, P. K. Snyder, R. Costanza, U. Svedin, M. Falkenmark, L. Karlberg, R. W. Corell, V. J. Fabry, J. Hansen, B. Walker, D. Liverman, K. Richardson, P. Crutzen, and J. Foely. 2009. A safe operating space for humanity. *Nature* 461: 472-475.

Rosegrant, M., S. Tokgoz, and P. Bhandary 2012. The new normal?: A tighter global agricultural supply and demand relation and its implications for food security. *American Journal of Agricultural Economics* 95: 303-309.

Sabin, P. 2013. *The Bet: Paul Ehrlich, Julian Simon, and Our Gamble over Earth's Future*. Yale University Press, New Haven, CT.

Sanderson, E., M. Jaiteh, M. Levy, M. Redford, A. Wannebo, and G. Woolmer. 2002. The human footprint and the last of the wild. *BioScience* 52: 891-904.

Schopenhauer, A. 2005. *The Essays of Arthur Schopenhauer: Studies in Pessimism*, Vol. 4, translated by T. Bailey Saunders. A Penn State Electronic Classics Series Publication. Pennsylvania State University, University Park.

Schultz, T., and S. Brady. 2008. Major evolutionary transitions in ant agriculture. *Proceedings of the National Academy of Sciences* 105: 5435-5440.

Sen, R., H. Ishak, D. Estrada, S. Dowd, E. Hong, and U. Mueller. 2009. Generalized antifungal activity and 454-screening of *Pseudonocardia* and *Amycolatopsis* bacteria in nests of fungus-growing ants. *Proceedings of the National Academy of Sciences* 106: 17805-17810.

Simon, J. L. 1981. *The Ultimate Resource*. Princeton University Press, Princeton, NJ.

Steffen, W. J. Grineveld, P. Crutzen, and J. McNeill. 2011. The Anthropocene: Conceptual and historical perspectives. *Philosophical Transactions of the Royal Society* 369: 842-867.

Turner, B. L. I., and M. Fischer-Kowalski. 2010. Ester Boserup: An intersdisciplinary visionary relevant for sustainability. *Proceedings of the National Academy of Sciences* 107: 21963-21965.

United Nations, 2012. *World Urbanization Prospects: The 2011 Revision Highlights*. United Nations, New York.

United Nations, Department of Economic and Social Affairs(DESA), Population Division. 2012. *World Urbanization Prospects: The 2011 Revision*. United Nations, New York.

United Nations, Food and Agriculture Organization(FAO). 2013. *FAO Statistical Yearbook 2013: World Food and Agriculture*. FAO, Rome.

United Nations, Food and Agriculture Organization(FAO), International Fund for Agricultural Development(IFAD), and World Food Programme(WFP). 2013. *The State of Food Insecurity in the World 2013: The Multiple Dimensions of Food Security*. FAO, Rome.

United Nations, Food and Agriculture Organization(FAO), World Food Programme (WFP), and International Fund for Agricultural Development(IFAD). 2012. *The State of Food Insecurity in the World 2012: Economic Growth Is Necessary But Not Sufficient to Accelerate Reduction of Hunger and Malnutrition*. FAO, Rome.

Zimmerman, C. 1932. Ernst Engel's law of expenditures for food. *Quarterly Journal of Economics* 47: 78-101.

2장 지구에서 시작된 이야기

Broecker, W. 1985. *How to Build a Habitable Planet*. Eldigio Press, Palisades, NY.

Caitling, D., and K. Zahnle. 2009. The planetary air leak. *Scientific American* 300: 36-43.

Cardinale, B., E. Duffy, A. Gonzalez, D. Hooper, C. Perrings, P. Venail, A. Narwani, G. Mace, D. Tilman, D. Wardle, A. Kinzig, G. Daily, M. Loreau, J. Grace, A. Larigauderie, D. Srivastava, and S. Naeem. 2012. Biodiversity loss and its impact on humanity. *Nature* 486: 59-67.

Feder, J., J. Roethele, K. Filchak, J. Niedbalski, and J. Romero-Severson. 2003. Evidence of inversion polymorphism related to sympatric host race formation in the apple maggot fly, *Rhagoletis pomonella*. *Genetics* 163: 939-953.

Fermi, E. 1946. The development of the first chain reacting pile. *Proceedings of the American Philosophical Society* 90: 20-24.

Forbes, A., T. Powell, L. Stelinski, J. M. Smith, and J. Feder. 2009. Sequential sympatric speciation across trophic levels. *Science* 323: 776-779.

Gaidos, E., B. Deschenes, L. Dundon, K. Fagan, C. McNaughton, L. MenvielHessler,

N. Moskovitz, and M. Workman. 2005. Beyond the principle of plentitude: A review of terrestrial planet habitability. *Astrobiology* 5: 100-126.

Grant, P., and B. R. Grant. 2010. Conspecific versus heterospecific gene exchange between populations of Darwin's finches. *Philosophical Transactions of the Royal Society B* 365: 1065-1076.

Howard, A. 2013. Observed properties of extrasolar planets. *Science* 340: 572-576.

Hutton, J. 1795. *Theory of the Earth, with Proofs and Illustrations*, vol. 1, eBook #12861. Project Gutenberg, www.gutenberg.org/ebooks/12861.

Jiggins, C., and J. Bridle. 2004. Speciation in the apple maggot fly: A blend of vintages? *Trends in Ecology and Evolution* 19: 111-114.

Jones, E. 1985. "Where is everybody?": An account of Fermis question. Los Alamos National Laboratory, New Mexico. Available at US Department of Energy, SciTech Connect, www.osti.gov/scitech/biblio/5746675.

Kass, D. M., and Y. L. Yung. 1995. Loss of atmosphere from Mars due to solar wind-induced sputtering. *Science* 268: 687-699.

Kasting, J., and D. Catling. 2003. Evolution of a habitable planet. *Annual Review of Astronomy and Astrophysics* 41: 429-463.

Lammer, H., J. H. Bredehöft, A. Coustenis, M. L. Khodachenko, L. Kaltenegger, O. Grasset, D. Prieur, F. Raulin, P Ehrenfreund, M. Yamauchi, J.-E. Wahlund, J.-M. Griebmeier, G. Stangl, C. S. Cockell, Y. N. Kulikov, J. L. Grenfell, and H. Rauer. 2009. What makes a planet habitable? *Astronomy and Astrophysics Review* 17: 181-249.

Laskar, J., F. Joutel, and P. Robutel. 1993. Stabilization of the Earth's obliquity by the moon. *Nature* 361: 615-617.

Lenton, T., and A. Watson. 2011. *Revolutions That Made the Earth*. Oxford University Press, Oxford, UK.

Naeem, S., J. Duffy, and E. Zavaleta. 2012. The functions of biological diversity in an age of extinction. *Science* 336: 1401-1406.

Schopf, J., and A. Kudryavtsev. 2012. Biogenecity of Earth's earliest fossils: A resolution of the controversy. *Gondwana Research* 22: 761-771.

Schröder, K.-P., and R. Smith. 2008. Distant future of the sun and Earth revisited. *Monthly Notices of the Royal Astronomical Society* 386: 155-163.

Seager, S. 2013. Exoplanet habitability. *Science* 340: 577-581.

Segura, A., and L. Kaltenegger. 2010. Search for habitable planets. Pages 1-18 in V. A. Basiuk, ed., *Astrobiology: Emergence, Search and Detection of Life*. American Scientific Publishers, Stevenson Ranch, CA.

Smil, V. 2003. *The Earth's Biosphere: Evolution, Dynamics, and Change*. MIT

Press, Cambridge, MA.

Springer, M., M. Westerman, J. Kavanaugh, A. Burk, M. Woodburne, D. Kao, and C. Krajewski. 1998. The origin of the Australasian marsupial fauna and the phylogenetic affinities of the enigmatic monito del monte and marsupial mole. *Proceedings of the Royal Society B* 265: 2381-2386.

Steffen, W., A. Sanderson, P Tyson, J. Jäger, P Matson, B. I. Moore, F. Oldfield, K. Richardson, H. J. Schellnhuber, B. L. Turner, and R. J. Wasson. 2004. *Global Change and the Earth System: A Planet Under Pressure*. Springer-Verlag, Berlin.

Szathmary, E., and J. M. Smith. 1995. The major evolutionary transitions. *Nature* 374: 227-232.

Touma, J., and J. Wisdom. 1993. The chaotic obliquity of Mars. *Science* 259: 1294-1297.

Walker, J., P. Hays, and J. Kasting. 1981. A negative feedback mechanism for the long-term stabilization of Earth's surface temperature. *Journal of Geophysical Research* 86: 9776-9782.

Ward, P., and D. Brownlee. 2000. *Rare Earth. Why Complex Life Is Uncommon in the Universe*. Springer-Verlag, New York.

3장 인간의 창의성이 발현되다

Aiello, L., and P. Wheeler. 1995. The expensive-tissue hypothesis: The brain and the digestive system in human and primate evolution. *Current Anthropology* 36: 199-221.

Allen, J., M. Weinrich, W. Hoppitt, and L. Rendell. 2013. Network-based diffusion analysis reveals cultural transmission of lobtail feeding in humpback whales. *Science* 340: 485-488.

Bai, Y., and P. Lindhout. 2007. Domestication and breeding of tomatoes: What have we gained and what can we gain in the future? *Annals of Botany* 100: 1085-1094.

Beck, B. 1980. *Animal Tool Behavior: The Use and Manufacture of Tools by Animals*. Garland STPM Publishing, New York.

Bentley-Condit, V., and E. Smith. 2010. Animal tool use: Current definitions and an updated comprehensive catalog. *Behavior* 147: 185-221.

Berna, F., P. Goldberg, L. Horwitz, J. Brink, S. Holt, M. Bamford, and M. Chazan. 2012. Microstratigraphic evidence of in situ fire in the Acheulean strata of Wonderwerk Cave, Northern Cape Province, South Africa. *Proceedings of the National Academy of Sciences* 109: E1215-E1220.

Blazek, V., J. Bruzek, and M. Casanova. 2011. Plausible mechanism for brain structural and size changes in human evolution. *Collegium Antropologicum* 35: 949-955.

Boesch, C., J. Head, and M. Robbins. 2009. Complex tool sets for honey extraction among chimpanzees in Loango National Park, Gabon. *Journal of Human Evolution* 56: 560-569.

Boyd, R., and P. Richerson. 2009. Culture and the evolution of human cooperation. *Philosophical Transactions of the Royal Society B* 364: 3281-3288.

Brown, C. 2012. Tool use in fishes. *Fish and Fisheries* 13: 105-115.

Burger, J., M. Chapman, and J. Burke. 2008. Molecular insights into the evolution of crop plants. *American Journal of Botany* 95: 113-122.

Castro, L., and M. Toro. 2004. The evolution of culture: From primate social learning to human culture. *Proceedings of the National Academy of Sciences* 101: 10235-10240.

Cavell, J. 2009. Going native in the north: Reconsidering British attitudes during the Franklin search, 1848-1859. *Polar Record* 45: 25-35.

Christensen, A. 2002. The Incan quipus. *Synthese* 133: 159-172.

Cookman, S. 2000. Ice Blink. *The Tragic Fate of Sir John Franklin's Lost Polar Expedition.* John Wiley and Sons, New York.

Cornell, H., J. Marzluff, and S. Pecoraro. 2012. Social learning spreads knowledge about dangerous humans among American crows. *Proceedings of the Royal Society B* 279: 499-508.

Dean, L. G. R. L. Kendal, S.J. Schapiro, B. Thierry, and K. N. Laland. 2012. Identification of the social and cognitive processes underlying human cumulative culture. *Science* 335: 1114-1118.

deMenocal, P. 2011. Climate and human evolution. Science 331: 540-542.

Diamond, J. 1997. *Guns, Germs and Steel: The Fates of Human Societies.* W.W. Norton, New York.

—————. 2002. Evolution, consequences and future of plant and animal domestication. *Nature* 418: 700-707.

Dobzhansky, T., and M. F. A. Montagu. 1947. Natural selection and the mental capacities of mankind. *Science* 105: 587-590.

Enquist, M., and S. Ghirlanda. 2007. Evolution of social learning does not explain the origin of human cumulative culture. *Journal of Theoretical Biology* 246: 129-135.

Estabrook, B. 2010. On the tomato trail: In search of ancestral roots. *Gastronomica: The Journal of Food and Culture* 10: 40-44.

Fagan, B. 2000. *The Little Ice Age: How Climate Made History, 1300-1850.*

Basic Books, New York.

Fisher, S., and M. Ridley. 2013. Culture, genes, and the human revolution. *Science* 340: 929-930.

Fitch, W. T. 2005. The evolution of language: A comparative review. *Biology and Philosophy* 20: 193-230.

—————. 2010. Instant expert: The evolution of language. *New Scientist* 2789.

Fuller, D. 2007. Contrasting patterns in crop domestication and domestication rates: Recent archaeobotanical insights from the Old World. *Annals of Botany* 100: 903-924.

Gerbault, P., A. Liebert, Y. Itan, A. Powell, M. Currat, J. Burger, D. Swallow, and M. Thomas. 2011. Evolution of lactase persistence: An example of human niche construction. *Philosophical Transactions of the Royal Society B* 366: 863-877.

Gignoux, C., B. Henn, and J. Mountain. 2011. Rapid, global demographic expansions after the origins of agriculture. *Proceedings of the National Academy of Sciences* 108: 6044-6049.

Grant, B. R., and P. Grant. 1993. Evolution of Darwin's finches caused by a rare climatic event. *Proceedings of the Royal Society of London B* 251: 111-117.

Henrich, J., and R. McElreath. 2003. The evolution of cultural evolution. *Evolutionary Anthropology* 12: 123-135.

———————————. 2008. Dual inheritance theory: The evolution of human cultural capacities and cultural evolution. Pages 555-570 in R. Dunbar and L. Barrett, eds., *Oxford Handbook of Evolutionary Psychology*. Oxford University Press, Oxford, UK.

Herrman, E., J. Call, M. Hernandez-Lloreda, B. Hare, and M. Tomasello. 2007. Humans have evolved specialized skills of social cognition: The cultural intelligence hypothesis. *Science* 317: 1360-1366.

Holloway, R. 2008. The human brain evolving: A personal retrospective. *Annual Review of Anthropology* 37: 1-19.

Knight, C., M. Studdert-Kennedy, and J. Hurford. 2000. Language: A Darwinian adaptation? Pages 1-15 in C. Knight, M. Studdert-Kennedy, and J. Hurford, eds. *The Evolutionary Emergence of Language: Social Function and the Origins of Linguistic Form*. Cambridge University Press, Cambridge, UK.

Laland, K., J. Odling-Smee, and S. Myles. 2010. How culture shaped the human genome: Bringing genetics and the human sciences together. *Nature Reviews Genetics* 11: 137-148.

Langergraber, K., K. Prüfer, C. Rowney, C. Boesch, C. Crockford, K. Fawcett, E. Inoue, M. Inoue-Muruyama, J. Mitani, M. Muller, M. Robbins, G. Schubert,

T. Stoinski, B. Viola, D. Watts, R. Wittig, R. Wrangham, K. Zuberbühler, S.
Paabo, and L. Vigilant. 2012. Generation times in wild chimpanzees and
gorillas suggest earlier divergence times in great ape and human evolution.
Proceedings of the National Academy of Sciences 109: 15716-15721.

Larsen, C. 2006. The agricultural revolution as environmental catastrophe:
Implications for health and lifestyle in the Holocene. *Quaternary International*
150: 12-20.

──────. 2009. Emergence and evolution of agriculture: The impact in human
health and lifestyle. Pages 3-13 in W. Pond, B. Nichols, and D. Brown, eds.,
*Adequate Food for All: Culture, Science, and Technology of Food in the 21st
Century*. CRC Press, Boca Raton, FL.

Lev-Yadun, S., A. Gopher, and S. Abbo. 2000. The cradle of agriculture. *Science*
288: 1602-1603.

Livi-Bacci, M. 2007. *A Concise History of World Population*, 4th ed. Blackwell
Publishing, Oxford, UK.

McClintock, F. L. 1861. Narrative of the expedition in search of Sir John Franklin
and his party. *Journal of the Royal Geographic Society of London* 31: 1-13.

McPherron, S., Z. Alemseged, C. Marean, J. Wynn, D. Reed, D. Geraads, R. Bobe,
and H. Béarat. 2010. Evidence for stone-tool-assisted consumption of animal
tissues before 3.39 million years ago at Dikika, Ethopia. *Nature* 466: 857-
860.

Miller, G., A. Geirsdóttir, Y. Zhong, D. Larsen, B. Otto-Bliesner, M. Holland, D.
Bailey, K. Refsnider, S. Lehman, J. Southon, C. Anderson, H. Bjornsson, and
T. Thordarson. 2012. Abrupt onset of the Little Ice Age triggered by volcanism
and sustained by sea-ice / ocean feedback. *Geophysical Research Letters*
39: 1-5.

Navarrete, A., C. van Schaik, and K. Isler. 2011. Energetics and the evolution of
human brain size. *Nature* 480: 91-94.

Peng, J., D. Sun, and E. Nevo. 2011. Domestication evolution, genetics and
genomics in wheat. *Molecular Breeding* 28: 281-301.

Piperno, D., and K. Flannery, 2001. The earliest archaeological maize(*Zea mays* L.)
from highland Mexico: New accelerator mass spectrometry dates and their
implications. *Proceedings of the National Academy of Sciences* 98: 2101-
2103.

Plotnik, J., R. Lair, W. Suphachoksahakun, and F. de Waal. 2011. Elephants know
when they need a helping trunk in a cooperative task. *Proceedings of the
National Academy of Sciences* 108: 5116-5121.

Potts, R. 2007. Paleoclimate and human evolution. *Evolutionary Anthropology* 16:

1-3.

―――. 2011. Big brains explained. *Nature* 480: 43-44.

―――. 2012. Evolution and environmental change in early human prehistory. *Annual Review of Anthropology* 41: 151-167.

Pradhan, G., C. Tennie, and C. van Schaik. 2012. Social organization and the evolution of cumulative technology in apes and hominids. *Journal of Human Evolution* 63: 180-190.

Price, T. 2009. Ancient farming in eastern North America. *Proceedings of the National Academy of Sciences* 106: 6427-6428.

Puruggana, M., and D. Fuller. 2010. Archaeological data reveal slow rates of evolution during plant domestication. *Evolution* 65: 171-183.

Ranere, A., D. Piperno, I. Holst, R. Dickau, and J. Iriarte. 2009. The cultural and chronological context of early Holocene maize and squash domestication in the Central Balsas River Valley, Mexico. *Proceedings of the National Academy of Sciences* 106: 5014-5018.

Reader, S., and K. Laland. 2002. Social intelligence, innovation, and enhanced brain size in primates. *Proceedings of the National Academy of Sciences* 99: 4436-4441.

Richerson, P., and R. Boyd. 2005. *Not by Genes Alone: How Culture Transformed Human Evolution.* University of Chicago Press, Chicago.

―――――――――――. 2010. The Darwinian theory of human cultural evolution and gene-culture coevolution. In M. Bell, D. Futuyma, W. Eanes, and J. Levinton, eds., *Evolution Since Darwin: The First 150 Years.* Sinauer Associates, Gruter Institute Squaw Valley Conference 2010: Law, Institutions, and Human Behavior.

Richerson, P., R. Boyd, and R. Bettinger. 2001. Was agriculture impossible during the Pleistocene but mandatory during the Holocene? A climate change hypothesis. *American Antiquity* 66: 387-411.

Rutz, C., and J. St Clair. 2012. The evolutionary origins and ecological context of tool use in New Caledonian crows. *Behavioral Processes* 89: 153-165.

Seed, A., and R. Byrne. 2010. Animal tool-use. *Current Biology* 20: R1032-R1039.

Semaw, S., P. Renne, J. Harris, C. Feibel, R. Bernor, N. Fesseha, and K. Mowbray. 1997. 2.5-million-year-old stone tools from Gona, Ethiopia. *Nature* 385: 333-336.

Smithsonian Institution. N.d. What does it mean to be human? http://humanorigins.si.edu/evidence/human-evolution-timeline-interactive.

Sol, D., R. Duncan, T. Blackburn, P. Cassey, and L. Lefebvre. 2005. Big brains, enhanced cognition, and response of birds to novel environments.

Proceedings of the National Academy of Sciences 102: 5460-5465.

Stewart, J., and C. Stringer. 2012. Human evolution out of Africa: The role of refugia and climate change. *Science* 335: 1317-1321.

Strimling, P., M. Enquist, and K. Eriksson. 2009. Repeated learning makes cultural evolution unique. *Proceedings of the National Academy of Sciences* 106: 13870-13874.

Sweeney, M., and S. McCouch. 2007. The complex history of the domestication of rice. *Annals of Botany* 100: 951-957.

Tanno, K., and G. Willcox. 2006. How fast was wild wheat domesticated? *Science* 311: 1886.

van de Waal, E., C. Borgeaud, and A. Whiten. 2013. Potent social learning and conformity shape a wild primate's foraging decisions. *Science* 340: 483-484.

Wrangham, R. 2009. *Catching Fire. How Cooking Made Us Human*. Basic Books, New York.

Yamagiwa, J. 2010. Research history of Japanese macaques in Japan. Pages 1-25 in N. Nakagawa, H. Sugiura, and M. Nakamichi, eds. *The Japanese Macaques*. Springer, Tokyo.

Yang, X., Z. Wan, L. Perry, H. Lu, Q. Wang, C. Zhao, J. Li, F. Xie, J. Yu, T. Cui, Y. Wang, M. Li, and Q. Ge. 2012. Early millet use in northern China. *Proceedings of the National Academy of Sciences* 109: 3726-3730.

Zeder, M. 2006. Central questions in the domestication of plants and animals. *Evolutionary Anthropology* 15: 105-117.

4장 정착생활의 난제들

Ashley, K., D. Cordell, and D. Mavinic. 2011. A brief history of phosphorus: From the philosopher's stone to nutrient recovery and reuse. *Chemosphere* 84: 737-746.

Asimov, I. 1974. *Asimov on Chemistry*. Doubleday, Garden City, NY.

Bagg, A. 2012. Irrigation. Pages 261-278 in D. Potts, ed., *A Companion to the Archaeology of the Ancient Near East*. Blackwell Publishing, Oxford, UK.

Cousins, S. 1987. The decline of the trophic level concept. *Trends in Ecology and Evolution* 2: 312-316.

Ellis, E., and S. Wang. 1997. Sustainable traditional agriculture in the Tai Lake Region of China. *Agriculture, Ecosystems and Environment* 61: 177-193.

Elvin, M. 1993. Three thousand years of unsustainable development: China's environment from archaic times to the present. *East Asian History* 6: 7-46.

Emsley, J. 2000. *The Shocking History of Phosphorus: A Biography of the Devil's*

Element. Macmillan, New York.

Galloway, J., A. Leach, A. Bleeker, and J. Erisman. 2013. A chronology of human understanding of the nitrogen cycle. *Philosophical Transactions of the Royal Society B* 368: 1-11.

Gimpel, J. 1976. The Medieval Machine. *The Industrial Revolution of the Middle Ages*. Holt, Rinehart and Winston, New York.

Haberl, H. 1997. Human appropriation of net primary production as an environmental indicator: Implications for sustainable development. *Ambio* 26: 143-146.

————. 2001. The energetic metabolism of societies: Part II: Empirical examples. *Journal of Industrial Ecology* 5: 71-88.

————. 2006. The global socioeconomic energetic metabolism as a sustainability problem. *Energy* 31: 87-99.

Hassan, F. 2011. *Water History for Our Times*. UNESCO International Hydrological Program, Paris.

Jordan, W. 1996. *The Great Famine: Northern Europe in the Early Fourteenth Century*. Princeton University Press, Princeton, NJ.

Khan, S., R. Tariq, C. Yuanlai, and J. Blackwell. 2006. Can irrigation be sustainable? *Agricultural Water Management* 80: 87-99.

King, F. 1911. Farmers of forty centuries; or, Permanent Agriculture in China, Korea and Japan. Mrs. F. H. King, Madison, WI. Available at Internet Archive, https://archive.org/details/farmersoffortyce00kinguoft.

Kuhn, O. 2004. Ancient Chinese drilling. Canadian Society of Exploration Geophysicists, *CSEG Recorder*, June: 39-43.

Lal, R., D. Relocosky, and J. Hanson. 2007. Evolution of the plow over 10,000 years and the rationale for no-till farming. *Soil and Tillage Research* 93: 1-12.

Leigh, G. J. 2004. The World's Greatest Fix. *A History of Nitrogen and Agriculture*. Oxford University Press, New York.

Lindeman, R. 1942. The trophic-dynamic aspect of ecology. *Ecology* 23: 399-417.

Lougheed, T. 2011. Phosphorus paradox: Scarcity and overabundance of a key nutrient. *Environmental Health Perspectives* 119: A209-A213.

Mallory, W. 1928. *China: Land of Famine*. American Geographical Society, New York.

Malthus, T. 1798. *An Essay on the Principle of Population*. London.

Marks, R. 2011. *China: Its Environment and History*. Rowman and Littlefield, Lanham, MD.

Martinez-Alier, J. 2011. The EROI of agriculture and its use by the Via Campesina. *Journal of Peasant Studies* 38: 145-160.

Mazoyer, M., and L. Roudart. 2006. *A History of World Agriculture: From the Neolithic Age to the Current Crisis.* Monthly Review Press, New York.

McNeill, W. 1985. Europe in world history before 1500 A.D. *History Teacher* 18: 339-344.

Mokyr, J. 1993. Editor's introduction: The new economic history and the industrial revolution. Pages 1-84 in J. Mokyr, ed., *The British Industrial Revolution: An Economic Perspective.* Westview Press, Boulder.

Odum, E. 1968. Energy flow in ecosystems: A historical review. *American Zoologist* 8: 11-18.

Pimentel, D. 2002. Farming around the world. *BioScience* 52: 446-447.

Pimentel, D., L. Hurd, A. Belloti, M. Forster, I. Oka, O. Sholes, and R. Whitman. 1973. Food production and the energy crisis. *Science* 182: 443-449.

Prentice, A. 2001. Fires of life: The struggles of an ancient metabolism in a modern world. *Nutrition Bulletin* 26: 13-27.

Rappaport, R. 1971. The flow of energy in an agricultural society. *Scientific American* 225: 117-133.

Rashed, R. 2002. A polymath in the 10th century. *Science* 297: 773.

Scarborough, V. 1991. Water management adaptations in nonindustrial complex societies: An archaeological perspective. *Archaeological Method and Theory* 3: 101-154.

Sherratt, A. 1983. The secondary exploitation of animals in the Old World. *World Archaeology* 15: 90-104.

Smil, V. 2002. *Feeding the World: A Challenge for the Twenty-First Century.* MIT Press, Cambridge, MA.

———. 2004. World history and energy. Pages 549-561 in C. Cleveland et al., eds., *Encyclopedia of Energy,* vol. 6. Elsevier Academic Press, Amsterdam.

———. 2008. *Energy in Nature and Society: General Energetics of Complex Systems.* MIT Press, Cambridge, MA.

Steinhart, J., and C. Steinhart. 1974. Energy use in the U.S. food system. *Science* 184: 307-316.

Thorp, J. 1940. Modification of soils due to human activity: Soil changes resulting from long use of land in China. *Soil Science Society Proceedings* 4: 393-398.

Turner, M. 1982. Agricultural productivity in England in the eighteenth century: Evidence from crop yields. *Economic History Review* 35: 489-510.

United Nations. 1980. *Patterns of Urban and Rural Population Growth.* United Nations, New York.

Vasey, D. 1992. *An Ecological History of Agriculture, 10,000 B.C. -A.D. 10,000.*

Iowa State University Press, Ames.

Vitousek, P., P. Ehrlich, A. Ehrlich, and P. Matson. 1986. Human appropriation of the products of photosynthesis. *BioScience* 36: 368-373.

Williams, M. 2006. *Deforesting the Earth: From Prehistory to Global Crisis*. University of Chicago Press, Chicago.

Wittfogel, K. 1957. *Oriental Despotism: A Comparative Study of Total Power*. Yale University Press, New Haven, CT.

Yates, R. 1990. War, food shortages, and relief measures in Early China. Pages 147-177 in L. Newman and W. Crossgrove, eds., *Hunger in History: Food Shortage, Poverty, and Deprivation*. Basil Blackwell, Cambridge, MA.

Zhou, Y., F. Zwahlen, and Y. Wang. 2011. The ancient Chinese notes on hydrogeology. *Hydrogeology Journal* 19: 1103-1114.

5장 멀리서 찾아온 성장의 동력

Allan, J. A. 1994. Overall perspectives on countries and regions. Pages 65-100 in P. Rogers and P. Lydon, eds., *Water in the Arab World Perspectives and Prognoses*. Harvard University Press, Cambridge, MA.

Barrera-Osorio, A. 2006. *Experiencing Nature: The Spanish American Empire and the Early Scientific Revolution*. University of Texas Press, Austin.

Brown, J. R. 1963. Nitrate crises, combinations, and the Chilean government in the Nitrate Age. *Hispanic American Historical Review* 43: 230-246.

Burnett, C. 2005. The edges of empire and the limits of sovereignty: American Guano Islands. *American Quarterly* 57: 779-803.

Clark, B., and J. Foster. 2009. Ecological imperialism and the global metabolic rift: Unequal exchange and the guano/nitrate wars. *International Journal of Comparative Sociology* 50: 311-334.

Columbus, C., B. das Casa, O. Dunn, and J. Kelley. 1991. *The Diario of Christopher Columbus's First Voyage to America, 1492-1493*. University of Oklahoma Press, Norman.

Crosby, A. 1972(2003 rep.). *The Columbian Exchange: Biological and Cultural Consequences of 1492*. Praeger, Santa Barbara, CA.

Dickens, C. 1838. *Oliver Twist*. Random House, London.

Farmer's Gazette(London). 1878. Farming opinion: Manures. January 12, 1878.

Gleick, P., and M. Palaniappan. 2010. Peak water limits to freshwater withdrawal and use. *Proceedings of the National Academy of Sciences* 107: 11155-11162.

Goddard, N. 1996. "A mine of wealth"? The Victorians and the agricultural value of sewage. *Journal of Historical Geography* 22: 274-290.

Hadley, G. 1735-1736. Concerning the cause of the general trade-winds. *Philosophical Transactions of the Royal Society* 39: 58-62.

Hall, A. D. 1915. *Fertilisers and Manures*. E. P. Dutton, New York.

Halliday, S. 1999. *The Great Stink of London: Sir Joseph Bazalgette and the Cleansing of the Victorian Capital*. Sutton Publishing, Gloucestershire, UK.

Hassan, F. 2011. *Water History for Our Times*. UNESCO International Hydrological Program, Paris.

Hersh, J., and H.-J. Voth. 2009. Sweet diversity: Colonial goods and welfare gains from trade after 1492. Available at UPF Digital Repository, https://repositori.upf.edu/bitstream/handle/10230/5617/1163.pdf?sequence=1.

Hoekstra, A., and P. Hung. 2005. Globalisation of water resources: International virtual water flows in relation to crop trade. *Global Environmental Change* 15: 45-56.

Humboldt, A., and A. Bonpland. 1822. *Personal Narrative of Travels to the Equinoctial Regions of the New Continent, During the Years 1799-1804*. Longman, Hurst, Rees, Orme and Brown, London.

Kuhn, O. 2004. Ancient Chinese drilling. Canadian Society of Exploration Geophysicists, *CSEG Recorder*, June: 39-43.

La Rochefoucauld, F, 1995. *A Frenchman in England, 1784*. Caliban, London.

Law, C. 1967. The growth of urban population in England and Wales, 1801-1911. *Transactions of the Institute of British Geographers* 41: 125-143.

Leigh, G. J. 2004. *The World's Greatest Fix: A History of Nitrogen and Agriculture*. Oxford University Press, New York.

Li, L. 1982. Food, famine, and the Chinese state. *Journal of Asian Studies* 41: 687-707.

London Times. 1858. What a pity it is that the thermometer fell ten. June 18, 1858, 9. Macfarlane, A., and I.

Macfarlane. 2003. *Green Gold: The Empire of Tea*. Ebury Press, London.

Mann, C. 2011. *1493: Uncovering the New World Columbus Created*. Alfred A. Knopf, New York.

Marald, E. 2002. Everything circulates: Agricultural chemistry and recycling theories in the second half of the nineteenth century. *Environment and History* 8: 65-84.

Nace, R. 1974. General evolution of the concept of the hydrologic cycle. Pages 40-53 in S. Dumitrescu and J. Nemec, eds., *Three Centuries of Scientific Hydrology*. UNESCO-WMO, Paris.

National Research Council. 1996. *Lost Crops of Africa*, vol. 1, *Grains*. National

Academies Press, Washington, DC.

New York Daily Times. 1855. The Farmer sold by the Lobby. April 16.

Nichols, R. 1933. Navassa: A forgotten acquisition. *American Historical Review* 38: 505-510.

Nunn, N., and N. Qian. 2010. The Columbian Exchange: A history of disease, food, and ideas. *Journal of Economic Perspectives* 24: 163-188.

Orent, B., and P. Reinsch. 1941. Sovereignty over islands in the Pacific. *American Society of International Law* 35: 443-461.

Russel, D., and G. Williams. 1977. History of chemical fertilizer development. *Soil Science Society of America Journal* 41: 260-265.

Thorpe, F. 1909. *The Federal and State Constitutions: Colonial Charters, and Other Organic Laws of the States, Territories, and Colonies Now or Heretofore Forming the United States of America,* vol. 3, Kentucky-Massachusetts. Government Printing Office, Washington DC.

Tien, J., H. Poinar, D. Fisman, and D. Eam. 2011. Herald waves of cholera in nineteenth century London. *Journal of the Royal Society Interface* 8: 756-760.

United Nations. 1980. *Patterns of Urban and Rural Population Growth.* United Nations, New York.

United States Code. August 18, 1856. Title 48, Section 1411, Chapter 8, Guano Islands.

van Ommen, K. 2009. *The Exotic World of Carolus Clusius(1526-1609).* Leiden University Library, Leiden, The Netherlands.

Winthrop, J. 1634. Letter dated May 22, 1634, from John Winthrop to Nathaniel Rich. Gilder Lehrman Collection, #GLC01105.

Zhou, Y., F. Zwahlen, and Y. Wang. 2011. The ancient Chinese notes on hydrogeology. *Hydrogeology Journal* 19: 1103-1114.

6장 병목을 타파하다

Arrhenius, S. 1896. On the influence of carbonic acid in the air upon the temperature of the ground. *Philosophical Magazine and Journal of Science* 5: 237-276.

Aulie, R. 1974. The mineral theory. *Agricultural History* 48: 369-382.

Binswanger, H. 1986. Agricultural mechanization: A comparative historical perspective. *Research Observer* 1: 27-56.

Brock, W. 1997. *Justus von Liebig: The Chemical Gatekeeper.* Cambridge University Press, Cambridge, UK.

Browne, C. 1944. *A Source Book of Agricultural Chemistry.* G. E. Stecher, New York.

Butzer, K., and G. Endfield. 2012. Critical perspectives on historical collapse. *Proceedings of the National Academy of Sciences* 109: 3628-3631.

Cadman, W. 1959. "Kier's 5-barrel still": A venerable industrial relic. *Western Pennsylvania History* 42: 351-362.

Carpenter, S., and R. Lathrop. 1999. Lake restoration: Capabilities and needs. *Hydrobiologia* 395/396: 19-28.

Cordell, D., J.-O. Drangert, and S. White. 2009. The story of phosphorus: Global food security and food for thought. *Global Environmental Change* 19: 292-305.

Cordell, D., and S. White. 2011. Peak phosphorus: Clarifying the key issues of a vigorous debate about long-term phosphorus security. *Sustainability* 3: 2027-2049.

Crookes, W. 1898. Address of the president before the British Association for the Advancement of Science. *Science* 8: 561-575.

Daemen, J. 2004. Coal industry, history of. In C. Cleveland et al., eds., *Encyclopedia of Energy.* Elsevier Academic Press, Amsterdam.

Daubeny, C., and R. Widdrington. 1844. On the occurrence of Phosphorite in Estremadura. *Quarterly Journal of the Geological Society of London* 1: 52-55.

Diamond, J. 2003. *Collapse: How Societies Choose to Collapse or Succeed.* Penguin, New York.

Ehui, S., and R. Polson. 1993. A review of the economic and ecological constraints on animal draft cultivation in Sub-Saharan Africa. *Soil and Tillage Research* 27: 195-210.

El-Sharkawy, M. 1993. Drought-tolerant cassava for Africa, Asia, and Latin America. *BioScience* 43: 441-451.

Emerson, R. 2003. *The Collected Works of Ralph Waldo Emerson: The Conduct of Life.* Harvard University Press, Cambridge, MA.

Erisman, J., M. Sutton, J. Galloway, Z. Klimont, and W. Winiwarter. 2008. How a century of ammonia synthesis changed the world. *Nature Geoscience* 1: 636-639.

Feller, C., L. Thuries, R. Manlay, P. Robin, and E. Frossard. 2003. "The principles of rational agriculture" by Albrecht Daniel Thaer(1752-1828): An approach to the sustainability of cropping systems at the beginning of the 19th century. *Journal of Plant Nutrition and Soil Science* 166: 687-698.

Forster, P., V. Ramaswamy, P. Artaxo, T. Berntsen, R. Betts, D. W. Fahey, J.

Haywood, J. Lean, D. C. Lowe, G. Myhre, J. Nganga, R. Prinn, G. Raga, M. Schulz, and R. Van Dorland. 2007. Changes in atmospheric constituents and in radiative forcing. Pages 130-234 in S. Solomon, D. Qin, M. Manning, Z. Chen, M. Marquis, K. B. Averyt, M. Tignor, and H. L. Miller, eds., *Climate Change 2007: The Physical Science Basis*. Contribution of Working Group I to the Fourth Assessment Report of the Intergovernmental Panel on Climate Change. Cambridge University Press, Cambridge, UK.

Galloway, J., J. Aber, J. Erisman, S. Seitzinger, R. Howarth, E. Cowling, and B. Cosby. 2003. The nitrogen cascade. *BioScience* 53: 341-356.

Galloway, J., A. Leach, A. Bleeker, and J. Erisman. 2013. A chronology of human understanding of the nitrogen cycle. *Philosophical Transactions of the Royal Society B* 368: 1-11.

Galloway, J., A. Townsend, J. Erisman, M. Bekunda, Z. Cai, J. Freney, L. Martinelli, S. Seitzinger, and M. Sutton. 2008. Transformation of the nitrogen cycle: Recent trends, questions, and potential solutions. *Science* 320: 889-892.

Giebelhaus, A. 2004. Oil industry, history of. In C. Cleveland et al., eds., *Encyclopedia of Energy*. Elsevier Academic Press, Amsterdam.

Goldhammer, T. V. Bruchert, T. Ferdelman, and M. Zabel. 2010. Microbial sequestration of phosphorus in anoxic upwelling sediments. *Nature Geoscience* 3: S57-S61.

Haber, F. 1920. The synthesis of ammonia from its elements. Nobel Lecture, June 2, 1920.

Hager, T. 2008. *The Alchemy of Air: A Jewish Genius, a Doomed Tycoon, and the Discovery That Fed the World but Fueled the Rise of Hitler*. Crown, New York.

Hall, A. D. 1915. *Fertilisers and Manures*. E. P. Dutton, New York.

Huxley, A. 1996(1928). *Point Counter Point*. Dalkey Archive Press, Champaign, Illinois.

Kara, E., C. Heimerl, T. Killpack, M. Van de Bogert, H. Yoshida, and S. Carpenter. 2012. Assessing a decade of phosphorus management in the Lake Mendota, Wisconsin watershed and scenarios for enhanced phosphorus management. *Aquatic Science* 74: 241-253.

Keeney, D. R., and J. Hatfield. 2008. The nitrogen cycle, historical perspective, and current and potential future concerns. Pages 1-18 in J. Hatfield and R. Follett, eds., *Nitrogen in the Environment: Sources, Problems, and Management*. Elsevier Academic Press, Amsterdam.

Larson, E. 2011. *In the Garden of Beasts: Love, Terror, and an American Family in Hitler's Berlin*. Crown, New York.

Leigh, G. J. 2004. *The World's Greatest Fix: A History of Nitrogen and Agriculture.* Oxford University Press, New York.

Liebig, J. 1840. *Organic Chemistry in Its Application to Agriculture and Physiology.* Taylor and Walton, London.

Linton, J. 2008. Is the hydrologic cycle sustainable? A historical-geographical critique of a modern concept. *Annals of the Association of American Geographers* 98: 630-649.

McNeill, J. 2000. *Something New Under the Sun: An Environmental History of the Twentieth-Century World.* W.W. Norton and Sons, New York.

Morrison, J. 1890. A brief history of the chemical manure industry, with special reference to the North of England. *Journal of the Society of Chemical Industry* 9: 262-265.

Moulton, R. 1942. *Liebig and After Liebig: A Century of Progress in Agricultural Chemistry.* American Association for the Advancement of Science, Washington, DC.

Pingali, P 2007. Agricultural mechanization: Adoption of patterns and economic impact. Pages 2780-2800 in R. Evenson and P. Pingali, eds., *Handbook of Agricultural Economics*, vol. 3. Elsevier, Amsterdam.

Rasmussen, W. 1982. The mechanization of agriculture. *Scientific American* 247: 76-89.

Rittel, H., and M. Webber 1973. Dilemmas in a general theory of planning. *Policy Sciences* 4: 155-169.

Russel, D., and G. Williams. 1977. History of chemical fertilizer development. *Soil Science Society of America Journal* 41: 260-265.

Sanders, J. 2009. Skin and bones: The plains buffalo trade flourished. *Wild West* 21: 24-25.

Schindler, D. 2009. A personal history of the Experimental Lakes Project. *Canadian Journal of Fisheries and Aquatic Sciences* 66: 1837-1847.

Schindler, D., R. Hecky, D. Findlay, M. Stanton, B. Parker, M. Paterson, K. Beaty, M. Lyng, and S. Kaslan. 2008. Eutrophication of lakes cannot be controlled by reducing nitrogen input: Results of a 37-year whole-ecosystem experiment. *Proceedings of the National Academy of Sciences* 105: 11254-11258.

Schindler, D., and J. Vallentyne. 2008. *The Algal Bowl: Overfertilization of the World's Freshwaters and Estuaries.* University of Alberta Press, Edmonton.

Silvertown, J. 2005. *Demons in Eden: The Paradox of Plant Diversity.* University of Chicago Press, Chicago.

Smil, V. 2000. Phosphorus in the environment: Flows and human interferences. *Annual Review of Energy and the Environment* 25: 53-88.

————. 2004. World history and energy. Pages 549-561 in C. Cleveland et al., eds., *Encyclopedia of Energy*, Vol. 6. Elsevier Academic Press, Amsterdam.

T. E. H. 1941. A Liebig centenary. *Nature* 147: 227-228.

United Nations. 1980. *Patterns of Urban and Rural Population Growth*. United Nations, New York.

United Nations Environment Programme(UNEP). 2011. *Phosphorus and Food Production*. UNEP, Nairobi.

Vaccari, D. 2009. Phosphorus: A looming crisis. *Scientific American* 300: 54-59.

van der Ploeg, R., W. Bohm, and M. Kirkham. 1999. On the origin of the theory of mineral nutrition of plants and the Law of the Minimum. *Soil Science Society of America Journal* 63: 1055-1062.

Verschuren, D., T. Johnson, H. Kling, D. Edgington, P. Leavitt, E. Brown, M. Talbot, and R. Hecky. 2002. History and timing of human impact on Lake Victoria, East Africa. *Proceedings of the Royal Society B* 269: 289-294.

7장 단일재배가 미국 중서부를 휩쓸다

American Breeders Association(ABA). 1905. *Annual report*, vol. 1. ABA, Washington, DC.

Bennett, M. 1941. International contrasts in food consumption. *Geographical Review* 31: 365-376.

Berra, T., G. Alvarez, and F. Ceballos. 2010. Was the Darwin/Wedgwood dynasty adversely affected by consanguinity? *BioScience* 60: 376-383.

Birchler, J., H. Yao, and S. Chudalayandi. 2006. Unraveling the genetic basis of hybrid vigor. *Proceedings of the National Academy of Sciences* 103: 12957-12958.

Blumberg, R. B. 1997. MendelWeb, Edition 97.1, www.mendelweb.org/home.html.

Coe, E. 2001. The origins of maize genetics. *Nature Review Genetics* 2: 898-905.

————. 2009. East, Emerson, and the birth of maize genetics. Pages 3-15 in J. Bennetzen and S. Hake, eds., *Handbook of Maize: Genetics and Genomics*. Springer Science+Business Media, New York.

Crabb, A. 1947. *The Hybrid Corn Makers: Prophets of Plenty*. Rutgers University Press, New Brunswick, NJ.

Crookes, W. 1898. Address of the president before the British Association for the Advancement of Science. *Science* 8: 561-575.

Dalrymple, D. 1988. Changes in wheat varieties and yields in the United States, 1919-1984. *Agricultural History* 62: 20-36.

Darwin, C. 1859. *On the Origin of Species by Means of Natural Selection; Or,* the *Preservation of Favoured Races in the Struggle for Life.* John Murray, Albemarle Street, London.

————. 1868. *The Variation of Animals and Plants Under Domestication*, vol. 2. John Murray, Albemarle Street, London.

Dutilh, C. 2004. Food system, energy use in. In C. Cleveland et al., eds. *Encyclopedia of Energy.* Elsevier Academic Press, Amsterdam.

Duvick, D. 2001. The evolution of plant breeding in the private sector: Field crops in the United States. Pages 193-212 in W. Rockwood, ed., *Rice Research and Production in the 21st Century: Symposium Honoring Robert F. Chandler Jr.* International Rice Research Institute, Manila, Philippines.

————. 2005. The contribution of breeding to yield advances in maize(Zea mays L.). *Advances in Agronomy* 86: 83-145.

Griliches, Z. 1957. Hybrid corn: An exploration in the economics of technological change. *Econometrica* 25: 501.

Hartl, D., and D. Fairbanks. 2007. Mudsticks: On the alleged falsification of Mendel's data. *Genetics* 175: 975-979.

Hymowitz, T. 1984. Dorsett-Morse soybean collection trip to East Asia: 50 year retrospective. *Economic Botany* 38: 378-388.

————. 1987. Introduction of the soybean to Illinois. *Economic Botany* 41: 28-32.

————. 1990. Soybeans: The success story. Pages 159-163 in J. Janick and J. Simon, eds., *Advances in New Crops.* Timber Press, Portland, OR.

Hymowitz, T., and J. Harlan. 1983. Introduction of the soybean to North America by Samuel Bowen in 1765. *Economic Botany* 37: 371-379.

Hymowitz, T., and W. Shurtleff, 2005. Debunking soybean myths and legends in the historical and popular literature. *CropScience* 45: 473-476.

Knudson, M., and V. Ruttan. 1988. Research and development of a biological improvement: Commercial hybrid wheat. *Food Research Institute Studies* 21: 45-68.

Krausmann, F. 2004. Milk, manure, and muscle power: Livestock and the transformation of preindustrial agriculture in Central Europe. *Human Ecology* 32: 735-771.

Krausmann, F, H. Schandl, and R. Sieferle. 2008. Socio-ecological regime transitions in Austria and the United Kingdom. *Ecological Economics* 65: 187-201.

Largent, M. 2009. Darwin's analogy between artificial and natural selection in the *Origin of Species.* Pages 87-108 in M. Ruse and R. Richards, eds. *The Cambridge Companion to the "Origin of Species."* Cambridge University

Press, Cambridge, UK.

Lee, E., and W. Tracy. 2009. Modern maize breeding. Pages 141-159 in J. BennetZen and S. Hake, eds., *Handbook of Maize: Genetics and Genomics.* Springer Science+Business Media, New York.

Quisenberry, K., and L. Reitz. 1974. Turkey wheat: The cornerstone of an empire. *Agricultural History* 48: 98-110.

Rhoades, M. 1984. The early years of maize genetics. *Annual Review of Genetics* 18: 1-30.

Sandler, I. 2000. Development: Mendel's legacy to genetics. *Genetics* 154: 7-11.

Schramski, J. Z. Rutz, D. Gattie, and K. Li. 2011. Trophically balanced sustainable agriculture. *Ecological Economics* 72: 88-96.

Sclater, A. 2006. The extent of Charles Darwin's knowledge of Mendel. *Journal of Biosciences* 31: 192-193.

Singh, R., and T. Hymowitz. 1999. Soybean genetic resources and crop improvement. *Genome* 42: 605-616.

Smil, V. 2002. Nitrogen and food production: Proteins for human diets. *Ambio* 31: 126-131.

Sprague, G. 1967. Plant breeding. *Annual Review of Genetics* 1: 269-294.

Stansfield, W. 2009. Mendel's search for true-breeding hybrids. *Journal of Heredity* 100: 2-6.

Theunissen, B. 2012. Darwin and his pigeons: The analogy between artificial and natural selection revisited. *Journal of History of Biology* 45: 179-212.

Troyer, A. F. 2009. Development of hybrid corn and the seed corn industry. Pages 87-112 in J. Bennetzen and S. Hake, eds., *Handbook of Maize: Genetics and Genomics.* Springer Science+Business Media, New York.

United Nations. 1980. *Patterns of Urban and Rural Population Growth.* United Nations, New York.

United States Department of Agriculture(USDA). 1874. *Report of the Commissioner of Agriculture for the Year 1873.* US Government Printing Office, Washington DC.

―――――――――――――――――――――――――. 2009. *Trends in U.S. Agriculture: A Walk Through the Past and a Step into the New Millennium.* National Agricultural Statistics Service, Washington, DC.

Wallace, H., and W. Brown. 1988. *Corn and Its Early Fathers*, rev. ed. Iowa State University Press, Ames.

Weiling, F. 1991. Historical study: Johan Gregor Mendel, 1822-1884. *American Journal of Medical Genetics* 40: 1-25.

Zirkle, C. 1951. Gregor Mendel and his precursors. *Isis* 42: 97-104.

8장 수확물을 차지하기 위한 경쟁

Abate, T., A. van Huis, and J. Ampofo. 2000. Pest management strategies in traditional agriculture: An African perspective. *Annual Reviews of Entomology* 45: 631-659.

Agency for Toxic Substances and Disease Registry. 2002. *Toxicological Profile for DDT, DDE, and DDD*. US Department of Health and Human Services, Public Health Service, Atlanta, GA.

Allen, R. J. 1958. Wildlife losses in southern fire ant program. Pages 144-147 in S. Robbins, ed., *The Passenger Pigeon*. Wisconsin Society for Ornithology, Fox Point, WI.

Andrews, J. 1948. What's happening to malaria in the U.S.A.? *American Journal of Public Health* 38: 931-942.

Andrews, J., G. Quinby, and A. Langmuir. 1950. Malaria eradication in the United States. *American Journal of Public Health* 40: 1405-1411.

Buhs, J. 2002. The fire ant wars: Nature and science in the pesticide controversies of the late twentieth century. *Isis* 93: 377-400.

——. 2004. *The Fire Ant Wars: Nature, Science, and Public Policy in TwentiethCentury America*. University of Chicago Press, Chicago.

Carson, R. 1962. *Silent Spring*. Houghton Mifflin, Boston.

Carvalho, F. 2006. Agriculture, pesticides, food security and food safety. *Environmental Science and Policy* 9: 685-692.

Casals-Casas, C., and B. Desvergne. 2011. Endocrine disruptors: From endocrine to metabolic disruption. *Annual Reviews of Physiology* 73: 135-162.

Casida, J., and G. Quistad. 1998. Golden age of insecticide research: Past, present, or future? *Annual Reviews of Entomology* 43: 1-16.

Chapco, W., and G. Litzenberger. 2004. A DNA investigation into the mysterious disappearance of the Rocky Mountain grasshopper, mega-pest of the 1800s. *Molecular Phylogenetics and Evolution* 30: 810-814.

Coffin, B. 2005. Year of the locust. *Risk Management* 52: 10-15.

Cottam, C. 1965. The ecologist's role in problems of pesticide pollution. *BioScience* 15: 457-463.

Davis, M. 1945. DDT: Friend and foe. *Wall Street Journal*, February 7.

Dewailly, E., P. Ayotte, S. Bruneau, C. Laliberté, D. Muir, and R. Norstrom. 1993. Inuit exposure to organochlorines through the aquatic food chain in Arctic Québec. *Environmental Health Perspectives* 101: 618-620.

Eskenazi, B., J. Chevrier, L. Rosas, H. Anderson, M. Bornman, H. Bouwman, A. Chen, B. Cohn, C. de Jagar, D. Henshel, F. Leipzig, J. Leipzig, E. Lorenz, S.

Snedeker, and D. Stapleton. 2009. The Pine River statement: Human health consequences of DDT use. *Environmental Health Perspectives* 117: 1359-1367.

Fry, D. M. 1995. Reproductive effects in birds exposed to pesticides and industrial chemicals. *Environmental Health Perspectives* 103: 165-171.

Gassmann, A. J. Petzold-Maxwell, R. Keweshan, and M. Dunbar. 2011. Fieldevolved resistance to Bt maize by western corn rootworm. *PLOS One* 6.

Gavrilescu, M. 2005. Fate of pesticides in the environment. *Engineering in Life Sciences* 5: 497-526.

Georghiou, G. 1986. The magnitude of the resistance problem. Pages 14-44 in National Research Council, ed., *Pesticide Resistance: Strategies and Tactics for Management*. National Academies Press, Washington, DC.

Hagen, P., and M. Walls. 2005. The Stockholm Convention on Persistent Organic Pollutants. *Natural Resources and Environment* 19: 49-52.

Haley, S., F. Peairs, C. Walker, J. Rudolph, and T. Randolph. 2004. Occurrence of a new Russian wheat aphid biotype in Colorado. *Crop Science* 44: 1589-1592.

Hasselguist, F. 1776. *Voyages and Travels in the Levant; In the Years 1749, 1750, 1751, 1552.* Davis and Reymers, London.

Higdon, H. 1969. Obituary for DDT(in Michigan). *New York Times*, July 6.

Hoskins, W., A. Borden, and A. Michelbacher. 1939. Recommendations for a more discriminating use of pesticides. *Proceedings of the Sixth Pacific Science Congress of the Pacific Science* 5: 119-123.

Howes, M. 1971. DDT's use backed by Nobel winner. *New York Times*, November 9.

Hulme, P. 2009. Trade, transport and trouble: Managing invasive species pathways in an era of globalization. *Journal of Applied Ecology* 46: 10-18.

Kitron, U., and A. Spielman. 1989. Suppression of transmission of malaria through source reduction: Antianopheline measures applied in Israel, the United States, and Italy. *Reviews of Infectious Diseases* 11: 391-406.

Kogan, M. 1998. Integrated pest management: Historical perspectives and contemporary developments. *Annual Reviews of Entomology* 43: 243-270.

Lear, L. 1993. Rachel Carson's "Silent Spring." *Environmental History Review* 17: 23-48.

Lee, J. 1962. "Silent Spring" is now noisy summer. *New York Times*, July 12.

Levy, S. 2004. Last days of the locust. *New Scientist*, February 21: 48-49.

Liebhold, A., W. Macdonald, D. Bergdahl, and V. Mastro. 1995. Invasion by exotic forest pests: A threat to forest ecosystems. *Forest Science* 41: a0001-z0001

Liebhold, A., and M. McManus. 1999. The evolving use of insecticides in gypsy moth management. *Journal of Forestry* 97: 20-23.

Lockwood, J., and L. Debrey. 1990. A solution for the sudden and unexplained extinction of the Rocky Mountain grasshopper(*Orthoptera: Acredidae*). *Environmental Entomology* 19: 1194-1205.

Longnecker, M., W. Rogan, and G. Lucier. 1997. The human health effects of DDT(Dichlorodiphenyl-trichloroethane) and PCBs(Polychlorinated biphenyls) and an overview of organochlorines in public health. *Annual Reviews of Public Health* 18: 211-244.

Losey, J., L. Rayor, and M. Carter. 1999. Transgenic pollen harms monarch larvae. *Nature* 399: 214.

Mendelsohn, M., J. Kough, Z. Vaituzis, and K. Matthews. 2003. Are *Bt* crops safe? *Nature Biotechnology* 21: 1003-1009.

Morales, H. and I. Perfecto. 2000. Traditional knowledge and pest management in the Guatemalan highlands. *Agriculture and Human Values* 17: 49-63.

Mueller, U., and N. Gerardo. 2002. Fungus-farming insects: Multiple origins and diverse evolutionary histories. *Proceedings of the National Academy of Sciences* 99: 15247-15249.

Myers, J., A. Savoie, and E. van Randen. 1998. Eradication and pest management. *Annual Review of Entomology* 43: 471-491.

Myers, J., D. Simberloff, A. Kuris, and J. Carey, 2000. Eradication revisited: Dealing with exotic species. *Trends in Ecology and Evolution* 15: 316-320.

Nixon, R. 1972. Special message to Congress outlining the 1972 Environmental Program, February 8. Online by G. Peters and J. Woolley, The American Presidency Project. www.presidency. ucsb.edu/ws/?pid=3731.

Nobel Foundation. 1948a. "The Nobel Prize in Physiology or Medicine 1948." Nobelprize.org, August 1, 2012, www.nobelprize.org/nobel_prizes/medicine/laureates/1948/.

──────────. 1948b, "Paul Müller - Biographical." Nobelprize.org, August 1, 2012, www.nobelprize.org/nobel_prizes/medicine/laureates/1948/muller-bio.html.

Norgaard, R. 1988. The biological control of cassava mealybug in Africa. *American Journal of Agricultural Economics* 70: 366-371.

Oerke, E.-C. 2006. Crop losses to pests. *Journal of Agricultural Science* 144: 31-43.

Office of Technology Assessment. 1993. *Harmful Non-Indigenous Species in the United States*. OTA-F-565, Washington, DC.

Palumbi, S. 2001. Humans as the world's greatest evolutionary force. *Science* 293: 1786-1790.

Pauly, P. 2002. Fighting the Hessian fly: American and British responses to insect invasion, 1776-1789. *Environmental History* 7: 485-507.

Pejchar, L., and H. Mooney. 2009. Invasive species, ecosystem services and human well-being. *Trends in Ecology and Evolution* 24: 497-504.

Peryea, F., and T. Creger. 1994. Vertical distribution of lead and arsenic in soils contaminated with lead arsenate pesticide residues. *Water, Air and Soil Pollution* 78: 297-306.

President's Science Advisory Committee. 1963. *Use of Pesticides*. White House, Washington, DC.

Pysek, P., and D. Richardson. 2010. Invasive species, environmental change and management, and health. *Annual Review of Environment and Resources* 35: 25-55.

Rattner, B. 2009. History of wildlife toxicology. *Ecotoxicology* 18: 773-783.

Reichard, R., M. Vargas-Teran, and M. Abu Sowa. 1992. Myiasis: The battle continues against screwworm infestation. *World Health Forum* 13: 130-143.

Romeis, J., M. Meissle, and F. Bigler. 2006. Transgenic crops expressing *Bacillus thuringiensis* toxins and biological control. *Nature Biotechnology* 24: 63-71.

Sachs, J., and P. Malaney. 2002. The economic and social burden of malaria. *Nature* 415: 680-685.

Sanchis, V. 2011. From microbial sprays to insect-resistant transgenic plants: History of the biospesticide *Bacillus thuringiensis*. A review. *Agronomy for Sustainable Development* 31: 217-231.

Scheringer, M. 2009. Long-range transport of organic chemicals in the environment. *Environmental Toxicology and Chemistry* 28: 677-690.

Schwartz, H. 1971. Corn blight: A triumph of genetics threatens disaster. *New York Times*, April 18.

Sen, R., H. Ishak, D. Estrada, S. Dowd, E. Hong, and U. Mueller. 2009. Generalized antifungal activity and 454-screening of *Pseudonocardia* and *Amycolatopsis* bacteria in nests of fungus-growing ants. *Proceedings of the National Academy of Sciences* 106: 17805-17810.

Shelton, A., and M. Sears. 2001. The monarch butterfly controversy: Scientific interpretations of a phenomenon. *Plant Journal* 27: 483-488.

Smith, D. 1999. Worldwide trends in DDT levels in human breast milk. *International Journal of Epidemiology* 28: 179-188.

Sonne, C. 2010. Health effects from long-range transported contaminants in Arctic top predators: An integrated review based on studies of polar bears and relevant model species. *Environment International* 36: 461-491.

Steinhaus, E. 1956. Living insecticides. *Scientific American* 195: 96-105.

Stephenson, G. 2003. Pesticide use and world food production: Risks and
benefits. Pages 261-270 in J. Coats and H. Yamamoto, eds., *Environmental
Fate and Effects of Pesticides*. American Chemical Society, Washington, DC.

Tabashnik, B., A. Gassmann, D. Crowder, and Y. Carriére. 2008. Insect resistance
to Bt crops: Evidence versus theory. *Nature Biotechnology* 26: 199-202.

Ullstrup, A. 1972. The impacts of the southern corn leaf blight epidemics of 1970-
71. *Annual Reviews of Phytopathology* 10: 37-50.

Ware, G., and D. Whitacre. 2004. Pesticides: Chemical and biological tools. Pages
3-21 in *The Pesticide Book*, 6th ed. Meister Publications, Willoughby, OH.

World Health Organization(WHO), International Program on Chemical Safety.
2011. *DDT in Indoor Residual Spraying: Human Health Aspects*. WHO,
Geneva.

World Health Organization(WHO) and the United Nations Environment
Programme(UNEP). 1979. *DDT and Its Derivatives*. WHO/UNEP, Geneva.

Yu, G., H. Shen, and J. Liu. 2009. Impacts of climate change on historical
locust outbreaks in China. *Journal of Geophysical Research:
Atmospheres(1984-2012)* 114: D18.

9장 녹색혁명이 전 세계로 확장되다

Appropriate Technology. 2002. India's Green Revolution has turned sour. Vol. 29:
10-11.

Basu, S., M. Dutta, A. Goyal, P. Bhowmik, J. Kumar, S. Nandy, S. Scagliusi, and
R. Prasad. 2010. Is genetically modified crop the answer for the next green
revolution? *GM Crops* 1: 68-79.

Borlaug, N. 2000. Ending world hunger: The promise of biotechnology and the
threat of antiscience zealotry. *Plant Physiology* 124: 487-490.

──────. 2003. Feeding a world of 10 billion people: The TVA/IFDC legacy.
Travis P. Hignett Memorial Lecture, March 14, 2003, Muscle Shoals, Alabama.
IFDCAn International Center for Soil Fertility and Agricultural Development.

──────. 2007. Sixty-two years of fighting hunger: Personal recollections.
Euphytica 157: 287. 297.

Dalrymple, D. 1985. The development and adoption of high-yielding varieties of
wheat and rice in developing countries. *American Journal of Agricultural
Economics* 67: 1067-1073.

Dasgupta, B. 1977. India's Green Revolution. *Economic and Political Weekly* 12:
241-260.

Dutta, S. 2012. Green Revolution revisited: The contemporary agrarian situation in

Punjab, India. *Social Change* 42: 229-247.

Duvick, D. 2001. The evolution of plant breeding in the private sector: Field crops in the United States. Pages 193-212 in W. Rockwood, ed., *Rice Research and Production in the 21st Century: Symposium Honoring Robert F. Chandler Jr.* International Rice Research Institute, Manila, Philippines.

Ehrlich, P. 1968. *The Population Bomb.* Ballantine, New York.

Enserink, M. 2008. Tough lessons from golden rice. *Science* 320: 468-471.

Estabrook, B. 2010. On the tomato trail: In search of ancestral roots. Gastronomica. *The Journal of Food and Culture* 10: 40-44.

Federoff, N., D. Battiti, R. Beachy, P. Cooper, D. Fischhoff, C. Hodges, V. Knauf, D. Lobell, B. Mazur, D. Molden, M. Reynolds, P. Ronald, M. Rosegrant, P. Sanchez, A. Vonshak, and J.-K. Zhu. 2010. Radically rethinking agriculture for the 21st century. *Science* 327: 833-834.

Fowler, C. 2008. The Svalbard seed vault and crop security. *BioScience* 58: 190-191.

Fowler, C., and T. Hodgkin. 2004. Plant genetic resources for food and agriculture: Assessing global availability. *Annual Review of Environment and Resources* 29: 143-179.

Gaud, W. 1968. The Green Revolution: Accomplishments and apprehensions. Address by the Honorable William S. Gaud, Administrator, Agency for International Development, Department of State, before the Society for International Development, Shoreham Hotel, Washington DC, March 8, 1968.

Haberman, F., ed. 1972. Nobel Lectures, Peace, 1951-1970. Elsevier, Amsterdam.

Hajjar, R., and T. Hodgkin. 2007. The use of wild relatives in crop improvement: A survey of developments over the last 20 years. *Euphytica* 156: 1-13.

Hargrove, T., and W. Coffman. 2006. Breeding history. *Rice Today* 5: 34-38.

Harwood, J. 2009. Peasant friendly plant breeding and the early years of the Green Revolution in Mexico. *Agricultural History* 83: 384-410.

Herdt, R. 2012. People, institutions, and technology: A personal view of the role of foundations in international agricultural research and development, 1960-2010. *Food Policy* 37: 179-190.

Khush, G. 2001. Green Revolution: The way forward. Nature Review Genetics 2: 815-822.

Ladejinsky, W. 1970. Ironies of India's Green Revolution. *Foreign Affairs* 48: 758-768.

Maxted, N., S. Kell, A. Toledo, E. Dulloo, V. Heywood, T. Hodgkin, D. Hunter, L. Guarino, A. Jarvis, and B. Ford-Lloyd. 2010. A global approach to crop wild relative conservation: Securing the gene pool for food and agriculture. *Kew*

Bulletin 65: 561-576.

Moose, S., and R. Mumm. 2008. Molecular plant breeding as the foundation for
  21st century crop improvement. *Plant Physiology* 147: 969-977.

Nature. 2013. GM crops: A story in numbers. Vol. 497: 22-23.

Olson, R., and S. Schmickle. 2009. "Apostle of Wheat" Borlaug had deep
  Minnesota roots. *Minnesota Star Tribune*, September 14.

Ortiz, R., D. Mowbray, C. Dowswell, and S. Rajaram. 2007. Dedication: Norman
  E. Borlaug, the humanitarian plant scientist who changed the world. *Plant
  Breeding Review* 28: 1-37.

Pardey, P., J. Beddow, D. Kriticos, T. Hurley, R. Park, E. Duveiller, R. Sutherst, J.
  Burdon, and D. Hodson. 2013. Right-sizing stem-rust research. *Science* 340:
  147-148.

Rice Today. 2012. Q and A with the father of hybrid rice. Vol. 11.

Rick, C., and R. Chetelat. 1995. Utilization of related wild species for tomato
  improvement. *Acta Horticulturae* 412: 21-38.

Rodell, M. I. Velicogna, and J. Famiglietti. 2009. Satellite-based estimates of
  groundwater depletion in India. *Nature* 460: 999-1003.

Sachs, S. 2009. Cereal germplasm resources. *Plant Physiology* 149: 148-151.

Sanyal, B. 1983. How revolutionary was India's Green Revolution? *South Asia
  Bulletin* 3: 31-44.

Shih-Cheng, L., and Y. Loung-ping. 1980. Hybrid rice breeding in China. Pages 35-
  52 in International Rice Research Institute(IRRI), ed., *Innovative Approaches
  to Rice Breeding: Selected Papers from the 1979 International Rice
  Research Conference*. IRRI, Manila, Philippines.

Shiva, V. 1991. The Green Revolution in the Punjab. *Ecologist* 21: 57-60.

Socolofsky, H. 1969. The world food crisis and progress in wheat breeding.
  Agricultural History 43: 423-438.

Stokstad, E. 2009. The famine fighter's last battle. *Science* 324: 710-712.

Swaminathan, M. S. 2004. Ever-Green Revolution and sustainable food security.
  National Agricultural Biotechnology Council(NABC) Report 16. NABC, Ithaca,
  NewYork.

————————. 2006. An Evergreen Revolution. *Crop Science* 46: 2293-
  2303.

Tyagi, S., P. Datta, and R. Singh. 2012. Need for proper water management for
  food security. *Current Science* 102: 690-695.

United Nations. 1980. *Patterns of Urban and Rural Population Growth*. United
  Nations, New York.

————————. 2012. *World Urbanization Prospects: The 2011 Revision*. CD-

ROM Edition. United Nations, New York.

──────────. 2013. *World Population Prospects: The 2012 Revision.* CD-ROM Edition. United Nations, New York.

United Nations, Food and Agriculture Organization(FAO). 2004. *International Year of Rice 2004: Rice Is Life.* FAO, Rome.

World Bank. 2010. *Deep Wells and Prudence: Towards Pragmatic Action for Addressing Groundwater Overexploitation in India.* World Bank, Washington, DC.

Zamir, D. 2001. Improving plant breeding with exotic genetic libraries. *Nature Review Genetics* 2: 983-989.

10장 농부에서 도시인으로

Al Bawaba. 2008. Riot warning. April 10.

Alcott, B. 2005. Jevons' paradox. *Ecological Economics* 54: 9-21.

Associated Press, 2008. Hungry Haitians expand food riots. April 9.

Bloom, D. 2011.7 billion and counting. *Science* 333: 562-569.

Bogardi, J., D. Dudgeon, R. Lawford, E. Flinkerbusch, A. Meyn, C. Pahl-Wostl, K. Vielhauer, and C. Vorosmarty. 2012. Water security for a planet under pressure: Interconnected challenges of a changing world call for sustainable solutions. *Current Opinion in Environmental Sustainability* 4: 35-43.

Carlsson-Kanyama, A., and A. Gonzalez. 2009. Potential contributions of food consumption patterns to climate change. *American Journal of Clinical Nutrition* 89: 1704S-1709S.

Clay, J. 2011. Freeze the footprint of food. *Nature* 475: 287-289.

Clean India Journal. 2010. Creating clean, reusable water from human waste. June 1, www.cleanindiajournal.com/creating_clean_reusable_water_from_human_ waste/.

Cleland, G. 2008. Food riots will spread, UN chief predicts. *London Daily Telegraph,* April 9.

Cohn, A., and D. O'Rourke. 2011. Agricultural certification as a conservation tool in Latin America. *Journal of Sustainable Forestry* 30: 158-186.

Coley, D., M. Howard, and M. Winter. 2009. Local food, food miles and carbon emissions: A comparison of farm shop and mass distribution approaches. *Food Policy* 34: 150-155.

Cordain, L., S. B. Eaton, A. Sebastian, N. Mann, S. Lindeberg, B. Watkins, J. O'Keefe, and J. Brand-Miller. 2005. Origin and evolution of the Western diet: Health implications for the 21st century. *American Journal of Clinical Nutrition* 81:

341-354.

Cordell, D., A. Rosemarin, J. Schroder, and A. Smit. 2011. Towards global phosphorus security: A systems framework for phosphorus recovery and reuse. *Chemosphere* 84: 747-758.

Cote, J. 2009. SF OKs toughest recycling law in the US. *San Francisco Chronicle*, June 10.

Daily New Egypt. 2008. Food security rattled in 2008. December, 23.

DeFries, R., and C. Rosenzweig. 2010. Towards a whole-landscape approach for sustainable land use in the tropics. *Proceedings of the National Academy of Sciences* 107: 19627-19632.

Drewnowski, A. 2000. Nutrition transition and global dietary trends. *Nutrition* 16: 486-487.

Drewnowski, A., and B. Popkin. 1997. The nutrition transition: New trends in the global diet. *Nutrition Reviews* 55: 31-43.

Duffey, K., and B. Popkin. 2007. Shifts in patterns and consumption of beverages between 1965 and 2002. *Obesity* 15: 2739-2747.

Edwards-Jones, G., L. Canals, N. Hounsome, M. Truninger, G. Koerber, B. Hounsome, P. Cross, E. York, A. Hospido, K. Plassmann, I. Harris, R. Edwards, G. Day, A. Tomos, S. Cowell, and D. Jones. 2008. Testing the assertion that "local food is best": The challenges of an evidence-based approach. *Trends in Food Science and Technology* 19: 265-274.

Ellis, E., J. Kaplan, D. Fuller, S. Vavrus, K. K. Goldewijk, and P. Verburg. 2013. Used planet: A global history. *Proceedings of the National Academy of Sciences* 110: 7978-7985.

Fargione, J., J. Hill, D. Tilman, S. Polasky, and P. Hawthorne. 2008. Land clearing and the biofuel carbon debt. *Science* 319: 1235-1238.

Fiala, N. 2009. The greenhouse hamburger. *Scientific American* 4: 72-75.

Foley, J., N. Ramankutty, K. Brauman, E. Cassidy, J. Gerber, M. Johnston, N. Mueller, C. O'Connell, D. Ray, P. West, C. Balzer, E. Bennett, S. Carpenter, J. Hill, C. Monfreda, S. Polasky, J. Rockström, J. Sheehan, S. Siebert, D. Tilman, and D. Zaks. 2011. Solutions for a cultivated planet. *Nature* 478: 337-342.

Galor, O. 2012. The demographic transition: Causes and consequences. *Cliometrica* 6: 1-28.

Galor, O., and D. Weil. 2000. Population, technology, and growth: From Malthusian stagnation to the demographic transition and beyond. *American Economic Review* 90: 806-828.

Garnett, T. 2011. Where are the best opportunities for reducing greenhouse gas emissions in the food system(including the food chain)? *Food Policy* 36:

S23-S32.

Geibler, J. 2013. Market-based governance for sustainability in value chains: Conditions for successful standard setting in the palm oil sector. *Journal of Cleaner Production* 56: 39-53.

Godfray, H., J. Beddington, I. Crute, L. Haddad, D. Lawrence, J. Muir, J. Pretty, S. Robison, S. Thomas, and C. Toulmin. 2010. Food security: The challenge of feeding 9 billion people. *Science* 327: 812-818.

Goldewijk, K. K., A. Bensen, G. van Drecht, and M. de Vos. 2011. The HYDE 3.1 spatially explicit database of human-induced global land-use change over the past 12,000 years. *Global Ecology and Biogeography* 20: 73-86.

Gonzalez, A., B. Frostell, and A. Carlsson-Kanyama. 2011. Protein efficiency per unit energy and per unit greenhouse gas emissions: Potential contribution of diet choices on climate mitigation. *Food Policy* 35: 562-570.

Grimm, N., S. Faeth, N. Golubiewski, C. Redman, J. Wu, X. Bai, and J. Briggs. 2008. Global change and the ecology of cities. *Science* 319: 756-760.

Hatfield, J., K. Boote, B. Kimball, L. Ziska, R. Izaurralde, D. Ort, M. Thomson, and D. Wolfe. 2011. Climate impacts on agriculture: Implications for crop production. *Agronomy Journal* 103: 351-370.

Hossain, P., B. Kawar, and M. El Nahas. 2007. Obesity and diabetes in the developing world: A growing challenge. *New England Journal of Medicine* 356: 213-215.

Jones-Smith, J. C., P. Gordon-Larsen, A. Siddiqi, and B. Popkin. 2011. Emerging disparities in overweight by educational attainment in Chinese adults(19892006). *International Journal of Obesity* 2011: 1-10.

Kaimowitz, D., B. Mertens, S. Wunder, and P. Pacheco. 2004. *Hamburger Connection Fuels Amazon Destruction*. Center for International Forestry Research, Bogor, Indonesia.

Kearney, J. 2010. Food consumption trends and drivers. *Philosophical Transactions of the Royal Society B* 365: 2793-2807.

Kuhnlein, H., O. Receveur, R. Soueida, and G. Egeland. 2004. Arctic indigenous peoples experience the nutrition transition with changing dietary patterns and obesity. *Journal of Nutrition* 134: 1447-1453.

Lee, R. 2003. The demographic transition: Three centuries of fundamental change. *Journal of Economic Perspectives* 17: 167-190.

Livi-Bacci, M. 1992. *A Concise History of World Population*. Blackwell Publishing, Oxford, UK.

Lobell, D., W. Schenkler, and J. Costa-Roberts. 2011. Climate trends and global crop production since 1980. *Science* 333: 616-620.

London Daily Telegraph. 2008. Egyptians riot over bread crisis. April 8.

Macdiarmid, J., J. Kyle, G. Horgan, J. Loe, C. Fyfe, A. Johnstone, and G. McNeill. 2012. Sustainable diets for the future: Can we contribute to reducing greenhouse gas emissions by eating a healthy diet? *American Journal of Clinical Nutrition* 96: 632-639.

McGranahan, G., and D. Satterthwaite. 2003. Urban centers: An assessment of sustainability. *Annual Review of Environment and Resources* 28: 243-274.

Millennium Ecosystem Assessment. 2005. *Ecosystems and Human Well-Being: Synthesis.* Island Press, Washington, DC.

Mitchell, D. 2008. *A Note on Rising Food Prices.* World Bank, Washington, DC.

Montgomery, M. 2008. The urban transformation of the developing world. *Science* 319: 761-764.

Morton, J. 2007. The impact of climate change on smallholder and subsistence agriculture. *Proceedings of the National Academy of Sciences* 104: 19680-19685.

Msangi, S., and M. Rosegrant. 2011. Feeding the Future's Changing Diets: Implications for Agriculture Markets, Nutrition, and Policy. 2020 Conference: Leveraging Agriculture for Improving Nutrition and Health, New Delhi, India.

Nobel Lectures: Chemistry, 1901-1921. 1966. Elsevier, Amsterdam.

Perisse, J., F. Sizaret, and P. Francois. 1969. The effect of income on the structure of the diet. *Nutrition Newsletter*, Nutrition Division, United Nations, Food and Agriculture Organization, vol. 7.

Popkin, B. 1999. Urbanization, lifestyle changes and the nutrition transition. *World Development* 27: 1905-1916.

————. 2004. The nutrition transition: An overview of world patterns of change. *Nutrition Reviews* 62: S140-S143.

————. 2006. Global nutrition dynamics: The world is shifting rapidly toward a diet linked with noncommunicable diseases. *American Journal of Clinical Nutrition* 84: 289-298.

————. 2009. Reducing meat consumption has multiple benefits for the world's health. *Archives of Internal Medicine* 169: 543-545.

Popkin, B., L. Adair, and S.-W. Ng. 2011. Global nutrition transition and the pandemic of obesity in developing countries. *Nutrition Reviews* 70: 3-21.

Popkin, B., and S. Nielson. 2003. The sweetening of the world's diet. *Obesity Research* 11: 1325-1332.

Raynolds, L., D. Murray, and A. Heller. 2007. Regulating sustainability in the coffee sector: A comparative analysis of third-party environmental and social certification initiatives. *Agriculture and Human Values* 24: 147-163.

Rosegrant, M., S. Tokgoz, and P. Bhandary. 2012. The new normal?: A tighter global agricultural supply and demand relation and its implications for food security. *American Journal of Agricultural Economics* 95: 303-309.

Rudel, T., O. Coomes, E. Moran, F. Achard, A. Angelsen, J. Xu, and E. Lambin. 2005. Forest transitions: Towards a global understanding of land use change. *Global Environmental Change* 15: 23-31.

Stehfest, E., L. Bouwman, D. van Vuuren, M. den Elzen, B. Eickhout, and P. Kabat. 2009. Climate benefits of changing diet. *Climatic Change* 95: 83-102.

Suekane, M., S. Hasegawa, M. Tamura, and Y. Ishikawa. 1975. Production of sweet syrup from dextrose mother liquor. U.S. Patent 3935070, application date May 22, 1975, issued January 27, 1976, US Patent Office Database, http://patft.uspto.gov/netacgi/nph-Parser?Sect2=PTO1&Sect2=HITOFF&p=1&u=/netahtml/PTO/search-bool.html&r=1&f=G&l=50&d=PALL&RefSrch=yes&Query=PN/3935070.

Takasaki, Y. 1972. On the separation of sugars. *Agricultural and Biological Chemistry* 36: 2575-2577.

Tilman, D., C. Balzer, J. Hill, and B. Befort. 2011. Global food demand and the sustainable intensification of agriculture. *Proceedings of the National Academy of Sciences* 108: 20260-20264.

United Nations. 2012a. *World Urbanization Prospects: The 2011 Revision*. United Nations, New York.

—————. 2012b. *World Urbanization Prospects: The 2011 Revision Highlights*. United Nations, New York.

United Nations, Food and Agriculture Organization(FAO). 2006. *Livestock's Long Shadow: Environmental Issues and Options*. FAO, Rome.

—————————————————————————. 2013. *FAO Statistical Yearbook 2013: World Food and Agriculture*. FAO, Rome.

United Nations, Food and Agriculture Organization(FAO), World Food Programme(WFP), and International Fund for Agricultural Development(IFAD). 2012. *The State of Food Insecurity in the World 2012: Economic Growth Is Necessary But Not Sufficient to Accelerate Reduction of Hunger and Malnutrition*. FAO, Rome.

Ventour, L. 2008. The Food We Waste. Food Waste Report, vol. 2. Waste and Action Resources Program(WRAP), UK.

Wang, Y., M. Beydoun, L. Liang, B. Caballero, and S. Kumanyika. 2008. Will all Americans become overweight or obese? Estimating the progression and cost of the US obesity epidemic. *Obesity* 16: 2323-2330.

White, J. 2008. Straight talk about high-fructose corn syrup: What it is and what it ain't. *American Journal of Clinical Nutrition* 88: 1716S-1721S.

Wolf, W.J. Updated by Staff. 2007. Soybeans and other oilseeds. Kirk-Othmer Encyclopedia of Chemical Technology. John Wiley & Sons, available at http://onlinelibrary.wiley.com/.

World Health Organization(WHO). 2013. "Obesity and overweight." www.who.int/mediacentre/factsheets/fs311/en/.

Zhai, F., H. Wang, S. Du, Y. He, Z. Wang, K. Ge, and B. Popkin. 2009. Prospective study on nutrition transition in China. *Nutrition Reviews* 67(Suppl. 1): S56-S61.

Zimmerman, C. 1932. Ernst Engel's law of expenditures for food. *Quarterly Journal of Economics*, 47: 78-101.

찾아보기

지은이 루스 디프리스 Ruth DeFries | 컬럼비아대학교에서 생태학과 지속가능한 발전을 가르친다. 존 스흡킨스대학교에서 지리학과 환경공학으로 박사 학위를 취득했다. 브라질의 아마존 지역과 인도를 비롯한 여러 나라의 열대지방을 대상으로 연구하며, 전 세계 식량과 다른 자원에 대한 수요가 지구를 어떻게 변화시키고 있는지 추적하고 있다. 전미과학아카데미의 회원이며, 학술 연구의 공을 인정받아 맥아더 지니어스 상을 수상했다.

옮긴이 정서진 | 이화여자대학교 통역번역대학원 한영 번역학과를 졸업하고 현재 번역가로 활동하고 있다. 옮긴 책으로 《스파이스-향신료에 매혹된 사람들이 만든 욕망의 역사》,《식량의 제국》,《미식 쇼쇼쇼》,《신이 토끼였을 때》,《대지의 아이들 1부: 동굴곰족》 등이 있다.

문명과 식량
인류는 자연환경의 위기에 맞서 어떻게 번성하는가

초판 1쇄 발행일 2018년 2월 9일
초판 2쇄 발행일 2018년 3월 30일

지 은 이 | 루스 디프리스
옮 긴 이 | 정서진

펴 낸 이 | 김효형
펴 낸 곳 | (주)눌와
등록번호 | 1999.7.26. 제10-1795호
주   소 | 서울시 마포구 월드컵북로16길 51, 2층
전   화 | 02. 3143. 4633
팩   스 | 02. 3143. 4631
페이스북 | www.facebook.com/nulwabook
블 로 그 | blog.naver.com/nulwa
전자우편 | nulwa@naver.com

편   집 | 김영은, 김선미, 김지수
디 자 인 | 이현주
마 케 팅 | 홍선민
제작진행 | 공간
인   쇄 | 비전프린팅
제   본 | 상지사P&B

ⓒ눌와, 2018
ISBN 978-89-90620-99-6 03900